U0845508

山东耕地质量评价与应用丛书

栖霞耕地

崔椿　王洪杰　主编

山东大学出版社

图书在版编目(CIP)数据

栖霞耕地/崔椿,王洪杰主编.—济南:山东大学出版社,2013.12
ISBN 978-7-5607-4951-8

Ⅰ.①栖…
Ⅱ.①崔… ②王…
Ⅲ.①耕地资源—资源评价—栖霞市
Ⅳ.①F323.211

中国版本图书馆 CIP 数据核字(2013)第 301789 号

责任策划:赵 岩
责任编辑:宋亚卿
封面设计:张 荔

出版发行:山东大学出版社
社 址 山东省济南市山大南路 20 号
邮 编 250100
电 话 市场部(0531)88364466
经 销:山东省新华书店
印 刷:山东鸿杰印务集团有限公司
规 格:787 毫米×1092 毫米 1/16
10.75 印张 12 插页 266 千字
版 次:2013 年 12 月第 1 版
印 次:2013 年 12 月第 1 次印刷
定 价:42.00 元

版权所有,盗印必究

凡购本书,如有缺页、倒页、脱页,由本社营销部负责调换

《栖霞耕地》编委会

顾　　问　鲁明义

主　　任　刘顺强

副 主 任　柳林华　丁菊兰　崔　椿

主　　编　崔　椿　王洪杰

副 主 编　潘殿莲　王　静　林卫卫　胡保明　张培苹

编　　者　崔　椿　王洪杰　潘殿莲　王　静　林卫卫　胡保明
张志兴　滕　明　王　磊　王志典　刘廷展　于云政
赵建光　程雪梅　林松梅　孙强生　孙顶国　邹德龙

化验人员　王洪杰　王　静　林卫卫　潘殿莲　胡保明　林松梅

数据统计　王　静　王洪杰

采样调查　（按姓氏笔画排序）
于云政　王　静　王　磊　王玉娟　王志典　王洪杰
王翠香　冯克强　曲永进　刘廷展　衣玉东　闫其委
牟丰龙　牟日敏　牟悦龙　孙国良　孙培贤　孙厚行
李丰志　李善举　张志兴　陈宝莲　林卫卫　林东起
林际光　林学瑜　赵建光　胡乃成　胡保明　姜永竹
郭　华　隋学波　蒋晓明　蔡国栋　滕　明　潘殿莲

序言

民以食为天，土为农之本。耕地是农业生产的基础，是人类赖以生存的基本资源和条件，关系到社会的稳定和经济的发展。珍惜和合理利用土地，切实保护耕地，是我国长期坚持的一项基本国策。新中国成立以来，历届栖霞市委、市政府对耕地保护和利用工作高度重视，1959年和1983年先后两次开展了土壤普查工作，并进行了质量评价，全面摸清了栖霞市各种土壤类型、面积、分布和性能，对推动耕地资源合理利用、施肥制度改革，促进农业增效、农民增收发挥了重要作用。

栖霞市地处胶东半岛腹地，属典型的山区农业大市，是有名的“中国苹果之都”“国家级生态示范区”和“中国优秀旅游城市”。近年来，栖霞市经济和社会各项事业迅猛发展，人民生活水平不断提高，对农产品质量的要求也不断提高。人口、资源、环境等发展要素所带来的压力和改革开放以来农村经营体制、耕作制度、种植制度的变化，以及化肥、农药等农业投入品的使用等，使栖霞市耕地质量发生了很大变化。特别是随着人们对提升农产品产量和质量、提高农业经济效益越来越重视，对耕地的要求也越来越高，过去掌握的耕地资料已远远不能满足农业生产发展的需要。

针对农业土地利用现状以及耕地地力条件的新形势、新变化和新需求，2005年，农业部、财政部适时启动了全国测土配方施肥项目，2008年栖霞市成为全国项目县(市)之一，2011年开展了耕地地力调查和评价工作。两年多来，按照农业部的统一部署，栖霞市农业局在山东省、烟台市农业部门的支持帮助下，组织全市广大农业科技工作者，通过实地调查、土样采集、科学分析和精心汇总整理，完成了《栖霞耕地》这部全面反映栖霞市耕地状况的专著。

《栖霞耕地》一书的出版发行，是栖霞农业发展史上的一件大事，填补了栖霞耕地研究的一项空白，标志着栖霞农业科技又上了一个新台阶。该书注重理论与实践相结合，内容丰富，针对性强，易学易懂，是一本难得的农业工具书，希望全市广大农业科技工作者、农村基层干部、农业科技示范带头户以及农民群众认真阅读、借鉴和应用。同时，也希望农业部门及该书的编著者根据读者提出的意见和要求，不断对该书进行补充、更新和完善，使它更加具有针对性和指导意义，为栖霞市农业和农村经济持续健康发展作出更大贡献。

栖霞市人民政府市长 陈兆宽

2013年8月

前言

土地是人类赖以生存和发展的最基本资源。耕地是土地的精华，是农业生产的基础，是最基本的、不可替代的生产资料。随着农业发展进程的日益加快，耕地与人口、耕地与环境、耕地与粮食安全、耕地合理利用与管理已成为人们密切关注的重要课题。因此，开展耕地地力、环境调查与质量评价工作，了解耕地资源质量状况，加快测土配方施肥技术的推广利用，对提高农业综合生产能力和增强我国农产品参与国际竞争能力，对促进农业结构调整和优质、高产、高效、安全、生态农业发展，对增加农产品数量、改善农产品品质、防治土壤面源污染、优化农业生产环境、降低生产成本和提高农业综合效益，都具有举足轻重的作用，是实现农业可持续发展的必然选择。

栖霞市2008年起承担了国家测土配方施肥项目，同时开展了耕地地力调查与质量评价工作。根据《全国耕地地力调查与质量评价总体工作方案》及《全国耕地地力调查与质量评价技术规程》的要求，结合栖霞市实际情况，经过精心组织、科学谋划、严谨务实、勤奋工作，圆满完成了本次耕地地力调查与质量评价工作，并取得了一系列成果。

栖霞市现有农地面积为87523hm^2，其中耕地面积为46824hm^2，果园面积为40699hm^2。自项目开展以来，栖霞市农业局以果园为主，2008年至2012年先后对辖区内12个镇、3个街道办事处、1个经济开发区的果园和粮田，采集土样5762个，其中果园样点4620个，粮田样点1142个；化验分析土壤有机质、全氮、碱解氮、有效磷、速效钾、缓效钾、交换性钙、交换性镁、有效硫、有效锌、有效铜、有效钼、有效铁、有效硼、有效锰及pH等项目21个，共计40240项次；按照要求，对5762个农户进行了农田基本情况和施肥情况调查，掌握了第一手资料；对耕地进行了准确“诊断”，查清了耕地基础地力状况、耕地土壤理化性状、环境质量、水资源状况以及障碍因素。

四年间，通过野外调查、化验分析、收集资料、整理数据、绘制图表等工作，依托山东农业大学资源环境学院和天地亚太遥感公司等技术合作单位，对辖区内的耕地和果园进行了地力综合评价，实行了“辨证施治”，为提出耕地资源合理配置建议、种植业结构调整规划、标准化生产意见、农田污染防治措施和可持续利用发展战略提供了科学依据。本次用于地力评价的1478个样点，包括大田样点353个，果园样点1125个，其中近一半为采集耕层、亚耕层和采集容重点位。同时采集水样60个，其中灌溉地表水样40个，地下水样20个。通过系统翔实的分析，形成了栖霞市耕地地力调查与质量评价工作报告、技术工作报告和针对性的专题报告，绘制了栖霞市土壤图、栖霞市耕地地力等级图、栖霞市土壤养分分布图等23种图件资料，建立了栖霞市耕地资源信息管理系统和栖霞市测土配方施肥专家咨询配肥系统。

在耕地地力评价工作中，由于生产环境变化大、情况复杂、涉及范围广、环节多，又首次采用"3S"技术和模糊数学评价法，技术难度高，专业性强，标准要求严，故需要不同部门、不同领域的专业技术人员参与。因此，栖霞市委、市政府高度重视，成立了以市长为组长，分管副市长为副组长，农业、财政、果业、统计、国土资源、水务等部门负责人为成员的耕地地力评价工作领导小组，负责组织协调、人员配置、监督检查等工作；农业局成立了以分管局长为组长，土肥、农技、植保、果树、环保及各部门技术骨干为成员的耕地地力评价技术小组，研究制定本市耕地地力评价技术方案与工作方案，负责耕地地力评价的野外调查、数据汇总与成果资料分析汇编等技术性工作的实施，同时承担室内化验检测、综合分析评价等工作；各镇(街道办事处、区)分管领导和农技站、果树站的技术人员在样品的采集和调查工作中也付出了艰辛劳动。同时，栖霞市耕地地力评价工作也得到了上级相关部门的大力支持、指导和帮助。山东省土壤肥料总站李涛、万广华给予了悉心指导，烟台市农业技术推广服务中心总农艺师李早东、烟台市土壤肥料工作站王洪章、张培苹、杨志峰、孙强生等领导和专家给予了大力扶持和技术帮助；山东农业大学资源环境学院和山东天地亚太国土遥感公司承担了数字化图件制作；山东农业大学资源环境学院和江苏省扬州市土壤肥料站共同支持与协作，建立起了栖霞市耕地资源信息管理系统和测土配方施肥专家咨询配肥系统。在此，我们一并致谢。

在开展测土配方施肥和耕地地力调查与质量评价工作的基础上，参考第二次土壤普查有关资料，我们编写了这本《栖霞耕地》，目的就是为栖霞市的农业科技人员、农村基层干部指导农业生产提供参考，为栖霞市的新型农民发展高产、优质、高效农业生产提供帮助。由于耕地地力调查与评价工作涉及多个专业领域，加之我们水平有限，书中难免有错误和纰漏之处，敬请广大读者和专家学者批评指正。

编　者

2013 年 8 月

目 录

第一篇 耕地地力调查与评价

第二篇　农地地力与质量分析

第三篇　农地改良与可持续利用

专　题

第一篇　耕地地力调查与评价

第一章　自然条件与农业生产概况

第一节　自然条件

一、地理位置

栖霞市地处胶东半岛中部，位于东经120°33′～121°15′、北纬37°05′～37°32′，北临蓬莱、福山，南靠莱阳，西与龙口、招远相连，东与牟平、海阳接壤。市境南北长51km，东西宽63km，总面积为2017.7km²。栖霞因以“日晓辄有丹霞流宕，照耀城头，霞光万道”而得名，公元1131年置县，1995年11月经国务院批准撤县设市。

二、行政区划

栖霞市辖苏家店镇、寺口镇、西城镇、官道镇、观里镇、杨础镇、蛇窝泊镇、唐家泊镇、桃村镇、亭口镇、庙后镇、臧家庄镇12个镇，松山街道办事处、庄园街道办事处、翠屏街道办事处3个街道办事处和1个省级经济开发区，共953个行政村、966个自然村，总户数为23.5万户，总人口为66万。辖区内有耕地46824hm²，其中小麦总产量为7.37万吨，玉米总产量为14.14万吨，花生总产量为6.83万吨；果园40699hm²，果品总产量为135万吨。

三、地形、地貌

(一)地形

栖霞市地势较高，属山区丘陵地形，境内有大小山峰2500余座、大小河流114条，素有“六山一水三分田”之说，又有“胶东屋脊”之称。东有牙山，西北有艾山，海拔在800m左右，有方山、唐山、蚕山等较大山体300多个。这些山岭脉脉相连，迂回曲折，横贯市境，中部为南北分水陵。两侧余脉多呈南北走向，形成低山丘陵，夹杂部分河谷冲积平原。水系南流的主要有清水河、漩河，河汇五龙河入黄海；北流的有白洋河、清洋河，汇夹河入渤海，黄水河经龙口入渤海。

栖霞山地丘陵以古老的结晶盐为基底，部分有沉积岩覆盖层。经过断裂错动，又广泛被河流贯穿分割，从而形成了一种丘谷地形特征。由于错动时不等量的上升，加之差别性的侵蚀或岩浆的侵入和隆起，造成在广阔起伏如波众山之中往往还突出了几个陡峭高俊的孤峰，如牙山、艾山、蚕山等。山丘之间形成宽窄不等的河谷地，伸入山地内部，把山体分割成碎块。这些谷地与山丘共同组成栖霞低山丘陵区的深壑峡谷的地貌特征。

栖霞的地形特点是群山起伏，丘陵连绵，海拔较高。全市以东南的牙山和西北的艾山两大山系构成了西北东南向的地形脊骨，被誉为“胶东屋脊”。其两侧余脉，如雷山、老庙顶、郭落山、教书顶、三岔顶等多呈南北走向，并渐趋平缓，形成低山丘陵以至少量河谷冲积平原，以艾山、牙山脊骨为分水岭，各河系向南、向北注入黄海和渤海。

区域内海拔 700m 以上的中山有艾山和牙山两座；海拔 300m 以上的低山有 185 座，其中 400m 以上的有 118 座。最高点是西北部与蓬莱接壤的艾山，海拔为 814m。最低处是栖霞开发区泗水村及桃村镇陈家疃，海拔为 40m，高差为 774m。辖区内海拔 300m 以上的山地有 57057.2hm^2，占总面积的 28.28%；丘陵和缓丘 114379.05hm^2，占总面积的 56.69%；河谷平原 30336.43hm^2，占总面积的 15.03%。

（二）母岩与母质

栖霞境内山地丘陵较多，地质复杂，是胶东半岛地质年代比较齐全的地带。自太古界至新生界的岩类均有存在，主要包括太古界的胶东岩群、元古带的蓬莱岩群和粉子山岩群、中生界的侏罗纪和白垩纪、新生界的第三纪和第四纪。

(1)庄园及翠屏、寺口、西城、杨础、官道、观里、苏家店等镇（街道办事处、区）的广大山地丘陵主要是太古界胶东岩群蓬莱岩组，岩石为黑云片岩、斜长角闪岩、斜长片麻岩混杂。

官道、杨础镇与莱阳接壤一带主要是胶东岩群民山岩组，岩石为黑云角闪岩与斜长角闪岩。

蛇窝泊镇大柳家河以东，唐家泊镇以西，主要是胶东岩群富阳岩组，岩石为黑云斜长片麻岩。

亭口镇杏家庄至泉水夼，庙后镇祝家夼以南，唐家泊东北部，大庄头河西以西以南及铁口西北部广大山区主要是胶东岩群枣园岩组，岩石为斜长角闪岩、黑云变粒岩、角闪斜长片麻岩。

上述岩石较易风化，形成土壤多为酥石底，质地多为石碴土或壤质土。

(2)松山街道办事处以东，解家口、李博士夼一带主要是远古界蓬莱岩群豹山口岩组，岩石为板岩、大理岩。

庙后镇以北、李博士夼以南一带，大庄头窑夼，国路夼一带主要是远古界粉子山岩群张格庄岩组，岩石为硅质大理岩、黑云变粒岩。由于岩石互层，目前硅质大理岩仅部分裸露，且十分零星，对成土影响甚小。

亭口至庙后一带主要是远古界蓬莱岩群祝家夼岩组，岩石为长石、石英石，含砾黑云片岩。

臧家庄镇董家沟、骚志、东山、东旺及亭口京甲旺、洛土相一带，主要是蓬莱岩群祝家夼岩组，岩石为石英岩夹板岩。

栖霞开发区小夼、东杏山及亭口镇京甲，陡崖、松山街道办事处南庄、铺子夼一线主要是元古界蓬莱岩群南庄岩组，岩石为板岩、大理岩。

栖霞开发区马院山、高格庄及臧家庄镇香夼一带，主要是蓬莱岩群的香夼岩组，岩石为灰岩、泥灰岩。

上述岩石质地细致，由其形成的土壤质地也比较好。栖霞市上述岩石常用石灰反应，上述区域中有些地方有褐土形成。

(3)蛇窝泊一带较低山丘及杨础镇东部阳谷一带，主要是中生界侏罗纪上统莱阳岩组，岩石为砾岩、紫色沙砾岩夹砂岩。

松山紫现头、汉桥，臧格庄吴家、西泥沟、东寨至栖霞开发区大辽一带，桃村接官亭、上桃村至孤山一带主要是中生界白垩纪青山岩组，岩石为紫色砾岩、凝灰质砂页岩。

桃村东南一带，宋家埠、油家夼至铁口一带主要是中生界白垩纪上统王氏组，岩石为紫色沙砾岩、钙质砂页岩及粉质砂岩。

上述岩石质地较粗，由其形成的土壤土层薄，质地粗，砂性大，养分低。此类岩石成分复杂，亦有少量钙质岩存在，所以上述区域内有些地方亦有褐土形成。

(4)白洋河流域、黄水河流域，主要是新生界第四纪冲积物、河床砂粒、河滩砂质。

漩河、清水河流域主要是新生界第四冲积、洪积冲积、坡积、湖积物，河床沙砾，河滩亚沙土或亚黏土。

上述母质近河床一带发育成河潮土，较远处则形成潮棕壤和典型棕壤。土壤质地适中，养分较高，保供性较好，是栖霞市的粮食主要产区。

(5)大方山、小方山、蚕山及唐山顶部是新生界第三纪，岩石为玄武岩，此种岩石质地细，形成土壤质地较好，但土层极薄，且为硬石底。

(6)官道岗山、苏家店东部、西城一带，主要是中生界侵入岩—黑云花岗岩。寨里郭家店一带，主要是元古界侵入岩—二长花岗岩。唐家泊东南部及桃村西北部牙山一带主要是中生界侵入岩—花岗岩。这些岩石抗风化力较强，且石英含量较高，由其形成的土壤土层薄，质地粗，多为粗沙土、马牙沙土，肥力较低。

土壤是在岩石风化物上发育形成的。由于栖霞的岩石极为复杂，因此，由其发育形成的土壤也各不相同，其特征、特性及生产性能差异甚大。

(三)地貌

根据区域内的地形特点，山、丘、泊三大地貌类型可分为10个微地貌单元(见表1-1)。

表1-1　微地貌单元面积表

微地貌名称	总面积(hm^2)	可利用面积		农地面积	
		面积(hm^2)	占总可利用面积比例(%)	面积(hm^2)	占总农地面积比例(%)
石质山岭	125.1	78.1	0.04	—	—
荒坡岭	53022.3	52577.1	28.32	245.06	0.28
岭坡梯田	21178.5	19784	10.66	10791.59	12.33
岭地	96595	90192.9	48.6	57677.66	65.9

续表

微地貌名称	总面积(hm²)	可利用面积		农地面积	
		面积(hm²)	占总可利用面积比例(%)	面积(hm²)	占总农地面积比例(%)
沟谷梯田	114.4	82.9	0.04	61.27	0.07
倾斜平地	6785.02	6666.7	3.07	5111.34	5.84
微斜平地	1083.1	956.9	0.52	936.5	1.07
沿河阶地	396.98	272.4	0.15	280.07	0.32
泊地	1375.5	1095.3	0.59	962.75	1.1
河滩地	21092.8	14897.7	8.01	11456.76	13.09
合计	201772.7	185599.34	100	87523	100

地形、地貌影响水热条件的重新分配、地表水和地下水的运动、水流中悬浮物的沉积、土壤侵蚀的程度、土地利用的方向等。土壤的形成和发育深受地貌因素的制约。在不同地貌单元上，则形成若干不同的亚类、土属和土种，充分表现出地形、地貌和土壤形成规律的一致性。

1. 石质山岭

石质山岭位于山丘顶部，植被覆盖度低于60%，杂草树木稀疏，坡度大于25°，土层极薄，甚至岩石裸露。它主要分布在栖霞市西城北部艾山顶部和唐家泊的一些低山顶部。

2. 荒坡岭

荒坡岭位于山丘的顶部或中上部，植被覆盖度高于60%，杂草、林木较密，坡度大于20°，土层极薄而多砾，母质为残积或坡积物，发育为棕壤性土。该地貌在栖霞市各镇(街道办事处、区)的山丘中上部均有分布，以亭口、唐家泊、大庄头、松山、城镇、苏家店、庙后等镇(街道办事处、区)面积较大，均在3333.33hm²以上。其中亭口、唐家泊、苏家店三镇面积均达5333.33hm²，大庄头的荒坡岭面积占其总面积的51.8%。

3. 岭坡梯田

岭坡梯田分布于山丘中下部，位于荒坡岭之下，地势较陡，坡度多为15°～20°，田块较小，一般不足667m²，阶差较大，一般大于1m，地堰系人工垒成，呈台阶状环山水平排列，土层厚度在30～60cm不等，质地粗且多砾，母质多为残积或坡积物，部分为洪积冲积物，多发育为棕壤性土，部分发育为棕壤。该地貌宜种植花生、红薯及耐瘠抗旱杂粮作物，或栽植果树。辖区内各镇(街道办事处、区)均有分布，以亭口、庙后、大庄头、城镇等镇(街道办事处、区)面积较大。其中亭口、庙后、大庄头三镇梯田总面积达3333.33hm²，占其镇(街道办事处、区)总面积的40%以上。

4. 岭地

岭地广泛分布在栖霞市的缓丘地带，地阶差较小，一般不足1m，且多为土堰，地块面积大小不一，一般为一亩至数亩，母质多为残积。丘陵中上部土层较薄，发育为棕壤性土或薄、中层棕壤;下部则发育成为中、厚层棕壤,是栖霞市粮、油、果混作区。该地貌主要分布于寺口、西城、唐家泊、桃村、城镇、松山、蛇窝泊、臧家庄、观里、官道、杨础、寨里、苏家店、大柳家、铁口等镇(街道办事处、区),其面积均占到50%左右。其中寺口岭地面积达78.3%,西城岭地面积达66.5%。岭地耕地占辖区内总耕地的65.9%。如何合理开发利用这一土地资源,对该市农业生产的发展意义极为重大。

5. 倾斜平地

倾斜平地地势平坦,比降为1/100～1/200,土体深厚,母质为洪积冲积物,多发育为棕壤、潮棕壤,宜种植小麦和玉米。它主要分布在蛇窝泊、桃村、臧家庄、观里、官道等镇(街道办事处、区)的洪积扇上缘。

6. 微斜平地

微斜平地位于倾斜平地以下,比降为1/400～1/200,土体深厚,母质为洪积冲积物,发育为潮棕壤,土壤肥沃,水位较浅,一般为2～4m,且排灌条件较好,宜种植小麦、玉米,是栖霞市粮食高产区。它主要分布在区域内五大河系及支流两岸的河滩地外缘,以臧家庄、桃村、铁口、蛇窝泊等镇(街道办事处、区)面积较大。

7. 泊地

泊地位于山间开阔处,地势平坦,土体深厚,母质为洪积冲积物,多发育为棕壤或潮棕壤,宜种植小麦、玉米。它主要分布于寨里和松山。

8. 沟谷梯田

沟谷梯田位于山丘谷间,由洪积冲积物堆积和人工垒迭而成,俗称为"坝头地",土层深厚,多发育成中、厚层棕壤,土壤肥沃,抗旱耐涝,宜种植小麦、玉米。它主要分布在大柳家、臧家庄、寨里等镇(街道办事处、区),面积较少,耕地仅60.6hm^2。

9. 沿河阶地

沿河阶地位于较小河流的两岸,地势较缓,由洪积冲积物堆积并经人工修整而成,土体深厚,多发育为厚层和深厚层棕壤,小麦、玉米一年两作。它主要分布在西城、苏家店、大庄头等镇,耕地仅有258.3hm^2。

10. 河滩地

河滩地位于沿河两岸,深受河流和潜水影响,由河水冲积而成,母质为冲积物,发育为河潮土。由于辖区内地势较高,是各河流的发源地,河流比较大,夏天河水流速太快,泥沙沉积差,河滩卵石遍布,所以区域内河潮土特点是质地粗,多紧沙、沙壤,且多夹有砾石层,面积狭窄。该地貌宜种植花生、红薯。经人工压土改良后,方能种植小麦、玉米,但需有完善的灌溉措施。近河床处宜造林,种草固沙。河滩地在各镇(街道办事处、区)均有分布,以蛇窝泊、铁口、桃村、城镇、松山、臧家庄、观里、寨里、亭口、杨础等镇(街道办事处、区)面积较大。

土壤分布与地形关系十分密切。栖霞虽地形复杂且较破碎,但由于相对高差不大,多为低山缓丘,所以土壤的垂直分布比较简单,高处为棕壤性土,中下部为典型棕壤,最低处为潮棕壤和河潮土;而水平分布比较复杂,各种土壤类型相间交错,分布十分零碎。

四、气候条件

栖霞市地处暖温带湿润半湿润季风气候区，四季分明。其特点是冬季寒冷少雪；春季多风少雨，空气干燥，春旱频繁；夏季高温多雨；秋季凉爽少雨，秋旱时有发生。按平均气温低于10℃为冬季，高于22℃为夏季，10℃～22℃为春秋的标准划分四季，栖霞市冬季长达160余天，秋季仅57天，四季起止日期见表1-2。

表1-2 栖霞市四季时间表

季节	春季	夏季	秋季	冬季
起止时间	4.16～6.20	6.21～8.31	9.01～10.27	10.28～4.15
天数	66	82	57	160

(一)气温

栖霞市年平均气温为10.5℃～12℃，西部山区较低，为10.5℃～11℃，东部较高，为11.5℃～12℃。因栖霞市南北纬差较小，故温度地域分布主要受地形影响而异，山间小气候效应明显。

根据气象资料，栖霞历年日平均温度为11.2℃，最高年份为11.8℃，最低年份为10.5℃。四季气温有明显差异。高温出现在7月，月平均气温可达24.6℃，极端气温可达37.5℃；最低气温出现在1月，月平均气温仅为－3.8℃，极端低温为－17.3℃。温度年较差为28.4℃。3～4月温度回升至6.9℃，11月气温下降最快，较10月低7.4℃。

(二)积温

气温稳定通过0℃的平均初日为3月7日，最早年份为2月16日，最晚年份为3月24日。平均终日为12月3日，最早年份为11月12日，最晚年份为12月20日。间隔天数平均为271.3天，最少年份为238天，最多年份为291天。不低于0℃温暖期的绝对积温为4339.3℃，最多年份为4587℃，最少年份为3875℃，80%保证率为4243.6℃。这期间平均降雨量为744.5mm，80%保证率为662.1mm。气温稳定通过10℃的平均初日为4月16日，最早年份为3月3日，最晚年份为4月28日。平均终日为10月27日，最早年份为10月13日，最晚年份为11月10日，间隔时间为194.5天。不低于10℃的活动积温为3858.7℃，最高年份为4139.5℃，最低年份为3585℃，80%保证率为3782.9℃。这期间降水量为680.6mm，80%保证率为553.9mm。

(三)无霜期

辖区内各地差异较大，中部丘陵山地为207天，西北部山地为170～180天，东南部洼地仅为165天。平均初霜期为10月24日，最早年份为10月14日，最晚年份为11月12日。平均终霜期为3月30日，最早年份为2月18日，最晚年份为4月21日。

(四)降水量

因受山脉走向及地形影响，栖霞市降水量自东向西递减。东部地区降雨量在800mm以上，年相对变率为20%；西部、北部降水量为750mm以下，年相对变率为17%；其他地区降水量为750～800mm，年相对变率为19%。根据气象资料分析，区域内年平均降水量为 774mm,最多年份为 1392.2mm,出现在 1964 年,正变率为 80%;最少年份为 412mm,出现在 1968 年,负变率为 46.7%。年降水量 80%的保证率为 653.7mm。

由于季风的影响和控制,降水量的季节分布极不均匀。冬季降水最少,仅为 51mm,占年降水量的 7%;春季雨量较少,为 97mm,占年降水量的 12%;夏季雨水丰富,多在 501.2mm 以上,占年降水量的 65%;秋季雨水较多,一般为 124.3mm,占年降水量的 16%。全年总蒸发量为 2013.4mm,几乎是降水量的 3 倍,干燥度为 0.8～1。

(五)光照

全年太阳辐射总量为 $5.9\times10^5 J/cm^2$。3～9 月太阳辐射总量为 $4.4\times10^5 J/cm^2$;5～6 月太阳辐射总量最大,分别为 $6.9\times10^4 J/cm^2$ 和 $7.8\times10^4 J/cm^2$;12 月辐射量最少,为 $2.3\times10^4 J/cm^2$。年光照总时数为 2663.1h,日照百分率为 60%。5～6 月光照最多,分别为 285h 和 261.1h,平均日照时数为 9～11h。

一年四季的气候变化,强烈地影响着土壤的发育过程。土壤中物质与能量的转化特点是:春季干旱少雨,但气温开始回升,生物开始活动,土壤中的矿物养分聚集,有机质形成、分解较缓慢,此期有利于土壤中的物质积累。夏季高温多雨,土壤进入强烈分解、合成旺盛阶段,有机质和无机物的分解产物随水下移,表土黏粒也随水移至心土层淀积,形成质地黏重的淀积层。秋季凉爽少雨,气温下降,土壤分解、合成两个互逆过程变弱,植物进入成熟衰败阶段,枝叶、根茬进入土壤,使其有机质得以恢复和补充。冬季旱冷,土壤的水热条件稳定,生物也处于休眠,此期土壤除了物理风化继续进行外,基本是较为稳定的时期。这是栖霞市棕壤形成发育的地带特征。

五、水资源

(一)河流水系

栖霞地处胶东屋脊,因此是胶东半岛各主要河流的发源地。境内山地丘陵有大小河谷 3653 条、大小河流 114 条。其中,有 5 条主要的河流。

白洋河是辖区内最大的河流,发源于城镇灵山西麓,流经城镇、松山、寨里、臧家庄四镇(街道办事处、区),在福山境内与青阳河汇流注入北黄海。该河在栖霞境内全长为 45.9km,流域面积为 $776.49km^2$,年平均总水量为 $1.78\times10^8 m^3$,在寨里、臧家庄、中桥一带形成河谷冲积平原,面积为 $3653.3hm^2$。

清水河发源于牙山,河道曲折迂回,经唐家泊,穿过钓鱼台拦河坝,形成瀑布急流,向南河床渐宽,经蛇窝泊入莱阳境内,与漩河汇成五龙河,注入黄海。该河在栖霞境内长达 40.5km,流域面积为 $353.95km^2$,年平均总水量为 $1.2\times10^8 m^3$,在蛇窝泊一带形成河谷冲积平原,面积约为 $1940hm^2$。

漩河发源于寺口镇富金夼的黄山岭和苏家店镇的马蹄夼南山,经官道、观里入莱阳境内与清水河汇成五龙河,注入黄海。该河在栖霞境内长达 34.5km,流域面积为 $356.74km^2$,年平均总水量为 $5\times10^7 m^3$,在官道、观里一带形成河谷冲积平原,面积约为 $2526.7hm^2$。

清阳河发源于牙山和榆山东麓,主流出榆山经海阳储水乡和牟平埠西头乡,折向栖霞境内桃村,为栖霞市和牟平的界河,经桃村镇铁口入福山境内,注入北黄海。该河在栖霞境内长达35km，流域面积为209.92km²，年平均总水量为5.4×10⁷m³，在桃村、铁口一带形成河谷冲积平原，面积约为1460hm²。

黄水河发源于寺口南横沟村南山，向北穿过苏家店，入龙口境内注入渤海。该河在栖霞境内长达24km，流域面积为1475.3km²，年平均总水量为1.16×10⁷m³。

栖霞河系水文特点：栖霞市主要河流径流补给主要靠大气降水，完全属于季风雨源型流。栖霞地处胶东屋脊，降雨量较大，且山地丘陵坡度较陡，降雨多以径流流失，故径流量大。境内牙山、艾山等山区径流深可达300mm，径流系数可达28%～35%，为栖霞径流最多的地区。

河流径流的第二个特征是径流变化大。由于年降水变率很大，因而河流径流年际变化相当显著，最高年份是最低年份的几倍，甚至几十倍。另外，栖霞河流全属山洪性河道，源短水急，暴涨暴落，加之一年中雨水分布不均，年径流的季节分配也相差悬殊。夏季汛期径流量可占全年径流的80%，甚至还要高，土壤表层被蚀，梯田发生半边涝，积涝成灾。其他季节则径流较少，冬春两季则往往河涸断流，发生旱情。

此外，河流泥沙量大也是栖霞河流的一个突出特点。旱季河水干涸，而汛期则河水暴涨，河水泥沙量可达0.25～2.45kg/m³，水利系统12年统计平均为1.05kg/m³，冲刷强烈，土层日趋瘠薄，许多地方岩石裸露，不少库塘被淤塞报废。

（二）地下水

栖霞地下水为第四纪孔隙水和坚硬、半坚硬岩石中的裂隙水两种类型。

第四纪孔隙水分布于境内的山间泊地、河谷平原和河滩地。此类地下水的主要来源是大气降水，其丰缺程度与降雨关系极为密切。地下水位高低也随季节变化，夏季较高，春季较低。河滩地水位一般为1～2m，河谷平原的地下水位为2～5m，且水量比较丰富，对土壤发育影响较大，形成河潮土和潮棕壤。山间泊地、山前倾斜平地的地下水位较深，可达5m以上，成土过程主要受生物、气候条件的制约，形成地带性棕壤。

坚硬、半坚硬岩石中的裂隙水发源于境内的广大丘陵山区，地下水位很深，且涌量较少，一般为1L/s，属于贫水区。此类地下水对土壤发育基本无甚影响。这些地区常受干旱威胁，严重时群众吃水都比较困难。

岩浆岩区有较大的矿泉水，温度较高，如艾山汤温泉涌水量为2L/s左右。

地下水位随季节变化，年内变幅为1～3m。近几年来，由于降水减少，加之工业、农业用水量增加，采补失调，水源不足日趋严重，水位普通下降1～2m，以城郊和矿区最为严重，造成部分水塘、机井报废。

（三）潜水矿化度

总的来说，栖霞市地下水属于低矿化度的重碳酸盐型，总矿化度为205～835mg/L，平均为397mg/L，总硬度为2.56～14.2度，平均为5.64度，总碱度为2.08～7.29度，平均为3.83度，适于农田灌溉应用。

六、植被

植被的分布与土壤类型及土壤分布在一定程度上有其规律性。

乔本植物残落物腐败后显酸性，能促进矿物的风化和分解，使土壤和母质的淋溶加强。草本植物则有利于养分的积累和土壤培肥。

区域内植被中，栽培作物占有很大的比例，其中以果树面积最大。根据栖霞市2008年的统计，果树面积为40699hm^2，耕地面积为46824hm^2。而在采样布点和实地调查中，近几年辖区内的土地利用现状发生了较大变化，70%以上的耕地已种植上了果树。粮食作物中主要有小麦、玉米、大豆等；经济作物中有花生、蔬菜等，整个农作物覆盖率占区域内总面积的30%左右。其次是林木和果树，主要树种有油松、刺槐、侧柏、杨、柳、榆、椿、楸、桑、柞、苹果、梨、桃、李、杏、柿、栗、枣等，面积为104566.9hm^2，覆盖率占总面积的60%。

野生植被：山丘中上部一般是针叶乔木赤松；石灰岩、钙质岩区则多为侧柏，草本植物主要是羊胡草、石竹、野枯草、黄背草等，灌木有酸枣、苑条、荆条、栎等。土壤类型为极薄和薄层棕壤性土和褐土性土。山丘中部一般为针叶、阔叶混交乔木，主要有栎类、刺槐，其次为赤松；石灰岩、钙质岩区则有侧柏分布，灌木有柞、酸枣、苑条、荆条等，草本植物有黄背草、狗尾草、百里香、野枯草等。土壤类型多为中层棕壤性土。山丘中下部为阔叶乔木，主要有杨、刺槐、臭椿、梧桐；钙质岩区则有楸树分布，灌木主要有紫穗槐、柞等，草本植物有黄背草、狗尾草、白毛草、营草、苦菜、山蒜、车前、刺儿菜、马唐等。土壤类型主要为棕壤。山间泊地、倾斜平地、微斜平地主要是阔叶乔木，主要树种有刺槐、杨、榆、柳等，其中灌木有紫穗槐、腊条、绵柳等，草本植物有马唐、白毛草、三棱草、马齿苋、荠菜、灰菜及蓼科等。土壤类型为典型棕壤和潮棕壤。河滩地主要有阔叶乔木、杨、柳、刺槐，其中灌木有紫穗槐、腊条、绵柳等，草本植物有芦苇、白毛草、蒲草、三棱草、节骨草、马唐、藜及蓼科等。土壤类型为河潮土。

植被覆盖度与水土流失、土壤发育和土壤肥力关系密切。覆盖率高，则水土流失轻，土层厚，养分高，土壤肥沃。据寨里郭家岭和苏家店林家流域水土保持调查，在郁闭度大于0.7、覆盖率大于0.9的林地上，年侵蚀模数平均为1350T/hm^2；而郁闭度为0.3～0.7、覆盖率为0.5～0.7的疏林地，年侵蚀模数平均为40500T/hm^2，后者为前者的30倍。土层逐年变薄，质地变粗，肥力降低。

七、矿产资源

栖霞市矿产资源丰富，全市共发现各类矿产34种(含亚矿种)、矿床(点)162处。其中查明有资源储量的矿产14种(含亚矿种)、矿产地19处，分别为烟台市的35%和9.18%。保有资源储量约为5.37亿吨(矿石)，属查明矿种、矿产地和保有资源储量中等县(市、区)。

查明资源储量的矿产中，有金属矿产7种(含伴生矿产)、矿产地13处，分别占全市总数的50%和68.42%；非金属矿产6种(含伴生矿产)、矿产地5处，分别占全市总数的42.86%和26.32%；水气矿产1种、矿产地1处，分别占全市总数的7.14%和5.26%。部分金属矿产和非金属矿产的资源储量在本市占有主导地位，其中：滑石储量居全省首位；水泥用灰岩居烟台市首位；金、铅、锌及磷等矿产的储量在全省也较有影响。

第二节　农村经济与农业生产情况

一、农业经济概况

栖霞市农业生产历史悠久，考古工作者研究发现，市区往南10km的杨家圈，保留有距今4000～5000年的史前农耕聚落遗址。这个遗址集龙山文化与大汶口文化于一身，属于胶东龙山时代，当时农作物的栽培技术已比较成熟，粟作农业和北方其他地区一样，也比较发达，而且粟作农业和稻作农业相互补充，共同发展。

新中国成立前，该区域主要种植小麦、玉米、高粱、红薯、大豆、花生、谷子七大作物，基本上是广种薄收，自给不足。新中国成立后，随着土地公有制改革的全面完成，作物布局和耕作制度不断变革，各种作物在面积和产量上都发生了较大变化，栽培制度形成了小麦、玉米一年两作，花生、红薯一年一作，花生、红薯、小麦两年三作三种类型。很长一段时间内，当地农业跟当时全国各地一样，采取的是“以粮为纲”的大政方针，基本上解决了人民的温饱问题。

从20世纪80年代末期开始，我国深化农村改革进入到了重要时期，土地从联产承包到分户经营，当地的农业产业结构进一步调整：由原来的粮油生产为主到粮、油、果、菜并重，逐渐地，苹果栽植成为支柱产业而蒸蒸日上。1978年，全县仅有4200hm^{2}苹果，水果产量仅有95445吨；到1985年，苹果面积很快达到11680hm^2，产量达到13万多吨。进入20世纪90年代以后，栖霞县委、县政府审时度势，加快了农业结构调整步伐，大力推动发展果业，进一步扩大优质苹果的生产规模，走产业化发展的路子，果园面积和产量迅猛增长，果园面积达到28666.7hm^2，产量接近100万吨，一个现代化的苹果产业化基地初具规模。

进入21世纪以后，栖霞市委、市政府确立了以苹果产业化为主导，把实施农业产业化经营作为加快农业和农村经济发展的重要途径，把农业标准化、国际化和产业化有机结合起来，以标准化促进国际化，以国际化带动产业化，促进了全市社会经济的快速发展，有效提升了农业综合生产能力、农民创业致富能力和农村可持续发展能力。近年来，栖霞的果业、种植业、养殖业均得到了快速发展，农业机械化程度不断提高，农村经济有了长足发展，农民收入显著提高。表1-3列出了1978～2008年栖霞市农业主要经济指标。

表1-3　　1978～2008年栖霞市农业主要经济指标

年度	粮食产量(吨)	水果产量(吨)	花生产量(吨)	水产品产量(吨)	肉类产量(吨)	农业机械总动力($\times 10^4$kW)
1978	280675	95445	42975	125	—	11.66
1979	301895	97335	44230	84	—	13.81
1980	301265	94580	61255	106	—	16.79
1981	262865	109505	62450	150	—	19.78

续表

年度	粮食产量(吨)	水果产量(吨)	花生产量(吨)	水产品产量(吨)	肉类产量(吨)	农业机械总动力($\times10^4$kW)
1982	263465	99860	59000	100	—	22.15
1983	354865	135970	79870	140	—	22.34
1984	338800	128805	95565	200	—	24.87
1985	234510	120840	67485	250	—	26.66
1986	253063	133835	24267	480	—	—
1987	294354	147935	56676	480	—	28.49
1988	294509	187060	28557	460	11000	28.82
1989	234379	162932	16626	470	16000	29.75
1990	332093	120517	45852	550	13000	29.41
1991	337101	150386	46776	608	20000	30.59
1992	346077	186725	40930	688	18000	30.84
1993	374467	309178	57639	865	21000	32.65
1994	350311	406346	59314	865	26000	34.52
1995	368285	521133	61147	1200	28000	35.58
1996	372373	680296	62012	1356	32000	36.97
1997	261412	701612	30633	1800	35000	40.25
1998	356559	801249	65646	1800	31000	45.04
1999	269545	950078	38447	1850	30000	73.4
2000	256899	986569	41202	1950	35000	73.5
2001	265597	1030088	42113	2368	35000	73.6
2002	248693	722660	41221	2800	41000	80.7
2003	278589	1057029	47785	3360	50000	84.3
2004	272676	1041591	53072	3600	54000	88.5
2005	245446	1078620	56348	3800	59000	107.1
2006	266126	1143650	61289	4000	52000	109.63
2007	266329	1168752	62356	4000	51000	111.35
2008	266868	1358350	68307	4000	52000	118.72

二、农业生产现状

根据栖霞市统计数据，到2008年，栖霞市有农业人口47.6万，分居在953个行政村。农业生产稳步发展，初步形成了以果品为主导，果品、粮油、畜牧、菌菜协调发展的多元化、复合型农业结构，农民收入稳步增加。2008年，栖霞农民人均纯收入为6421元，比2007年增长10%，农民经济收入的80%来自于果业。

近年来，栖霞市政府采取多项措施，全力打造苹果品牌。一方面，在财政比较紧张的情况下，政府拿出2000多万元连续在中央电视台做了四年苹果广告和举办了十届苹果艺术节，提升了栖霞城市品牌；另一方面，围绕产业结构调整，以果品为主导，加快农业内部结构调整，大力发展专业化、规模化的果品生产、加工、储存基地。目前，辖区内共建设标准化果品生产基地$22.6\times10^4hm^2$，专业化果品冷藏企业有426家，储藏能力达100万吨。

栖霞市苹果产业国内领先。辖区内果园面积达$40699hm^2$，果品年产量139万吨；苹果产业化、标准化和国际化水平位居全国前列，被国家确定为“中国苹果第一市”和“全国无公害苹果生产示范基地市”，享有“苹果之都”的美誉。为把栖霞苹果打造成世界级品牌，栖霞以节搭台，以果唱戏，把苹果产业与文化艺术有机结合，先后成功举办了十届苹果艺术节，加快了栖霞苹果迈出国门、走向世界的步伐。

生态农业初具规模。栖霞以苹果产业为核心，拓展拉长生物链条，向前与畜牧业对接，向后拉动菌菜业发展，形成了多元化、复合型生态农业体系。这一模式被山东省农业厅称为“栖霞模式”。目前，辖区内规模养殖场达到6100个，食用菌年产量达到4000多万棒。

林业生产平稳发展。2008年，栖霞市共完成造林绿化$1.3\times10^4hm^2$，植树210万株，留苗养树$4.67\times10^4hm^2$、260万株，林业用地$9.5\times10^4hm^2$。

渔业生产发展较快。2008年，栖霞市渔业生产继续以提高经济效益为主目标，进一步加大名优产品的养殖，全年水产品总量达4100吨，比上年增长2.5%；淡水养殖水面单产达$2420kg/hm^2$，比上年增长3%。

农业生产条件和农村基础设施进一步改善。2008年末，栖霞市农业机械总动力达$1.2411\times10^6kW\cdot h$，增长4.5%；基本实现了村村通公路，总里程达到1743.7km；通自来水村总数达到585个；全市农话到达户数13.7万户；有线电视用户达到12万户，入村率达到100%，入户率达到70%。

随着农业结构不断调整，农村经济稳定增长，农业经济发展迅速。2008年，辖区内农业总产值达565339万元，逐步发展成以果品为主导，粮食、蔬菜并举的农业生产结构形式。到2008年底，粮食作物播种面积为$63933hm^2$，总产量为266868吨，比上一年增长8.8%；油料作物播种面积为$17514hm^2$；蔬菜（含菜用瓜）播种面积为$5973hm^2$；瓜类（果用瓜）播种面积为$2812.4hm^2$；苹果生产面积为$40699hm^2$，总产量为136万吨，增长5.5%；梨生产面积为$646.7hm^2$（见表1-4）。

表 1-4　　2008 年农业生产现状

作物	播种面积(hm^2)	总产量(吨)	蔬菜 瓜类 果品	播种面积(hm^2)	总产量(吨)
粮食作物	63933	266868	蔬菜	5973	211090
小麦	13676	73694	瓜类	2812.4	42186
玉米	19026	141357	苹果	40699	1358350
油料作物	17514	68307	梨	646.7	18604

据统计，按 2008 年当年价计算，栖霞市农村经济总收入为 180.6 亿元，较上一年增长 6.7%，其中农业总产值为 471574 万元。各项具体产值及所占比例见表 1-5。

表 1-5　　2008 年农业总产值

项目	现价(万元)	所占比例(%)	农业增加值(万元)
总计	565339	100	306063
农业	471574	83.4	259550
林业	16702	2.95	13765
牧业	66131	11.7	27002
渔业	2882	0.5	1882
服务业	8050	1.4	3864

第三节　农业基础设施情况

2009 年，栖霞市农业生产条件和农村基础设施进一步改善，农业机械总动力为 1.241×10^6kW，增长 4.5%；农村用电量为 1.69×10^8kW·h；全年化肥施用量(折纯)为 6.93 万吨，塑料薄膜使用量为 2004 吨；农用拖拉机 3.2 万台，农用汽车 1092 辆；全市 953 个村全部通电、电话、汽车，自来水受益村有 529 个。

一、农田水利建设情况

多年来，栖霞市不断加大农业投入，农田水利建设成效显著。辖区内有效灌溉面积达到了 30540hm^2，占全部耕地的 65.2%。农田水利建设的发展，增强了农业抗御自然灾害的能力，保证了农业生产的正常发展。辖区内共有水库 213 座，其中中型水库 2 座、小型水库 211 座，总库容为 $1.1539\times10^8m^3$；塘坝 826 座，总库容为 $2.155\times10^7m^3$；辖区内有井 6121 眼，排灌机械保有量 34197 台、1.241×10^6kW。

二、农业生产机械

栖霞市农业机械是从无到有发展起来的，拥有包括拖拉机及其配套机械、种植业农业机械、农产品初加工机械、畜牧业机械、运输农业机械、农田基本建设机械等六大类机械，农业机械总值为76230万元。

2009年末，辖区内农业机械总动力达到1.241×10^6 kW，农用拖拉机31835台，其中大中型拖拉机1095台、小型拖拉机30740台、柴油机1132874台、汽油机27524台、农用运输车76157辆、农用三轮车71447辆、联合收割机130台。农业机械的快速发展，使农业机械化得以实现。

第二章　土壤与耕地资源状况

第一节　土壤类型及分布

由于土壤是在气候、地形、母岩、母质、生物、成土年龄等诸种自然因素和人类的农业生产活动等人为因素综合作用影响下发育形成的，因而形成了性质不一、种类繁多的土壤类型。每一种土壤类型都有它的发生、发育和演变过程，且分布具有明显的垂直分布、水平分布和地域性。栖霞地处暖温带湿润气候区，形成了以棕壤为主，褐土、潮土夹杂间或分布的较古老的地带性土壤。

一、土壤分类依据

土壤分类是土壤科学的高度概括，它不仅要反映土壤的系统性、严密性及其与自然环境的联系，更要反映其全部生产特性和它的发生、发展规律及改良利用特点。因此，土壤分类应以土壤形成条件为前提，以土壤形成过程和其属性为主要依据，即不仅要认识它的现在，还要认识它的过去和将来。

土壤分类是依据土壤发生学分类的原则，综合考虑自然和社会的成土条件及其属性。根据山东省土壤分类方案，采用土类、亚类、土属、土种和变种五级分类制（见表 2-1）。土类、亚类两级主要反映土壤形成过程的阶段性和质的特征；土属以下三级则着重表现土壤形成过程的量的变化。栖霞市土壤可分为 3 个土类、7 个亚类、16 个土属、148 个土种（见表 2-2）。

表 2-1　　栖霞市土壤分类检索表

土类		亚类		土属		土种			
代号	名称	代号	名称	代号	划分依据	代号	土体构型(分母)	代号	表层质地(分子)
A	棕壤	a	棕壤性土	1	酸性岩类	1	极薄层(＜15cm)硬石底	2	石皮土
				2	基性岩类	2	薄层(15～30cm)硬石底	3	石碴土
				4	非石灰性砂页岩	3	中层(30～60cm)硬石底	4	马牙沙
						4	极薄层(＜15cm)酥石底	5	壤质土
				6	坡积洪积物	5	薄层(15～30cm)酥石底		
				7	非石灰性砾岩	6	中层(30～60cm)酥石底		
		c	棕壤	3 7	洪积冲积物 残积物	1	均质	3	沙壤土
						2	薄心(剖面 20～60cm 处夹有 10～30cm 砂黏层或＜10cm 砾石层)	4	轻壤土
		e	潮棕壤			3	厚心(剖面 20～60cm 处夹有＞30cm 砂黏层或＞10cm 砾石层)	5	中壤土
						4	薄腰(剖面 60～100cm 处夹有 10～30cm 砂黏层或＜10cm 砾石层)		
		f	白浆化棕壤	2	侧渗型	5	厚腰(剖面 60～100cm 处夹有＞30cm 砂黏层或＞10cm 砾石层)		
						6	薄层(土体＜30cm)		
						7	中层(土体为 30～60cm)		
B	褐土	a	褐土性土	3	钙质岩类	1	极薄层(＜15cm)硬石底	2	石皮土
				4	石灰性砂页岩	2	薄层(15～30cm)硬石底	3	石碴土
				5	石灰性砾岩	3	中层(30～60cm)硬石底	5	壤质土
						5	薄层(15～30cm)酥石底		
						6	中层(30～60cm)酥石底		
		d	褐土	3	洪积冲积物	1	均质	4	轻壤土
				9	残积物	3	厚心	5	中壤土
						5	厚腰		
						6	薄层		
						7	中层		
C	潮土	b	潮土			1	薄沙土心	1	松沙土
				4	河潮土	2	厚沙土心	2	紧沙土
						3	薄沙土腰	3	沙壤土
				4′	石灰性河潮土	4	厚沙土腰	4	轻壤土
						8	厚壤心	5	中壤土
						9	薄壤腰		
						10	厚壤腰		
						19	均质		
						26	砾石心		
						27	砾石腰		

表 2-2　　栖霞市土壤类型面积表

<table>
<tr><th colspan="2">土类</th><th colspan="2">亚类</th><th colspan="5">土属</th></tr>
<tr><th rowspan="2">学名</th><th rowspan="2">俗名</th><th rowspan="2">学名</th><th rowspan="2">俗名</th><th rowspan="2">编号</th><th colspan="2">土地面积</th><th colspan="2">耕地面积</th></tr>
<tr><th>面积(hm²)</th><th>占土地面积比例(%)</th><th>面积(hm²)</th><th>占土地面积比例(%)</th></tr>
<tr><td rowspan="13">棕壤A</td><td rowspan="13">黄堰土</td><td rowspan="6">棕壤性土 Aa</td><td rowspan="6">山岭土</td><td>Aa1</td><td>112874.03</td><td>55.9</td><td>39061.47</td><td>44.63</td></tr>
<tr><td>Aa2</td><td>5382.66</td><td>2.7</td><td>2100.55</td><td>2.4</td></tr>
<tr><td>Aa4</td><td>5935.29</td><td>2.9</td><td>2625.69</td><td>3</td></tr>
<tr><td>Aa6</td><td>2535.71</td><td>1.3</td><td>962.75</td><td>1.1</td></tr>
<tr><td>Aa7</td><td>2514.46</td><td>1.2</td><td>1400.37</td><td>1.6</td></tr>
<tr><td>小计</td><td>129242.16</td><td>64.1</td><td>46150.83</td><td>52.73</td></tr>
<tr><td rowspan="3">棕壤 Ac</td><td rowspan="3">黄堰土</td><td>Ac3</td><td>23221.97</td><td>11.5</td><td>14178.73</td><td>16.2</td></tr>
<tr><td>Ac7</td><td>13972.17</td><td>6.9</td><td>8139.64</td><td>9.3</td></tr>
<tr><td>小计</td><td>37194.15</td><td>18.4</td><td>22318.37</td><td>25.5</td></tr>
<tr><td rowspan="2">潮棕壤 Ae</td><td rowspan="2">泊地土</td><td>Ae3</td><td>6775.07</td><td>3.4</td><td>4638.72</td><td>5.3</td></tr>
<tr><td>小计</td><td>6775.07</td><td>3.4</td><td>4638.72</td><td>5.3</td></tr>
<tr><td rowspan="2">白浆化棕壤 Af</td><td rowspan="2">白汤土
澥涝黄</td><td>Af2</td><td>96.4</td><td>0.05</td><td>26.3</td><td>0.03</td></tr>
<tr><td>小计</td><td>96.4</td><td>0.05</td><td>26.3</td><td>0.03</td></tr>
<tr><td></td><td></td><td colspan="3">合计</td><td>173307.78</td><td>85.9</td><td>73134.22</td><td>83.56</td></tr>
<tr><td rowspan="8">褐土B</td><td rowspan="8">灰堰土</td><td rowspan="4">褐土性土 Ba</td><td rowspan="4">石灰性土</td><td>Ba3</td><td>2718.57</td><td>1.4</td><td>962.75</td><td>1.1</td></tr>
<tr><td>Ba4</td><td>1210.72</td><td>0.6</td><td>612.66</td><td>0.7</td></tr>
<tr><td>Ba7</td><td>665.86</td><td>0.3</td><td>437.62</td><td>0.5</td></tr>
<tr><td>小计</td><td>4595.15</td><td>2.3</td><td>2013.03</td><td>2.3</td></tr>
<tr><td rowspan="3">褐土 Bd</td><td rowspan="3">灰堰土</td><td>Bd3</td><td>604</td><td>0.3</td><td>437.62</td><td>0.5</td></tr>
<tr><td>Bd9</td><td>45.8</td><td>0.02</td><td>35.01</td><td>0.04</td></tr>
<tr><td>小计</td><td>649.8</td><td>0.3</td><td>472.63</td><td>0.54</td></tr>
<tr><td colspan="3">合计</td><td>5244.95</td><td>2.6</td><td>2485.66</td><td>2.84</td></tr>
<tr><td rowspan="4">潮土C</td><td rowspan="4">淤土</td><td rowspan="3">潮土 Cb</td><td rowspan="3">淤土</td><td>Cb4</td><td>22812.46</td><td>11.3</td><td>11640.56</td><td>13.3</td></tr>
<tr><td>Cb4′</td><td>407.48</td><td>0.2</td><td>262.57</td><td>0.3</td></tr>
<tr><td>小计</td><td>23219.94</td><td>11.5</td><td>11903.13</td><td>13.6</td></tr>
<tr><td colspan="3">合计</td><td>23219.94</td><td>11.5</td><td>11903.13</td><td>13.6</td></tr>
<tr><td colspan="5">总合计</td><td>201772.67</td><td>100</td><td>87523.01</td><td>100</td></tr>
</table>

(一)土类

土类是土壤的高级分类单元。它是在一定的自然因素和人为条件的综合作用下,经过一个主导或几个结合的成土过程,具有一定相似的、可以鉴别的发展层次。在栖霞市环境条件下,则产生了以棕壤为主的成土过程及相应的土壤属性;河流沿岸发育成河潮土;局部地方则发育成褐土。

(二)亚类

亚类是土类范围内的续分和土类之间的过渡类型,根据土壤形成过程的发育阶段和附加过程而划分。在同一土类内,虽然成土过程的趋势是一致的,但在主要成土过程外,往往还有某些附加的成土过程,使土壤属性产生了一定差异:如土体发育程度差异、淋溶程度强弱、潜水的影响度等附加因素。在棕壤土类中可划分为棕壤性土、棕壤、白浆化棕壤、潮棕壤 4 个亚类;在褐土中则可划分为褐土性土、褐土 2 个亚类;在潮土中只有潮土 1 个亚类。

(三)土属

在土壤的发生和分类上,土属均有承上启下的特点。它既是亚类的续分,也是土种的归纳。其划分依据是土壤的母岩母质特性、堆积状况、水文状况等。区域内棕壤性土可分为酸性岩类、基性岩类、非石灰性砂页岩、砾岩、坡积洪积物 5 个土属;典型棕壤亚类只有洪积冲积、残积物母质 2 个土属;白浆化棕壤亚类只有侧渗型 1 个土属;潮棕壤亚类只有洪积冲积物母质 1 个土属。褐土性土亚类可分为钙质岩类、石灰性砂页岩、石灰性砾岩 3 个土属;褐土亚类可分为洪积冲积、残积母质 2 个土属。潮土亚类按其母质不同分为石灰性河潮土、河潮土 2 个土属。

(四)土种

土种是基层分类的基本单元。它是发育在相同母质上,具有类似的发育程度、土体层次排列和土体厚度的一种比较稳定的土壤类型。土种的性态具有一定的稳定性,非一般耕作措施在短期内所能改变的。棕壤性土和褐土性土按照表层质地(分子表示)、土体厚度(分母表示)进行划分。其他亚类则按照土体构造、土体厚度(分母表示)、表层质地(分子表示)进行划分。划分土种是为制定土壤利用和改良的具体措施而服务的。栖霞市土壤可划分为 148 个土种(见表 2-3,数据来源于第二次土壤普查资料《栖霞县土壤志》)。

表 2-3　栖霞市土种面积表

编号	土种名称	总面积(hm^2)	占总面积比例(%)	耕地面积(hm^2)	占耕地面积比例(%)
1	极薄层硬石底酸性岩石碴土	12284.03	6.09	140.04	0.16
2	极薄层硬石底酸性岩壤质土	240.2	0.12	3.5	0.004
3	薄层硬石底酸性岩石碴土	7456.81	3.7	1400.37	1.6
4	薄层硬石底酸性岩马牙沙土	25.73	0.01	6.13	0.007
5	薄层硬石底酸性岩壤质土	505.39	0.25	87.52	0.1
6	中层硬石底酸性岩石碴土	761.2	0.38	402.61	0.46

续表

编号	土种名称	总面积（hm^2）	占总面积比例（%）	耕地面积（hm^2）	占耕地面积比例（%）
7	中层硬石底酸性岩马牙沙土	152.27	0.08	52.51	0.06
8	中层硬石底酸性岩壤质土	502.94	0.25	306.33	0.35
9	极薄层酥石底酸性岩石碴土	5194.66	2.57	280.07	0.32
10	极薄层酥石底酸性岩马牙沙土	1068.41	0.53	43.76	0.05
11	极薄层酥石底酸性岩壤质土	57.27	0.03	0	0
12	薄层酥石底酸性岩石皮土	130.67	0.06	52.51	0.06
13	薄层酥石底酸性岩石碴土	42850.25	21.24	13373.51	15.28
14	薄层酥石底酸性岩马牙沙土	3160.13	1.57	1601.67	1.83
15	薄层酥石底酸性岩壤质土	12859.81	6.37	6931.82	7.92
16	中层酥石底酸性岩石碴土	6057.57	3	3150.83	3.6
17	中层酥石底酸性岩马牙沙土	1100.6	0.55	621.41	0.71
18	中层酥石底酸性岩壤质土	18466.1	9.15	10660.3	12.18
19	极薄层硬石底基性岩壤质土	851	0.42	3.5	0.004
20	薄层硬石底基性岩石碴土	641.27	0.32	236.31	0.27
21	薄层硬石底基性岩壤质土	329.99	0.16	87.52	0.1
22	中层硬石底基性岩石碴土	215.73	0.11	8.75	0.01
23	中层硬石底基性岩壤质土	271.27	0.13	201.3	0.23
24	极薄层酥石底基性岩石碴土	223.6	0.11	113.78	0.13
25	极薄层酥石底基性岩壤质土	159.2	0.08	52.51	0.06
26	薄层酥石底基性岩石碴土	1365.6	0.68	621.41	0.71
27	薄层酥石底基性岩壤质土	596.07	0.3	297.58	0.34
28	中层酥石底基性岩石碴土	350.93	0.17	227.56	0.26
29	中层酥石底基性岩壤质土	378	0.19	236.31	0.27
30	极薄层硬石底非石灰质砂页岩石皮土	57.27	0.03	0	0
31	薄层硬石底非石灰质砂页岩石皮土	1549.53	0.77	306.33	0.35
32	薄层硬石底非石灰质砂页岩壤质土	193.87	0.1	70.02	0.08
33	中层硬石底非石灰质砂页岩石皮土	363.47	0.18	218.81	0.25
34	中层硬石底非石灰质砂页岩壤质土	13.33	0.01	0	0
35	薄层酥石底非石灰质砂页岩石皮土	325.6	0.16	166.29	0.19
36	薄层酥石底非石灰质砂页岩石碴土	725.5	0.36	367.6	0.42

续表

编号	土种名称	总面积（hm^2）	占总面积比例（%）	耕地面积（hm^2）	占耕地面积比例（%）
37	薄层酥石底非石灰质砂页岩壤质土	1092.33	0.54	630.17	0.72
38	中层酥石底非石灰质砂页岩石皮土	532.07	0.26	288.83	0.33
39	中层酥石底非石灰质砂页岩石碴土	235	0.12	140.04	0.16
40	中层酥石底非石灰质砂页岩壤质土	708.2	0.35	402.61	0.46
41	薄层酥石底非石灰质砂页岩石碴土	139.13	0.07	17.5	0.02
42	薄层硬石底坡积洪积石皮土	19.19	0.01	6.13	0.007
43	薄层硬石底坡积洪积石碴土	927.31	0.46	70.02	0.08
44	薄层硬石底坡积洪积壤质土	183.58	0.09	70.02	0.08
45	中层硬石底坡积洪积石碴土	276.04	0.14	113.78	0.13
46	中层硬石底坡积洪积壤质土	540.82	0.27	350.09	0.4
47	薄层酥石底坡积洪积石碴土	142.13	0.07	87.52	0.1
48	中层酥石底坡积洪积石碴土	55.07	0.03	35.01	0.04
49	中层酥石底坡积洪积壤质土	391.57	0.19	227.56	0.26
50	极薄层硬石底非石灰质砾岩石碴土	87.89	0.04	6.13	0.007
51	薄层硬石底非石灰质砾岩石碴土	123.69	0.06	78.77	0.09
52	薄层硬石底非石灰质砾岩壤质土	337.62	0.17	227.56	0.26
53	中层硬石底非石灰质砾岩石碴土	71.33	0.04	35.01	0.04
54	中层硬石底非石灰质砾岩壤质土	48.2	0.02	0	0
55	薄层酥石底非石灰质砾岩石碴土	954.92	0.47	472.62	0.54
56	薄层酥石底非石灰质砾岩壤质土	234.59	0.12	166.29	0.19
57	中层酥石底非石灰质砾岩石碴土	468.53	0.23	280.07	0.32
58	中层酥石底非石灰质砾岩壤质土	187.69	0.09	131.28	0.15
59	洪、冲积均质沙壤土	318.42	0.16	183.8	0.21
60	洪、冲积均质轻壤土	6111.28	3.03	3579.69	4.09
61	洪、冲积均质中壤土	118.93	0.06	61.27	0.07
62	洪、冲积薄黏心沙壤土	126.27	0.06	61.27	0.07
63	洪、冲积厚黏心沙壤土	37.93	0.02	26.26	0.03
64	洪、冲积薄黏心轻壤土	257.2	0.13	140.04	0.16
65	洪、冲积厚黏心轻壤土	9453.65	4.69	6109.11	6.98
66	洪、冲积厚黏心中壤土	114.47	0.06	78.77	0.09

续表

编号	土种名称	总面积(hm²)	占总面积比例(%)	耕地面积(hm²)	占耕地面积比例(%)
67	洪、冲积薄黏腰沙壤土	58.27	0.03	43.76	0.05
68	洪、冲积薄黏腰轻壤土	472.8	0.23	323.84	0.37
69	洪、冲积厚黏腰沙壤土	97.75	0.05	70.02	0.08
70	洪、冲积厚黏腰轻壤土	3402.55	1.6	2065.54	2.36
71	洪、冲积厚砾石心轻壤土	976.88	0.48	507.63	0.58
72	洪、冲积厚砾石心沙壤土	75.78	0.04	35.01	0.04
73	洪、冲积厚砾石腰轻壤土	261.27	0.13	148.79	0.17
74	洪、冲积厚砾石腰沙壤土	36.07	0.02	26.26	0.03
75	洪、冲积厚砾石心轻壤土	186.6	0.09	113.78	0.13
76	洪、冲积薄砂心轻壤土	55.8	0.03	35.01	0.04
77	洪、冲积薄层沙壤土	33.73	0.02	26.26	0.03
78	洪、冲积中层沙壤土	100.29	0.05	61.27	0.07
79	洪、冲积中层轻壤土	826.1	0.41	402.61	0.46
80	洪、冲积薄层轻壤土	99.93	0.05	70.02	0.08
81	中层残积轻壤土	11999.69	5.95	6914.32	7.9
82	中层残积沙壤土	560.53	0.28	367.6	0.42
83	薄层残积沙壤土	564.13	0.28	341.34	0.39
84	薄层残积轻壤土	293.07	0.15	183.8	0.21
85	残积均质轻壤土	207.47	0.1	113.78	0.13
86	残积均质沙壤土	83.68	0.04	35.01	0.04
87	厚黏心残积轻壤土	79.4	0.04	52.51	0.06
88	薄黏腰残积轻壤土	88.53	0.04	61.27	0.07
89	中层残积中壤土	95.67	0.05	43.76	0.05
90	洪、冲积均质轻壤表潮棕壤	4417.55	2.19	2958.28	3.38
91	洪、冲积均质中壤表潮棕壤	36.93	0.02	26.26	0.03
92	洪、冲积厚黏心轻壤表潮棕壤	992	0.49	673.93	0.77
93	洪、冲积厚黏腰沙壤表潮棕壤	145.25	0.07	105.03	0.12
94	洪、冲积薄黏腰沙壤表潮棕壤	56.27	0.03	26.26	0.03
95	洪、冲积厚黏腰沙壤表潮棕壤	910.14	0.45	717.69	0.82
96	洪、冲积厚黏腰轻壤表潮棕壤	33.73	0.02	26.26	0.03

续表

编号	土种名称	总面积（hm^2）	占总面积比例（%）	耕地面积（hm^2）	占耕地面积比例（%）
97	洪、冲积薄黏腰轻壤表潮棕壤	127.27	0.06	78.77	0.09
98	洪、冲积厚砾石腰沙壤表潮棕壤	10.93	0.005	8.75	0.01
99	洪、冲积厚砾石腰轻壤表潮棕壤	45	0.02	35.01	0.04
100	中层沙壤表侧渗型白浆化棕壤	96.4	0.05	2.63	0.003
101	极薄层硬石底钙质岩类石皮土	8.27	0.004	0	0
102	薄层硬石底钙质岩类石碴土	311.93	0.15	166.29	0.19
103	薄层硬石底钙质岩类壤质土	847.53	0.42	140.04	0.16
104	薄层硬石底钙质岩类壤质土	962.31	4.77	315.08	0.36
105	中层硬石底钙质岩类石皮土	58.53	0.03	35.01	0.04
106	中层硬石底钙质岩类壤质土	530	0.3	271.32	0.31
107	薄层硬石底石灰性砂页岩石皮土	89.07	0.04	43.76	0.05
108	薄层硬石底石灰性砂页岩壤质土	121.93	0.06	52.51	0.06
109	薄层酥石底石灰性砂页岩石碴土	349.48	0.17	183.8	0.21
110	薄层酥石底石灰性砂页岩壤质土	467.19	0.23	253.82	0.29
111	中层酥石底石灰性砂页岩石碴土	32.13	0.02	17.5	0.02
112	中层酥石底石灰性砂页岩壤质土	150.92	0.07	78.77	0.09
113	薄层硬石底石灰性砾岩石碴土	46.48	0.02	35.01	0.04
114	薄层酥石底石灰性砾岩壤质土	41.55	0.02	35.01	0.04
115	薄层硬石底石灰性砾岩壤质土	6.93	0.003	5.25	0.006
116	中层酥石底石灰性砾岩壤质土	187.11	0.09	113.78	0.13
117	薄层酥石底石灰性砾岩石碴土	383.79	0.19	227.56	0.26
118	洪、冲积均轻壤褐土	384.61	0.19	236.31	0.27
119	洪、冲积厚砾石腰表褐土	2	0	0	0
120	洪、冲积厚黏腰轻壤表褐土	124.63	0.06	113.78	0.13
121	洪、冲积厚黏心轻壤表褐土	92.76	0.05	70.02	0.08
122	薄层残积中壤表褐土	19.07	0.01	8.75	0.01
123	中层残积中壤表褐土	26.73	0.01	26.26	0.03
124	洪、冲积砾石心松砂表河潮土	125.93	0.06	43.76	0.05
125	洪、冲积砾石心紧砂表河潮土	302.42	0.15	87.52	0.1
126	洪、冲积砾石心沙壤表河潮土	7453.77	3.69	4052.31	4.63

续表

编号	土种名称	总面积（hm²）	占总面积比例（%）	耕地面积（hm²）	占耕地面积比例（%）
127	洪、冲积砾石心轻壤表河潮土	4607.35	2.28	2188.08	2.5
128	洪、冲积砾石心中壤表河潮土	22.47	0.01	17.5	0.02
129	洪、冲积砾石腰沙壤表河潮土	1420.01	0.7	778.95	0.89
130	洪、冲积均沙壤表河潮土	6139.67	3.04	2888.26	3.3
131	洪、冲积砾石腰轻壤表河潮土	475.78	0.24	350.09	0.4
132	洪、冲积砾石腰中壤表河潮土	31.73	0.02	26.26	0.03
133	洪、冲积薄砂腰中壤表河潮土	63	0.03	43.76	0.05
134	洪、冲积均轻壤河潮土	401.65	0.2	306.33	0.35
135	洪、冲积厚壤腰沙壤表河潮土	34.93	0.02	26.26	0.03
136	洪、冲积薄壤腰沙壤表河潮土	86.8	0.04	35.01	0.04
137	洪、冲积厚壤心紧砂表河潮土	45.13	0.02	35.01	0.04
138	洪、冲积厚壤心沙壤表河潮土	41.13	0.02	17.5	0.02
139	洪、冲积厚砂腰轻壤表河潮土	166.21	0.08	113.78	0.13
140	洪、冲积厚砂心轻壤表河潮土	904.6	0.45	446.37	0.51
141	洪、冲积厚砂腰中壤表河潮土	225.6	0.11	61.27	0.07
142	洪、冲积薄砂腰轻壤表河潮土	152.07	0.08	87.52	0.1
143	洪、冲积薄砂心轻壤表河潮土	112.2	0.06	87.52	0.1
144	洪、冲积砾石心沙壤表石灰性河潮土	167.03	0.08	105.03	0.12
145	洪、冲积砾石腰沙壤表石灰性河潮土	61.33	0.03	43.76	0.05
146	洪、冲积厚壤心沙壤表石灰性河潮土	28.66	0.01	26.26	0.03
147	洪、冲积厚砂心轻壤表石灰性河潮土	34.53	0.02	35.01	0.04
148	洪、冲积均沙壤石灰性河潮土	115.92	0.06	26.26	0.03

二、土壤类型及分布

(一)棕壤土类(A)

棕壤的发生、属性及面积分布：棕壤是在暖湿地带湿润半湿润的气候条件下形成的一种较古老的地带性土壤。栖霞地处胶东屋脊，气候温暖半湿润，年平均气温为 11.5℃～2℃，年平均降水量为 724mm，故决定了棕壤的形成和发育。栖霞市棕壤的成土母质多来自酸性岩、基性岩类、非石灰性砂页岩及砾岩的残积、坡积、洪积冲积物。其特点是淋溶作用较强，富铁过程较明显，层次发育较明显，通体棕褐色。土体通常有淋溶层(耕地为耕作层)、淀积层和母质层，通体无石灰反应。表层因受耕作施肥影响，土壤呈棕褐色，质地偏轻。淀积层为黏粒积聚层，由于铁锰氧化物的存在，土壤呈红棕—黄棕色，质地黏重，厚度不等，结构呈块状或棱柱状，结构面上有铁锰胶膜。底土层则保持着成土母质的形态。土体中部一般有铁锰结核，个别土体下部有铁管。土壤反应呈酸性，pH 为5～6.7。土体厚度随地形起伏而不一，由高到低渐趋增厚。山丘岭地土体多在 30cm 左右，沟谷平原土体则多达 100cm 以上。土体厚度不一，便构成了该土类众多土种的出现及生产性能上的差异。

棕壤在辖区内各镇均有分布，可利用面积为 164358.92hm²，占总可利用面积的 88.6％，耕地和果园面积为 73134.22hm²，占总耕地和果园面积的 83.56％。其表层质地有石碴土、石皮土、马牙沙土、壤质土、沙壤土、轻壤土、中壤土。根据土体发育程度及潜水影响，棕壤土类续分为 4 个亚类，即棕壤性土、典型棕壤、白浆化棕壤、潮棕壤，它们的特征、特性如下：

1. 棕壤性土(Aa)

该亚类是棕壤土类中的一种粗骨性土壤，分布于区域内各镇山地丘陵中上部的石质山岭、荒坡岭、岭坡梯田、岭地等地貌单元上。其可利用面积为 125366.72hm²，占总可利用面积的 67.5％，耕地和果园面积为 46150.83hm²，占总耕地和果园面积的 52.73％。该亚类土壤所处的地势较高，坡度较陡，所以土壤侵蚀严重，养分含量较低。棕壤性土的土体发育不完整，无心土层，底部为基岩或半风化的母岩。土体厚度一般在 30cm 左右，大于 50cm 的较少。土壤质地多为石碴土，部分为壤质土，石皮土、马牙沙土面积较少。土层薄、质地粗、侵蚀重、肥力低、生产性能差，是该亚类的主要特点。在该亚类中，土体小于 30cm 的酥石底耕地和果园面积为 25206.62hm²，占总耕地和果园面积的 28.8％；硬石底耕地和果园面积为 2975.78hm²，占总耕地和果园面积的 3.4％。该亚类目前的利用方式是：坡度陡、质地差、土层薄的荒坡岭，以生长杂草树木为主，适宜发展林牧业；土层较厚、坡度较缓的岭坡梯田及岭地主要种植花生、红薯和栽植果树；部分坡度较大(＞20°)的耕地则应有计划地退耕还林还果，以保持水土。

棕壤性土按其成土母岩、母质、土体厚度和质地不同分为 5 个土属、58 个土种(见表 2-2 和表 2-3)，现将其各土属及主要土种的特性分别作一叙述。

(1)酸性岩类棕壤性土(Aa1)。该土属可利用面积为 328335.08hm²，占总可利用面积的 59％，耕地和果园面积为 39061.47hm²，占总耕地和果园面积的 44.63％。该土属是栖霞市棕壤性土中的主要土壤类型，在各镇山地丘陵中上部均有广泛分布。它具有棕壤性土的共性，因为其是在酸性岩类风化物上发育而成的，所以其质地较其他土属的质地粗。其代表土种如下：

①薄层酥石底石碴土(Aa1 3/5)。该土种可利用面积为 41901.03hm²，占总可利用面积的 22.6％，耕地和果园面积为 13373.51hm²，占总耕地和果园面积的 15.28％。其分布位置如土属中所述。土体较薄，为 15～30cm，但基底为酥石，因此可以采取深耕深刨的方法加厚土体，增加土壤“库容”。自然植被为狗尾草、荆条、酸枣、零星树木，轻度沟蚀。农作物为红薯、花生，一年一作。

对这部分土地改良利用时应采取工程措施和生物措施综合治理。如整修地堰，挖好堰下沟，种草、种金银花及其他多年生经济植物护坡，保持水土。耕地施肥应氮、磷、钾配合，重施磷肥。

②薄层酥石底壤质土(Aal 5/5)。该土种可利用面积为12257.56hm²，占总可利用面积的6.6%，耕地和果园面积为6931.82hm²，占总耕地和果园面积的7.92%。其分布位置如土属中所述。土体厚度为15～30cm，但其质地好于石碴土，所以其保供性能及养分状况均好于石碴土。自然植被为马唐、狗尾草、苦菜。农作物为红薯、花生，一年一作。

对这部分土地的改良利用措施与石碴土基本相同。

③薄层硬石底石碴土(Aal 3/2)。该土种可利用面积为7345.39hm²，占总可利用面积的4%，耕地和果园面积为1400.37hm²，占总耕地和果园面积的1.6%。其分布位置如土属中所述。土体薄，为15～30cm，基底为硬石，因此其生产性能不如酥石底。自然植被为松树，农作物有红薯、花生。中度沟蚀。

对于这部分土地，今后应封山育林种草，加强水土保持。有些耕地应有计划退耕还林还果。

④薄层酥石底马牙沙土(Aal 4/5)。该土种可利用面积为3062.93hm²，占总可利用面积的1.7%，耕地和果园面积为1601.67hm²，占总耕地和果园面积的1.83%。它主要分布在臧家庄镇郭家店一带和唐家泊镇车家泊子、上下牛蹄夼一带。自然植被为松、荆、棘、狗尾草、苦草等，但植被较其他土种明显稀疏，水土流失重。质地粗，砾石多，保肥性能差。农作物为花生、红薯，一年一作，产量低而不稳。

这部分土地土体薄、土壤结构差、保肥水性能低，因此应深耕深刨，加厚土层，增施有机肥，以改良土壤结构，提高保肥水性能。同时应采取工程和生物措施，综合治理，防止水土流失。

⑤中层酥石底壤质土(Aal 5/6)。该土种可利用面积为17309.55hm²，占总可利用面积的9.3%，耕地和果园面积为10660.3hm²，占总耕地和果园面积的12.18%。其分布位置如土属中所述。土体厚度为30～60cm，基底为酥石。该土种是棕壤性土中最好的土壤类型，目前多被垦为农田，一年一作，种植红薯、花生或其他春播物，或两年三作。这部分耕地多无水浇条件，风调雨顺年份，产量比较客观，一遇干旱则产量大减。自然植被为荆、棘、杂草等。农作物为花生、红薯，一年一作。

这部分土壤砾石含量高，对这部分耕地应在增施有机肥的基础上搞好农田基本建设，修好地堰，挖好堰下沟，防止水土流失和半边涝。

(2)基性岩类棕壤性土(Aa2)。该土属可利用面积为5285.17hm²，占总可利用面积的2.8%，耕地和果园面积为2100.55hm²，占总耕地和果园面积的2.4%。该土属土壤主要由玄武岩和基性岩类风化物发育而成，主要分布在方山、蚕山、唐山的顶部，其他山岭也有零星分布。由于基性岩类质地较细腻，所以在其风化物上发育形成的土壤质地和养分状况，从宏观上看都好于酸性岩类棕壤性土。其代表土种如下：

①极薄层硬石底壤质土(Aa2 5/1)。该土种可利用面积为849.32hm²，占总可利用面积的0.45%，仅有耕地3.5hm²，分布在方山顶部。因其土层极薄(小于15cm)，又是硬石底，虽其质地较好，但不易农用。目前利用方式主要是林地柞岚、荒坡等。自然植被为柞树、苦草等，柞树生长良好。

该土体土壤因多年封山育林，自然植被好，水土流失少。对这部分土地应植树种草，加强绿化，保持水土。

②薄层硬石底石碴土（Aa2 3/2）。该土种可利用面积为625.64hm^2，占总可利用面积的0.34%，耕地和果园面积为236.31hm^2，占总耕地和果园面积的0.27%。它主要分布在苏家店镇蚕山顶部、臧家庄镇北洛汤西北及松山街道办事处南交毛寨南部的山地上。土体厚度为15～30cm，由于基底为硬石，质地粗，抗旱耐涝性差，目前利用方式多为林地或荒坡，部分垦为农田，产量低而不稳。自然植被为狗尾草、百里香、马唐等。

这部分土壤土体薄，砾石含量高。对这部分土地应搞好综合治理，保持水土。

③中层硬石底壤质土（Aa2 5/3）。该土种可利用面积为271.27hm^2，占总可利用面积的0.15%，耕地和果园面积为201.3hm^2，占总耕地和果园面积的0.23%。它主要分布在松山街道办事处金山台东部山地。土体厚度为30～60cm，但其抗旱涝性不如中层酥石底土壤。目前利用方式为农田、林地或荒坡。自然植被为荆、棘、刺槐、杂草等，中度沟蚀，无水浇条件。农作物为红薯、花生，一年一作。

对这部分耕地应增施有机肥，改善土壤结构，大搞农田基本建设，整修“外撅嘴、里流水”的标准梯田，防止水土流失和半边涝。

(3)非石灰性砂页岩棕壤性土（Aa4）。该土属可利用面积为5771.94hm^2，占总可利用面积的3.1%，耕地和果园面积为2625.69hm^2，占总耕地和果园面积的3%。它主要分布在松山街道办事处豹山口西北耩、葛家沟东北耩，东鹿头、西鹿头、大北庄、铺子夼一带；亭口镇解家口、宋格庄、陡崖一带；蛇窝泊镇唐山至牟家河西一带；杨础镇沙峨一带；桃村镇荆子埠、铁口周围及肖格庄东部。该土属土壤是在页岩、板岩、紫色砂岩风化物上发育形成的。由页岩、板岩风化物形成的土壤砾石含量高，砂粒含量少；而由紫色砂岩风化物发育成的土壤，砾石含量较少，砂粒含量较高。目前利用方式为农田、林地或荒坡。其代表土种如下：

①中层硬石底石皮土（Aa4 2/3）。该土种可利用面积为349.92hm^2，占总可利用面积的0.19%，耕地和果园面积为218.81hm^2，占总耕地和果园面积的0.25%。它主要分布在松山、亭口二镇（街道办事处、区），具体位置如土属中所述。该土种由非石灰页岩、板岩风化物发育形成，土体厚度为30～60cm。因其基底为硬石，水分运行不畅，易旱易涝。自然植被为荆、棘、杂草等。农作物为红薯、花生，一年一作。

该土种耕层下部土壤黏紧，物理性不良，今后应深耕深刨加厚活土层，配合增施有机肥，改善土壤的物理性状，增加养分储量。

②中层酥石底壤质土（Aa4 5/6）。该土种可利用面积为689.67hm^2，占总可利用面积的0.37%，耕地和果园面积为402.61hm^2，占总耕地和果园面积的0.46%。它主要分布在蛇窝泊、杨础、桃村等镇，具体位置如土属中所述。该土种主要由非石灰性紫色砂岩风化物发育而成。土体厚度为30～60cm，基底为酥石，砾石含量少，砂粒细，质地多为壤质土。自然植被为狗尾草、马唐等。农作物为红薯、花生、小麦，两年三作。

该类土壤容重偏大，总孔隙度、通气孔隙度小，通气不良，今后应深耕深刨，配合增施有机肥，改良土壤结构。

(4)坡积洪积物棕壤性土（Aa6）。该土属可利用面积为2430.28hm^2，占总可利用面积的1.3%，耕地和果园面积为962.75hm^2，占总耕地和果园面积的1.1%。它主要分布在亭口镇东北部及庙后镇西北部山地，地势较高，坡度较陡。该土属土壤由坡积洪积物发育而成，土体中石块较多，坡积现象明显，有的土壤母质与基岩有明显差异。目前利用方式多为林地、荒山荒坡，部分为农田。

该土属的代表土种为中层硬石底壤质（Aa6 5/3），可利用面积为 501.93hm²，占总可利用面积的 0.27%，耕地和果园面积为 350.09hm²，占总耕地和果园面积的 0.4%。它主要分布在庙后镇上林家村北部山地，土体厚度为 30～60cm，基底为硬石，土壤无盐酸反应，而基底岩石为钙质岩类，有一定盐酸反应。自然植被为荆、棘、杂草。农作物为红薯、花生、小麦，两年三作。

对这部分土地的改良利用措施与基性岩类中层硬石底壤质土基本相同。

(5)非石灰性砾岩棕壤性土（Aa7）。该土属可利用面积为 2434.41hm²，占总可利用面积的 1.3%，耕地和果园面积为 1400.37hm²，占总耕地和果园面积的 1.6%。它主要分布在松山街道办事处下紫现头至汉桥一带；臧家庄镇丰粟至吴家、策里于家、策里贾家、策里高家、东山庄、西山庄、东翁一带的丘陵上。该土属土壤由非石灰性砾岩风化物发育形成，土壤砾石较多，且岩性复杂。植被稀疏，水土流失重。目前利用方式为农田、果园、疏林草地。

该土属的代表土种为薄层酥石底壤质土（Aa7 5/5），可利用面积为 231.45hm²，占总可利用面积的 0.12%，耕地和果园面积为 166.29hm²，占总耕地和果园面积的 0.19%。它主要分布在松山街道办事处松山村西耩、臧家庄镇西山庄南耩。自然植被为松、荆条、酸枣、羊胡草等，中度沟蚀。农作物为红薯、花生，一年一作。

该类土壤水土流失重，应采取综合措施搞好水土保持，如开挖围山沟、鱼鳞坑，植树种草等；要整修地堰，防止水土流失；应深耕深刨，增施有机肥，以提高土壤的“库容”，部分耕地可挖穴填土，退耕植果。

2. 棕壤亚类（Ac）

该亚类可利用面积为 33252.29hm²，占总可利用面积的 17.9%，耕地和果园面积为 22318.37hm²，占总耕地和果园面积的 25.5%。它主要分布在各镇的山丘中下部岭坡梯田、岭地及沟谷梯田、沿河阶地及倾斜平地上缘。其潜水埋深在 5m 以下，对土壤发育无甚影响。发育在山丘中部岭坡梯田及岭地上的棕壤，母质为残积物和洪积冲积物，土层较薄，一般为 30～60cm，主要种植花生、红薯；发育在山丘下部岭坡梯田、岭地及沟谷梯田、沿河阶地、倾斜平地上缘的棕壤，母质为洪积冲积物，土体比较深厚，自然肥力较高，适合种植小麦、玉米、红薯等多种作物。

棕壤亚类是栖霞市主要的耕作土壤类型。该亚类根据成土母质不同分为残积和洪积冲积物两个土属（见表 2-1）。根据其土体构造、质地及土体厚度差异，该亚类可分为 22 个土种（见表 2-3）。

现将该亚类各土属及其主要土种的特征、特性评述如下：

(1)洪积冲积棕壤（Ac3）。该土属可利用面积为 20060.12hm²，占总可利用面积的 10.8%，耕地和果园面积为 14178.73hm²，占总耕地和果园面积的 16.2%。它主要分布在各镇（街道办事处、区）山丘下部岭坡梯田、沟谷梯田、沿河阶地，以臧家庄、亭口、官道、观里、松山、杨础、苏家店、桃村等镇面积较大。它的主要特点是：所处地形部位较低而平缓,土层厚度大于100cm的面积达90%,小于60cm的面积仅占5%。土体中20~60cm间夹有大于30cm黏层的面积较大,约占该土属面积的50%;土体中夹有砾石层的面积约占7%;土体构型良好,质地适中的约占40%。目前利用方式主要为农田,主要种小麦、玉米,部分种花生。

其代表土种如下:

①洪积冲积均质轻壤土(Ac3 4/1)。该土种可利用面积为6111.28hm²,占总可利用面积的3.3%,耕地和果园面积为3579.69hm²,占总耕地和果园面积的4.09%。它主要分布在各镇地势平缓的岭地、岭坡梯田下部及倾斜平地上缘,土体深厚,通体均质轻壤,保供性能好,是栖霞市比较高产的土壤类型。自然植被为马唐、马齿苋、灰菜等。该土种为保浇地,农作物为小麦、玉米,一年两作。

该类土壤耕层物理性状适宜,但耕层以下物理性状变劣。今后应深耕深刨,加深活土层,增施有机肥,改良土壤结构;要注意用养结合,培肥提高地力,使作物持续稳定高产。

②洪积冲积厚黏心轻壤土(Ac3 4/3#)。该土种可利用面积为8566.05hm²,占总可利用面积的4.6%,耕地和果园面积为6109.11hm²,占总耕地和果园面积的6.98%。它主要分布在苏家店镇缴格庄东部、潘家店至马家店公路以东,臧家庄镇烟青路两侧、刘家庄至吴家一带,观里镇小观、小陈家、小院一带,桃村镇陈家庄周围,其他镇(街道办事处、区)也有零星分布。该土种表层质地适中,但土体中20~60cm处夹有大于30cm的黏化层,对水分运行、作物根系发育及养分吸收利用有较大影响。自然植被为狗尾草、马唐、小蓟等,有水浇条件,是2~3水区。农作物为小麦、玉米、红薯、花生,一年两作或两年三作。

该土种25~60cm处夹有黏化层,容重大,总孔隙度、通气孔隙度太小,通气不良。今后应深翻破除黏化层,同时增施有机肥,改善土壤物理性状。

③洪积冲积厚黏腰轻壤土(Ac3 4/5)。该土种可利用面积为2898.79hm²,占总可利用面积的1.6%,耕地和果园面积为2065.54hm²,占总耕地和果园面积的2.36%。它与洪积冲积均质轻壤插花分布,在辖区内各镇(街道办事处、区)都有一定面积,以观里、官道、苏家店、杨础等镇面积较大。该土种表层质地适中,土体构型良好,60cm以下有黏化层,对保水保肥有良好作用,属于高产土壤类型。自然植被为马唐、马齿苋、苦菜等。农作物为小麦、玉米,红薯、花生,两年三作或一年两作。

该类土壤容重较小,孔隙度较小,通气状况差。今后应采取措施加深活土层,但不要破坏中位的黏化层,同时增施有机肥或秸秆还田,以改善土壤结构,增加土壤孔隙度。

④洪积冲积砾石心轻壤土(Ac3 4/3△)。该土种可利用面积为807.42hm²,占总可利用面积的0.4%,耕地和果园面积为507.63hm²,占总耕地和果园面积的0.58%。它主要分布在各镇(街道办事处、区)山区沟谷两侧的岭坡梯田上,主要生产问题是在20~60cm处夹有砾石层,不仅漏水漏肥,而且影响作物根系生长发育。自然植被为马齿苋、马唐、荆、棘等,有水浇条件,是2水区。农作物为小麦、玉米,一年两作。

该类土壤除了土体夹有砾石层外,其他物理性状与洪积冲积厚黏心轻壤土基本相同。对这部分耕地应有计划深翻去砾,配合增施有机肥或秸秆还田,改良土体构型和土壤结构,提高土壤生产性能,使作物产量有较大提高。

(2)残积棕壤(Ac7)。该土属可利用面积为13192.16hm²,占总可利用面积的7.1%,

耕地和果园面积为 8139.64hm²，占总耕地和果园面积的 9.3%。它主要分布在各镇岭地中下部，以官道、观里、杨础、苏家店、西城、臧家庄等镇面积较大。它的特点是：所处地形部位比较平缓，但土体较薄，大于 60cm 的仅占 3%，多有夹黏层；土体厚度为 30～60cm 的面积则达 90%，基底上部都有淀积黏化层，相当紧实；小于 30cm 的约占 7%。该土属土壤的生产性能远不如洪积冲积棕壤，宜种花生、红薯、谷子等耐寒旱耐瘠作物及苹果等。其代表土种有：

①薄层沙壤表残积棕壤土(Ac7 3/6)。该土种可利用面积为 536.61hm²，占总可利用面积的 0.29%，耕地和果园面积为 341.34hm²，占总耕地和果园面积的 0.39%。它主要分布在西城镇初格庄周围、班山口东部、北沙沟至南沙沟一带，其他镇(街道办事处、区)也有一定面积。该土种的主要生产问题是土层浅、土壤紧。自然植被为狗尾草、马唐、灰菜等，无水浇条件。农作物为红薯、花生，一年一作。

该类土体浅薄，且耕层以下土壤紧实，因其所处地形部位与性土基本相同，所以水土流失亦重。对这部分耕地应深耕深刨，以加深活土层，配合增施有机肥，改良土壤物理性状，同时注意搞好水土保持。

②中层轻壤表残积棕壤土(Ac7 4/7)。该土种可利用面积为 11347.42hm²，占总可利用面积的 6.1%，耕地和果园面积为 6914.32hm²，占总耕地和果园面积的 7.9%。它主要分布在观里镇张家营、小山口、大山口、阱后、孟家、慕家店、宋格庄一带；官道镇逍遥庄、八家府、栾家店、北照一带；杨础镇西柳、范家至杨础、小李家庄、十五里后至釜甑等处；苏家店镇刘家庄西南部、王家沟周围、苏家庄东部、前泊子北部；臧家庄镇东翁东部、西林北部、义庄范家西南、开发区大辽西部。该土种的主要生产问题是耕层浅、耕层以下的土壤紧实黏重，影响水分运行和作物根系发育，抗旱耐涝性差，影响作物产量。自然植被为荆、棘、马唐等，无水浇条件。农作物为红薯、花生，一年一作。

该类土壤表层物理性状尚可，但耕层很浅，耕层以下物理性状变劣，土壤紧实，容重大，通气不良。对这部分土地，今后要深耕深刨，平整地面，配合增施有机肥或秸秆还田，以加深活土层，促进土壤熟化，改良土壤物理性状，使作物产量迅速提高。另外，栖霞市的这部分耕地虽然地势平缓，但水浇条件差，如能发展水利，完善灌溉措施，则可获得更可观的产量。

3. 潮棕壤亚类(Ae)

潮棕壤亚类是发育在洪积扇中下部的一种土壤类型，在辖区内主要分布在各镇(街道办事处、区)倾斜平地、微斜平地、山间泊地等地貌单元上，以臧家庄、官道、桃村、蛇窝等镇面积较大，其他镇(街道办事处、区)也有零星分布。该亚类土壤土体发育完整，有明显的淋溶淀积作用，潜水深埋 2～5m。由于地下水参与其成土过程，故土体中下部有铁锈斑纹，颜色浅灰，说明成土过程中有附加潮化作用。该亚类土体深厚，均大于 100cm，且地面多较平整；土体构造良好，通体均质及中位夹黏的面积可达 85%左右，而浅位夹黏和土体中夹砾石层的面积仅占 15%左右；质地适中，表层轻壤的面积达 95%。该土壤的生产性能好于其他土壤亚类，适种性广，是稳产高产的土壤类型。由于地势低平，地下水位浅，水源丰富，所以该亚类土壤耕地灌溉条件较好，是 3～4 水保浇地。目前该亚类利用方式全为农田、菜地，适合种植小麦、玉米，一年两作。

栖霞市内潮棕壤的可利用面积为5643.51hm^2，占总可利用面积的3%，耕地和果园面积为4638.72hm^2，占总耕地和果园面积的5.3%。

潮棕壤亚类只有洪积冲积潮棕壤一个土属，其特性、特征及分布如亚类中所述。根据土体构造及质地差异，该土属可分为10个土种(见表2-3)。现将其代表土种分述如下：

①洪积冲积均质轻壤表潮棕壤(Ae3 4/1)。该土种可利用面积为3633.32hm^2，占总可利用面积的2%，耕地和果园面积为2958.28hm^2，占总耕地和果园面积的3.38%。它主要分布在官道镇许家洼、李家沟至喇叭沟一带；桃村镇铁口村南及荆子埠至陈家疃一带，方格庄东及肖格庄周围；蛇窝泊镇蛇窝泊村周围；臧家庄仙人埠、西泥沟、店子观、马陵塚至臧家庄东一带，草格庄至前姜格庄、西栾家一带，路旺、泉水店一带及寨里村南一带；开发区北城子、前后高格庄一带，水道观，泗水至南桥一带；亭口镇京甲至黄土壤，前后炉房一带；观里镇观里村南、王家泊、崖后北、宋格庄等处。该土种土体通体均质，无障碍层次，质地适中，宜耕期长。自然植被为马唐、马齿苋、荠菜、三棱草等。该土种为4水以上保浇地，地下水位为2m，农作物为小麦、玉米，一年两作。

该类土壤耕层较深厚，但犁底层明显，土壤容重偏大，孔隙度偏小，这与长期浅耕和灌溉有关。今后应深刨深翻或施用免深耕活土剂，打破犁底层，增加土壤通透性和“库容”，同时配合增施有机肥或实行秸秆还田，改善土壤结构和孔隙状况；注意科学轮作间作，用养结合，培肥地力，保持作物持续高产。

②洪积冲积厚黏心轻壤表潮棕壤(Ae3 4/3#)。该土种可利用面积为804.46hm^2，占总可利用面积的0.43%，耕地和果园面积为673.93hm^2，占总耕地和果园面积的0.77%。它主要分布在官道镇官道村、大丁家、沙岭、杨家洼一带，观里镇观里村东；蛇窝泊镇牟家疃至蛇窝泊、前泥都至中泥都一带。该土种构型不良，在土体20～60cm处有夹黏层，对水分运行、作物根系发育都有较大影响，应因地制宜加以改良。自然植被为马唐、马齿苋、三棱草、荠菜等。该土种为4水保浇地，地下水位为3～5m，农作物为小麦、玉米，一年两作。

该种土壤耕层浅，犁底层明显，耕层物理性状较合适，但耕层以下物理性状变劣，通气不良。这主要与长期浅耕和灌溉、夏季受涝有关。今后应深耕或深翻，打破犁底层和夹黏层，配合增施有机肥或实行秸秆还田，改善土壤结构和通气状况，合理规划，搞好排涝。同时注意用养结合，保护和提高地力，严禁掠夺性生产。

③洪积冲积厚黏腰轻壤表潮棕壤(Ae3 4/5)。该土种可利用面积为835.1hm^2，占总可利用面积的0.45%，耕地和果园面积为717.69hm^2，占总耕地和果园面积的0.82%。它主要分布在官道镇大阎家北、龙王洼东南、大解家西北、霞泊至姜家庄一带，桃村东涝都至北涝都一带。该土壤构型良好，土体60～100cm处有黏化层，有利于保水保肥。自然植被为马唐、毛草、三棱草、荠菜、马齿苋等。该土种为3～4水保浇地，地下水位为2m，农作物为小麦、玉米，一年两作。

该类土壤构型良好，0～60cm处无不良层次，60cm以下有夹黏层，可保水保肥，土壤孔隙度偏小。今后应大力增施有机肥和实行秸秆还田，培肥地力，使作物产量进一步提高。

4. 白浆化棕壤亚类(Af)

该亚类在栖霞境内只有侧渗型白浆化棕壤(Af2)一个土属。在该土属中也只有中层沙壤表侧渗型白浆化棕壤(Af2 3/7)一个土种。该土种的可利用面积为 96.4hm^2,占总可利用面积的 0.05%,耕地和果园面积为 26.3hm^2,占总耕地和果园面积的 0.03%。它仅分布在西城镇蓬夼窑西北耩,海拔 240m 的岭地上。

该土种的特点是耕层下有灰白色白浆层,白浆层下有黏化层或石底;降雨后水易侧渗,使可溶性物质排出土体,所以养分含量低,生产性能差,易涝易旱。其表层养分是棕壤土类中最低者。自然植被为荆、棘、狗尾草、马唐等。农作物为红薯、花生,一年一作。

该土种毛管孔隙小,通气孔隙大,保水能力差,但雨季易积水泡浆,发生涝害。今后应深耕深刨,结合增施有机肥,改善土壤物理性状,提高其保水保肥性能;挖好排水沟,防止夏涝。

(二)褐土类(B)

褐土的发生、属性、面积及分布:栖霞市褐土土类的形成主要是母岩与母质的作用。成土母质中石灰含量较高,虽经长期淋溶,仍有相当数量的钙质残留于土体中,所以土壤表现出不同程度的盐酸反应,土壤 pH 为 6.5～7.5。区域内褐土残积黏化与淀积黏化作用同时存在,土体较厚,发育完全,心土层有黏粒淀积,但土体中有假菌丝的极少,仅在庙后镇栾家庄附近偶尔可见。

栖霞境内褐土面积不大,且分布比较零碎,可利用面积为 5058.2hm^2,占总可利用面积的 2.7%,耕地和果园面积为 2485.66hm^2,占总耕地和果园面积的 2.84%。它主要分布在庙后镇北部李博士夼一带;臧家庄镇以南香夼、峨山一带;松山街道办事处上、下紫现头及河东一带;桃村镇宋家埠、迎旭埠、大庄、桃村村北、前埠、肖格庄一带,徐家、国路夼一带的石灰岩、钙质岩、石灰性砂页岩的山地丘陵及沟谷中;蛇窝泊镇博地、马格庄、中榆疃一带;亭口荆家旺及上、下土屋一带。

根据土体厚度、发育程度及淋溶程度,区域内褐土土类可分为两个亚类,即褐土性土与褐土。其特征、特性如下:

1. 褐土性土(Ba)

褐土性土是褐土土类中的一种粗骨性土壤,主要分布在栖霞市一些石灰岩、钙质岩、石灰性砂页岩及石灰性砾岩的山地丘陵上,具体位置如土类部分所述。由于所处地理位置较高,坡度陡,因此它是褐土中受侵蚀影响严重的亚类。该亚类土壤母质为石灰性岩石风化的残积坡积物,土体厚度小于 60cm,多为 20～30cm,土体发育不完整,无心土层,土体中含有较多的母岩碎石,粗骨薄层特征明显。从宏观上看,褐土性土的质地好于棕壤性土,其土壤中黏粒比例较高,因此褐土性土的蓄水保肥性能亦优于棕壤性土。土体薄、质地粗、侵蚀重、生产性能差,是该亚类的突出特点。该亚类可利用面积为 4465.48hm^2,占总可利用面积的 2.4%,耕地和果园面积为 2013.03hm^2,占总耕地和果园面积的 2.3%。其中,小于 30cm 的酥石底耕地和果园面积为 862.35hm^2,占总耕地和果园面积的 1%。目前,该亚类的利用方式多为荒坡,生长杂草和树木,部分垦为农田,适合种植花生、红薯、烟草和植果。

按母岩不同及厚度和质地的差异,该土类可分为 3 个土属,17 个土种。现将各土属及其代表土种评述如下：

(1)钙质盐类褐土性土(Ba3)。该土属可利用面积为2676.43hm^2，占总可利用面积的1.4%，耕地和果园面积为962.75hm^2，占总耕地和果园面积的1.1%。它主要分布在臧家庄镇香夼、峨山一带及栖霞开发区后高格庄东部山丘；亭口镇京甲、下土屋等处的山地丘陵；庙后镇李博士夼、杨家夼一带山地；松山街道办事处店西沟西部、河东东部山地；桃村镇徐家北山、上桃村北、接官亭北的山丘。其突出特点是土壤中含有大量母岩碎块，基底全为硬石，代表土种是薄层硬石底钙质岩类石碴土(Ba3 3/2)。该土种可利用面积为811.44hm^2，占总可利用面积的0.43%，耕地和果园面积为166.29hm^2，占总耕地和果园面积的0.19%。其分布位置如土属所述。土层厚度为15～30cm，土中碎石较多，质地差，有的地方岩石裸露。自然植被为耐旱性杂草、荆、棘、楸、柏等。目前该土种的利用方式多为荒坡，小部分垦为农田。无水浇条件，农作物为红薯或花生，一年一作。

对这部分土地的改良利用措施基本同薄层硬石底石碴土，耕地应退耕还林植果，保持水土。

(2)石灰性砂页岩褐土性土(Ba4)。该土属可利用面积为1126.92hm^2，占总可利用面积的0.6%，耕地和果园面积为612.66hm^2，占总耕地和果园面积的0.7%。它主要分布在蛇窝泊镇柳口至南祡、南榆疃至博地一带；桃村镇肖格庄、大庄至迎旭埠一带；松山街道办事处前埔至东鹿头、西鹿头西北、南庄东；亭口镇解家口东部丘陵；杨础镇王家黄口西南。由页岩风化物发育的土壤质地为石皮土，土中母岩碎片较多，砾石含量高，物理性砂粒含量低，而物理性黏粒含量相比高些，多为硬石底；由砂页岩风化物发育的土壤质地多为壤质土，土中砾石含量低些，物理性砂粒含量高，物理性黏粒相比较低，多为酥石底。其代表土种有：

①薄层硬石底石皮土(Ba4 2/2)。该土种可利用面积为73.07hm^2，占总可利用面积的0.04%，耕地和果园面积为43.76hm^2，占总耕地和果园面积的0.05%。它主要分布在松山街道办事处前铺村东南，亭口镇解家口东，母岩为石灰性页岩。自然植被为荆棘、楸树、椿树、耐旱杂草。农作物为红薯、花生，一年一作。

该类土壤土体浅薄，水土流失重，砾石含量大，不宜农用，应采取措施植树种草，保护水土，耕地可退耕还果。

②薄层酥石底壤质土(Ba4 5/5)。该土种可利用面积为443.64hm^2，占总可利用面积的0.24%，耕地和果园面积为253.82hm^2，占总耕地和果园面积的0.29%。它主要分布在蛇窝、桃村等镇，具体位置如土属中所述，母质为石灰性砂岩风化物。自然植被较稀疏，有马唐、狗尾草、零星树木。农作物为花生、红薯，一年一作。

该种土壤土体薄，砂性大，保水保肥能力差。对这部分土地应采取措施，搞好水土保持，耕地应深耕深刨，结合增施有机肥或种绿肥作物，培肥地力。

(3)石灰性砾石褐土性土(Ba7)。该土属可利用面积为662.13hm^2，占总可利用面积的0.4%，耕地和果园面积为437.6hm^2，占总耕地和果园面积的0.5%。它主要分布在松山街道办事处下紫现头村北部丘陵、曲林庄村东南岭地；桃村镇前埠村等处。其母质为石灰性砾岩风化物，土壤质地粗，砾石多，代表土种为薄层酥石底石碴土(Ba7 3/5)。该土种可利用面积为382.57hm^2，占总可利用面积的0.21%，耕地和果园面积为227.56hm^2，占总耕地和果园面积的0.26%。其分布位置如土属中所述。自然植被稀疏，主要为杂草、松等，中度沟蚀。农作物为花生、红薯，一年一作。

该土种土层薄，保供性能差。今后应采取水土保持措施，防止水土流失，增施有机肥，改良土壤结构，提高土壤保供性能。

总之，对于褐土性土，重点是搞好水土保持，防止水土流失。对于坡度大于20°的部分耕地，应退耕还林，植树种草，发展林牧业生产。植树以柏、楸、刺槐、紫穗槐为宜，因柏树，楸树为喜钙树种，且木质好，经济价值高。在褐土上种植烟草产量高、质量好；植果其品质也有独特风味；种花生果饱、皮薄、出米率高。因此，应发挥土壤资源优势，搞好因土种植。

2. 褐土亚类(Bd)

褐土亚类的特性已在土类部分讲过，这里不再赘述。栖霞境内褐土面积较少且分布零碎，可利用面积为592.72hm²，占总可利用面积的0.32%，耕地和果园面积为472.63hm²，占总耕地和果园面积的0.54%。它主要分布在桃村镇东北及迎旭埠北、宋家埠南的沟谷、岭地上；庙后镇上林家至滑石矿的沟谷中及百涧观南的洪积扇上缘；亭口镇上、下土屋一带。由于该亚类所处地理部位、土体厚度及质地均优于褐土性土，所以其生产性能亦较褐土性土好。目前，该亚类土壤均被垦为农田，农作物为小麦、玉米，一年两作。

根据成土母质不同，区域内褐土亚类可分为洪积冲积褐土和残积褐土两个土属。根据土体构造及厚度、质地差异，它可分为六个土种(见表2-3)。各个土属及其代表土种如下：

(1)洪积冲积褐土(Bd3)。该土属土壤由洪积冲积母质发育而成，土体深厚，形态、特征如土类中所述，可利用面积为547.04hm²，占总可利用面积的0.3%，耕地和果园面积为437.62hm²，占总耕地和果园面积的0.5%。其分布位置如亚类中所述，物理性状居褐土之首，代表土种有：

①洪积冲积均质轻壤表褐土(Bd3 4/1)。该土种可利用面积为333.23hm²，占总可利用面积的0.18%，耕地和果园面积为236.31hm²，占总耕地和果园面积的0.27%。它主要分布在庙后镇百涧观南、栾家庄一带；桃村镇迎旭埠北、桃村东北及前埠西；亭口镇上、下土屋一带。该土种母质为洪积冲积，自然植被为马唐、马齿苋、三棱草等。它是保浇地，农作物为小麦、玉米，一年两作。

该土壤构型良好，通体无不良层次，但物理性状不良，容重偏大，孔隙度小，通气不良。今后应深耕深刨或施用免深耕活化剂，结合增施有机肥或秸秆还田，以改善土壤物理性状，特别是土壤的通透性，缓解土壤水、肥、气、热矛盾。

②洪积冲积厚黏心轻壤表褐土(Bd3 4/3#)。该土种可利用面积为89.33hm²，占总可利用面积的0.05%，耕地和果园面积为70.02hm²，占总耕地和果园面积的0.08%。它主要分布在松山街道办事处前铺至后铺一带，桃村东北一带。自然植被为刺菜、马唐、楸树等。农作物为小麦、玉米、花生，两年三作。

该种土壤20～60cm处有夹黏层，对水分运行和作物根系发育有较大影响，物理性状合适。今后应采取措施打破黏化层。

(2)残积褐土(Bd9)。该土属土壤由石灰岩或大理岩风化物直接发育形成。栖霞境内残积褐土土体薄,均小于60cm,因此其生产性能及养分状况都远不如洪积冲积褐土。该土属可利用面积为45.69hm²,占总可利用面积的0.02%,耕地和果园面积为35.01hm²,占总耕地和果园面积的0.04%。它主要分布在松山街道办事处上紫现头西。根据土体厚度不同,该土属可分为薄层中壤表残积褐土(Bd9 5/6)和中层中壤表残积褐土(Bd9 5/7)两个土种。这两个土种,除了土体有盐酸反应外,其他理化性质、生产性能及改良利用措施都与薄、中层残积棕壤基本相同。

(三)潮土(C)

潮土的发生、属性、面积及分布:潮土是在潜水影响下,直接在河流沉积物上发育形成的一类土壤,沉积物的性质及水质直接影响潮土的形成过程和特性。该土类质地有明显的分选性,以河道为中心向两侧对称分布。远河道地段质地细,近河地段质地较粗,河床相更粗,甚至卵石遍布。在成土过程中,因受多次不同流速或流量的影响,而导致沉积的粗细不同,因此土体沉积层次明显,母质的分选性良好,同一层次质地、色泽均匀,土体下部常有铁锈斑纹。因母质来源多为酸性岩风化物,所以土壤反应呈微酸性,pH为5.5~6.5。栖霞境内由于地势较高,山谷狭窄,河道比降大,雨季河水暴涨暴落,沉积性差,因此,该区域内潮土尽管土体深厚,地势平坦,地下水位浅,常年为1~3m,雨季为1~2m,且大部分有灌溉条件,但生产性能较差。原因是表土浅、质地粗、浅位和中位多有砾石层。新中国成立以来,经人工改造、搬土压砂、发展灌溉,加之精心管理,产量有了较大提高。因为区域内潮土大部分是沙壤表潮土,故保肥性能较差。

潮土土类只有潮土一个亚类,可利用面积为161822.22hm²,占总可利用面积的8.7%,耕地和果园面积为11903.13hm²,占总耕地和果园面积的13.6%,主要分布在境内五大河系及其支流的两岸。根据其母质不同,潮土亚类可分为两个土属(见表2-2)。依据其土体构型和质地差异,潮土亚类可分为25个土种(见表2-3)。

(1)河潮土土属(Cb4)。该土属可用面积为15846.37hm²,占总可利用面积的8.5%,耕地和果园面积为11640.56hm²,占总耕地和果园面积的13.3%。其形态特征和分布位置如土类部分所述。该土属分为20个土种,其代表土种如下:

①砾石心沙壤表河潮土(Cb4 3/26)。该土种可利用面积为5355.66hm²,占总可利用面积的2.89%,耕地和果园面积为4052.31hm²,占总耕地和果园面积的4.63%,主要分布在五大河系上游及支流上、中游两岸河滩地,自然植被为马唐、荠菜、苦菜。该土种为4水保浇地,地下水位为1~2m。农作物为小麦、玉米,一年两作。

该类土壤土体结构不良,40cm以下有砾石层,漏肥漏水,干旱威胁严重,也影响作物根系发育。上部土壤质地松,保肥能力差,容重大,毛管孔隙少,保水能力差,但通气性好、易耕作,土壤养分转化快,积累少,因此有前劲无后劲,当地群众有"沙土地发小苗不发老苗"之说。对这部分耕地应有计划深翻去粒或压土,增施有机肥以改良土壤质地,提高其保供性能;搞好水利设施保证灌溉。播种时应采取短畦长畦,浇水时应少浇勤浇,追肥时应氮、磷、钾肥配合,"少吃多餐",也可先浇水后追肥,以减少水肥流失,充分发挥肥、水作用,提高效益,降低成本,部分耕地可退耕植果增加效益。

②砾石心轻壤表河潮土(Cb4 4/26)。该土种可利用面积为2595.81hm²,占总可利用面

积的 1.4%，耕地和果园面积为 2188.08hm^2，占总耕地和果园面积的 2.5%。其分布同砾石心沙壤表河潮土，二者常插花分布，其中大部分为人工压土造地。自然植被为马唐、马齿苋、三棱草等。该土种为 4 水保浇地，地下水位为 2m，农作物为小麦、玉米，一年两作。

该种土壤表层质地为轻壤，保供性能较好，其他形态特征和生产性能均与砾石心沙壤表河潮土(Cb4 3/26)相同，因此其改良利用措施也与之相同。

③砾石腰沙壤表河潮土(Cb4 3/27)。该土种可利用面积为 1032.55hm^2，占总可利用面积的 0.56%，耕地和果园面积为 778.95hm^2，占总耕地和果园面积的 0.89%，主要分布在境内五大河系中游及其支流下游，河滩地，自然植被为马唐、芦、三棱草、节节草等。该土种为可浇地，地下水位为 2m，利用方式为果园。

该种土壤土体 60cm 以下有砾石层，其他特征和生产性能与砾石心沙壤表河潮土(Cb4 3/26)相似，因此其改良利用措施也与其相同。

④砾石腰轻壤表河潮土(Cb4 4/27)。该土种可利用面积为 360.42hm^2，占总可利用面积的 0.19%，耕地和果园面积为 350.09hm^2，占总耕地和果园面积的 0.4%。其分布位置同砾石腰沙壤表河潮土，多系人工造地。自然植被为刺菜、马唐、马齿苋、三棱草等。该土种为 4 水保浇地，地下水位为 1.5m，农作物为小麦、玉米，一年两作。

该种土壤表层质地为轻壤，土体 60cm 以下有砾石层，因此其保供性能好于上述几种河潮土。土壤物理性状尚可，今后应增施有机肥。具体改良措施与管理措施与上述几种河潮土基本相同。

⑤均沙壤表河潮土(Cb4 3/19)。该土种可利用面积为 4735.58hm^2，占总可利用面积的 2.55%，耕地和果园面积为 2888.26hm^2，占总耕地和果园面积的 3.3%。它主要分布在境内五大河系下游，河道宽阔、汛期河水流速较缓地带的河滩地，以观里、官道、臧家庄、蛇窝泊、松山、桃村等镇(街道办事处、区)面积较大。由于地质松散，所以耕性良好，但缺乏后劲。这种土壤透气性好，但保水保肥性差，常受干旱威胁，地下水位为 1.5m，宜种花生、红薯或发展果园。自然植被为马唐、芦苇、白茅草、三棱草。

质地松散，保供性能差，是影响该土壤产量的主要因素。今后，应压塘泥或黏土改善土壤质地，培肥地力，提高其保供能力，化肥应“少量多餐”，以充分发挥肥料效益。田间管理措施与上述河潮土相同。

⑥均壤质河潮土(Cb4 4/19)。该土种可利用面积为 367.91hm^2，占总可利用面积的 0.2%，耕地和果园面积为 306.33hm^2，占总耕地和果园面积的 0.35%，主要分布在观里、官道、蛇窝泊、臧家庄、桃村镇铁口一带，松山街道办事处等镇(街道办事处、区)五大河系距河道较远的微斜平地下缘及两河汇合处，常与潮棕壤相接。由于土体结构良好，质地适中，肥力较高，地下水丰富，又有灌溉条件，抗御自然灾害能力强，故该土种是栖霞市高产稳产的土壤类型。自然植被为荠菜、灰菜、马唐。该土种为保浇地，地下水位为 2m，农作物为小麦、玉米，一年两作。

该种土壤物理性状除总孔隙度偏小外，其他均合适。对这部分土地应增施有机肥，注意精管细作，用养结合，稳步培肥地力，以保证作物持续高产稳产，严防掠夺性生产。

(2)石灰性河潮土土属(Cb4′)。该土属可利用面积为 335.85hm^2，占总可利用面积的 0.18%，耕地和果园面积为 262.57hm^2，占总耕地和果园面积的 0.26%。它是在发源于山地丘陵而流经钙质岩区的河流冲积物母质上发育而成的。除了具有一般河潮土的特征、特性外，其突出特点是土壤有明显的盐酸反应。它主要分布在杨础、蛇窝泊、桃村镇大庄头、铁口等一带的石灰性砂页岩、钙质岩区的河流两岸。根据质地和土体构型，该土属可分为五个土种。各土种的形态特征及生产性能均与河潮土土属中的相应土种相同，改良利用措施亦相同。这部分土地更适合种植喜钙作物。

河潮土是区域内面积较大、耕地较多的土壤类型，耕地面积仅次于棕壤。根据其特征、特性，合理改良和开发利用，科学种植，提高经济效益，对于发展栖霞农业经济意义十分重大。

三、土壤类型分布规律

土壤的形成和发育深受母质、母岩、地形、水文及人类生产活动的影响，其分布既具有一定的规律性，又存在各种差异，呈现出其复杂性。栖霞地处胶东屋脊，属纯山地丘陵市，地形十分复杂，因此土壤类型分布比较零碎，土种繁多，群众有“隔犁换土”之说。这主要是由土体厚度变化所致。尽管如此，从宏观来看，栖霞市境内土壤随地形地貌变化仍然呈现出规律性分布：从山前倾斜平地起，按等高线增减两个相反方向，随着等高线的增高依次分布着河潮土—潮棕壤—棕壤（褐土）—棕壤（褐土）性土（见图 2-1）。总体来看，山地丘陵中上部主要分布着棕壤性土和褐土性土，二者常插花分布或者呈复区分布；丘陵中下部的岭地梯田、岭地、沟谷梯田、沿河阶地等地貌单元上则主要分布着棕壤，个别地方有少面积的褐土分布；倾斜平地、微斜平地及山间泊地上主要分布着潮棕壤；在五大河系及其支流沿岸的河滩地上主要分布着河潮土。

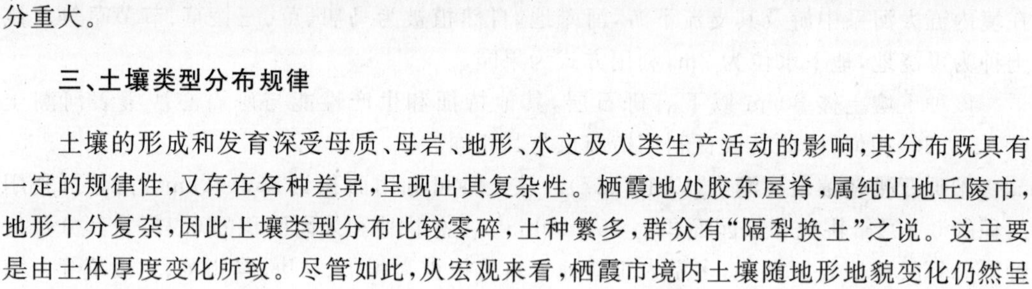

地貌类型	岭地	河滩地	倾斜平地	河滩地	岭地	河滩地	岭地	河滩地	岭地	岭坡梯田	荒坡岭	河滩地	岭地	倾斜平地	河滩地
土壤类型	Aa	Cb	Ae	cb	Ba Bd Ac	Cb	Ac Aa	Cb	Aa	Aa	Aa	Cb	Aa	Ac、 Aa	Cb
地下水位(m)		2	3	2		3		3				3			2

图 2-1　栖霞市 A—A′土壤断面图（东南—西北方向）

棕壤是显域性土壤，是在一定的气候条件和生物条件下形成和发育的。辖区内棕壤面积最大，可利用面积为 164358.92hm^2，占总可利用面积的 88.6%，是栖霞市主要的土壤类型。潮土是隐域性土壤，是在潜水作用下发育而成的，可利用面积为 16182.22hm^2，占总可利用面积的 8.7%。栖霞境内的褐土与基岩和母质关系极为密切，是由钙质岩类母质发育而成的，可利用面积为 5058.2hm^2，占总可利用面积的 2.7%。

栖霞境内的成土母质主要是酸性岩类风化物，石英含量高，质地粗，在温暖湿润的条件下盐基易被淋洗。区域内雨量比较丰富，加之原始成土过程是在针叶、阔叶混交乔木林下进行的，有机质酸性强，更提高了母质的淋溶程度。由于长期淋溶的结果，母质中的铁、锰富集，土壤反应呈中性至微酸性，土体内形成了一层黏重紧实淀积层。由于干湿季节交替，铁、锰等变价物质被氧化，使土体呈棕色，故定名棕壤。

（一）棕壤的分布状况

在山丘的中上部，径流强，土壤侵蚀超过基岩风化程度，地表有大量岩石碎屑残留下来，土层薄，土体没有得到充分发育，无心土层，这部分土壤被称为“棕壤性土”（粗骨棕壤），即群众通常所称的“石碴土”“岭沙土”等。

山丘中下部至洪积扇中上部，土体较深厚，淋溶和淀积同时进行，土体发育完整，中部有鲜棕色的淀积层，这部分土壤是棕壤的典型，通常群众称之为“黄堰土”，多已被开垦为农田。若表层被侵蚀，则淀积层裸露，耕性差，生产性能低，群众称之为“死黄堰土”；若土质松，地形平缓，地表水下渗，遇到黏重紧实透性差的底土层，其上水分形成缓慢侧流，则铁、锰受淋洗，留下含硅质细粒状灰白色土层，这部分土壤被称为“白浆化棕壤”，群众也称之为“白汤土”或“澥涝黄”。

发育在微斜平地、倾斜平地下部的棕壤，因地下水位较高，一般小于 5m，土体下部长期受到地下水的影响，有明显的铁锈斑纹，这部分土壤被被称为“潮棕壤”。它是棕壤与潮土之间的过渡类型，其母质较细，土壤结构良好，水、肥、气、热比较协调，是良好的农田。

（二）潮土的分布状况

潮土是在河流沉积物上发育形成的土壤，主要分布在境内大小河流两侧沿岸。潮土土体沉积层次明显，其成土过程亦受到地下水的深刻影响，土体中形成各种颜色的铁锈斑纹和细小的铁锰结核。表层质地差、黏粒成分少的，群众称为“白沙土”；质地好一点、含有一定数量黏粒成分的，群众称为“油沙土”；表层质地好、黏粒成分高的，群众称为“河淤土”或“二合土”，这部分土壤也是区域内重要的耕种土壤。

（三）褐土的分布状况

栖霞境内的褐土都发育在石灰岩、钙质岩类及石灰性砂页岩的残坡积和洪积冲积母质上，土体都有盐酸反应。相对而言，栖霞境内的褐土性土面积较大，典型褐土面积较小，可以说属于幼年褐土，这类土壤在境内耕地中所占的比例极少。褐土的分布十分零碎，随母岩的分布而出现。

土壤的演变除了自然原因（如洪水、山体滑坡等等）外，主要受人为因素（如垦殖、覆草覆膜、客土迁压等等）影响较大。栖霞土壤垦殖历史悠久，垦殖指数较高，现已无荒地可开，有些陡坡地还要有计划地退耕还林。在 20 世纪 60～70 年代，各级政府十分重视农业生产，逐年增加对农田的投资投工，大搞农田基本建设和农田改造工程，发展农业机械化，实行科学种田，使土壤的外貌和内在性质发生了一系列变化，土壤的重要特征——肥力，即土壤生产力和肥沃度也在生产发展过程中和农业利用方式的变革中演变和发展。

从20世纪80年代末期开始，我国深化农村改革进入到重要时期，土地从联产承包到分户经营，栖霞市的农业产业结构进一步调整：由原来的粮油生产为主到粮、油、果、菜并重，逐渐地苹果栽植成为支柱产业而蒸蒸日上，农民收入逐年提高，农业投入也随之大幅度增加。特别是90年代中后期，随着化肥工业及相关产业的快速发展，鉴于苹果所带来的较高经济收益和化肥在增产增收方面的显著效果，人们的施肥观念逐渐改变，在果园的肥料投入上表现出极高的热情，同时也显现出一个极大的误区：重化肥轻有机肥，盲目大量施用化肥，对土地重用轻养。这一系列的变化，导致辖区内耕地和果园的土壤理化性质趋于恶化（如土壤酸化、土壤板结、土壤有机质低下等等），土壤保水保肥性能及缓冲调节能力变差，地力严重下降。

最近几年，针对我国在农田土壤和耕地质量方面普遍存在的突出问题，中共中央在2005年一号文件中明确提出："要努力培肥地力，搞好沃土工程，推广测土配方施肥，提高土地综合生产能力。"农业部联合财政部在全国范围启动测土配方施肥资金补贴项目，主要目的是指导农民科学施肥，逐步改善耕地质量，提高农田综合生产能力，促进农业生产恢复性增长。栖霞市自2008年开始承担国家测土配方施肥项目，在辖区内开展测土配方施肥、酸化土壤改良和有机质提升工程，土壤的理化性质正逐步得到改善和维护，为创建资源节约型和环境友好型农业新模式奠定了基础。

第二节　土地利用状况

一、土地利用现状

由栖霞市国土资源局《2006年土地利用现状二级分类面积汇总表》可知，区域内土地总面积为2016.12km^2，土地利用现状分类面积分别为：

（一）农用地

农用地面积为1.492×10^5 hm^2，占土地面积的74.01%。农用地面积中，耕地面积为5.21×10^4 hm^2，占总面积的25.84%，果园面积为5.47×10^4 hm^2，园地面积为5.5×10^4 hm^2，占总面积的27.28%，林地面积为4.21×10^4 hm^2，占总面积的20.88%，森林覆盖率为51%。

根据灌溉情况，区域内耕地又分为水浇地、旱地。其中水浇地面积为7179.16hm^2，占总耕地面积的13.78%，主要分布在观里、官道、松山、臧家庄、开发区、蛇窝泊等镇（街道办事处、区）的泊洼区；旱地面积为44933.64hm^2，占总耕地面积的86.22%，广泛分布在各镇（街道办事处、区）的丘陵区。

（二）建设用地

建设用地面积为2.5×10^4 hm^2，占土地总面积的12.4%。其中居民点及工矿用地面积为1.21×10^4 hm^2，占建设用地面积的48.4%；交通用地面积为4846.45hm^2，占建设用地面积的19.4%；水利设施用地面积为8068.39hm^2，占建设用地面积的32.3%；退耕还林面积为584.2hm^2。

(三)水面

水面面积为 8068.39hm²,其中河流面积为 3371.72hm²,水库面积为 1398.27hm²,坑塘面积为 2421.75 hm²,内陆滩涂面积为 114.72hm²,沟渠面积为 694.04hm²,水工建筑用地面积为 65.89hm²。

(四)未利用地

未利用地面积为 486.36hm²,占土地总面积的 0.2%。其中主要是荒山、荒地,主要分布在苏家店镇蚕山、松山街道办事处艾山、桃村镇牙山等荒山秃岭裸岩。

二、土地利用现状中存在的问题

从当前土地利用现状来看,土地利用中存在的主要问题是耕地日益减少且后备资源不足,农田重用轻养现象严重等。

据统计局资料显示,新中国成立初期,特别是合作化初期,农民修建高标准的梯田积极性提高,耕地面积不断扩大,三年困难时期和“农业学大寨”期间,毁林造田,农田面积扩大较快。十一届三中全会以来,特别是 20 世纪 90 年代末期,栖霞市以果业为主导,果园面积迅猛增长,耕地面积锐减。第二次土壤普查时,辖区内耕地面积为 79765.47hm²,果园面积为 7727.97hm²;到 2008 年末,耕地面积为 46824hm²,减少 41.3%,果园面积为 40699hm²,增长 426.6%,20 年间翻了两番多。

近几年来,由于苹果带来的可观经济效益,栖霞市农民的苹果种植积极性不减,耕地面积仍然呈逐年减少趋势。随着社会的发展,各项建设不可避免地仍要占用耕地,人地矛盾将更加突出。为此,第一,必须大力推广间作套种、立体种植及一年两作、两年三作等高产高效、轮作换茬栽培技术模式,使耕地得到充分利用,提高复种指数。第二,推广应用作物优良品种、农业新技术、新成果和农业产业化的发展,提高土地的生产能力,增加粮食产量和提高农业经济效益。随着城市化进程的加快和经济建设的快速发展,城市建设、工矿企业用地、交通建设、水利设施占地不断增加,耕地面积逐年减少,农业生产可利用面积逐渐萎缩变小,发展空间受到限制。第三,加大种植制度改革和种植业内部结构调整力度,推广设施农业、多茬、立体栽培的种植模式,最大限度地发挥土地的生产潜力,提高土地实际利用率,这是现代农业发展的必由之路。

第三节　耕地利用与管理

一、耕地利用现状

栖霞市耕地利用现状主要表现为两大特点:

(一)种植作物种类单一,复种指数较低

栖霞市的最大特点是果园面积大,果园管理的高强度劳动、高额的经济收入,促使广大农民的耕作方式发生了很大改变。种植作物主要以小麦、玉米和花生为主,红薯、大豆、谷物及蔬菜只有零星农户零散种植,作物品种单一。耕作方式是以三种作物两年三作,且多以花生为主,因此,复种指数偏低。

（二）耕作管理粗放，土壤退化严重

鉴于果树带来的高收益，广大农民对大田作物种植管理的重视程度普遍降低。据统计部门统计，辖区农民年收入的80%以上来自于果业生产。农民的绝大部分精力都用于果园管理，传统的中耕除草、镇压划锄、抢墒保墒等精耕细作的田间管理措施几乎放弃，一遍水、一遍肥、两遍化学除草剂等现象普遍，造成土壤板结，犁底层浅，通透性、保供性差，土壤理化性状恶化。

二、耕地保养与保护

近几年来，栖霞耕地的利用现状引起了市委市政府和农业部门的高度重视。

一是对耕地实施特殊保护，严格控制耕地转为非耕地。实行占用耕地补偿制度：非农业建设经批准占用耕地的按照“占多少，垦多少”的原则，由占地单位负责开垦与所占用耕地的数量和质量相当的耕地，没有条件开垦或开垦的耕地不符合要求的，按规定缴纳耕地造地费。对本区域内的耕地划定基本农田保护区，将高产稳产、集中连片、生产条件较好的划入基本农田保护区范围，实行永久性的保护。

二是结合测土配方施肥项目的实施，开展“酸化土壤普查与改良”和“土壤有机质提升工程”。2009年4月，市政府下发栖政办[2009]49号《关于在全市开展酸化土壤普查与改良的通知》专题文件，由农业局牵头成立酸化土壤普查与改良领导小组和技术小组，各镇、街道办事处安排分管领导专门负责，并指定1～2名技术人员配合市技术小组，进村入户免费检测土壤pH，指导改良。坚持在做好试验示范的基础上，以点带面，全面覆盖到每个镇、村每一户的每一地块。同时，充分依托各种传媒，采取灵活方式加强宣传，扩大社会影响力。2010年10月，市政府又下发栖政办[2010]41号《关于实施土壤有机质提升工程的通知》，以鼓励农民增施有机肥、改良土壤、培肥地力为出发点，坚持政府引导、项目带动、企业参与、农民受益的原则，制定详细实施方案，推广土壤有机质提升工程，通过加大宣传力度、加强示范区建设等措施，坚持以点带面，争取使土壤有机质每年提高1～2mg/kg，5年后达到或超过15mg/kg的适宜标准。

三是加大对耕地的投入，加强中低产田的改造，维护排灌工程设施，改良土壤，提高地力，防止土地酸化、盐渍化、水土流失和污染土地，禁止任何单位和个人闲置、荒芜耕地。

三、耕地存在的主要障碍因素

一是旱：主要是水资源不足。栖霞境内年降水量平均为774mm，而年蒸发量平均为2013.4mm，几乎是降水量的3倍，加之降水时间分布不均，常出现季节性干旱。区域内低产土壤类型多数为棕壤性土、褐土性土和粗骨土，这些土壤由于土层薄，砂性大，容易出现干旱。

二是涝：年降水不均是造成季节性涝灾的重要原因。栖霞境内年降水量多集中在夏季（6～8月），降水量为501.2mm，占全年平均降水量的65%，常形成涝灾。低平地的棕壤土，由于质地黏重，水分下渗困难，地下水位浅，一遇大雨，常造成地表积水，影响作物正常生长，降低产量。

三是薄：不仅土层薄，而且地力薄。从土体厚度看，栖霞大部分地区为丘陵地，土体较薄，土层薄则保肥水性能差，养分储量低，不利于作物生长，难以形成高产田。土壤中典型棕壤亚类、褐土亚类、潮褐土亚类心土层容重偏大，结构紧密，影响作物根系下扎，应加以改良。

四是农民理念和施肥技术落后。目前，虽然测土配方施肥和农作物秸秆还田得到了一定的推广和利用，但总体来说还存在农民盲目过量施肥，造成部分耕地土壤板结，土壤理化性质差等问题，造成了农田有机质上升缓慢、土壤养分及比例不合理等问题，制约了土地利用率的提高。

五是水利工程建设滞后，造成旱地水浇条件差，缺乏水利配套设施建设。特别是辖区内北部、南部和东部地区，水资源贫乏，土壤肥力瘠薄，土壤有机质不足，农田无灌溉水源，风化严重，质地沙化，保水、保肥能力低，属于雨养农业类型区，形成历年农业生产“春旱、夏涝、秋吊”的特点，而且在夏涝季节水土流失现象非常严重。

四、耕地的使用与管理

结合上述问题，栖霞市根据当地的实际情况，推广以培肥地力为目的的秸秆还田项目、中低产田改造项目，推广以改良土壤养分供给水平为目的的配方施肥、间作套种、轮作换茬等栽培技术模式，使耕地得到充分利用，推广以提高土地产出率为目的的应用作物良种、科学管理等新技术，提高土地的生产能力，增加粮食产量和提高农业经济效益。

使用耕地应当用养结合，采用有利于提高耕地质量的耕作制度和方法，提高耕地质量。禁止只用地不养地的掠夺式经营行为。使用耕地应当充分利用土地资源和光热、水利资源，提高复种指数，增加农作物产量。禁止弃耕抛荒。耕地使用者应当增加使用有机肥料，发展冬绿肥，常年积制土杂肥，推行秸秆还田和过腹还田，禁止在田间焚烧秸秆；应当科学合理使用化肥，采用无机肥与有机肥相结合的办法，培肥地力。进行农业结构调整，必须从实际出发、因地制宜。农业行政主管部门应当根据本行政区域内耕地的地力状况，提出地力保养和建设措施，做好地力分等定级工作，为造地费的收取提供耕地质量依据，并通过土壤测试制定增施有机肥和平衡施肥方案，指导耕地使用者科学施肥；生产、销售复混肥、配方肥、微量元素肥、植物生长调节剂和土壤调理剂，必须按照国家有关规定，经省农业行政主管部门检验登记，未经检验登记的，不得进入农业推广领域；向耕地提供肥料或者作为肥料的城市垃圾、污泥等，必须符合国家规定的标准；防治农作物病虫害应当采用农业防治、生物防治和化学防治的方式，降低化学农药在耕地中的残留量。同时，尽量减少城市建设、工矿企业用地及交通建设等占用耕地项目。

五、耕地施肥状况分析

(一)历年肥料投入状况

1. 有机肥资源与利用

根据2007年有机肥资源调研工作数据，栖霞市农家肥资源总量为87.6万吨，其中堆肥2.5万吨，厩肥58.3万吨，土杂肥26.8万吨。

辖区内大牲畜存栏量合计为6万只，资源总量为54.1万吨，其中猪存栏为21万头，资源总量为42万吨；鸡存栏为1030万只，资源总量为14.5万吨；牛存栏为6万头，资源总量为 54.1 万吨；羊存栏为 9 万头，资源总量为 11.9 万吨。

秸秆年资源总量为 17.6 万吨，其中小麦秸秆为 3.7 万吨，玉米秸秆为 7.2 万吨，大豆秸秆为 3.3 万吨，花生秸秆为 3.4 万吨。直接还田率为 32.6%，过腹还田率为 60.2%，烧灰还田率为 19.1%，其他为 8.1%。农作物秸秆利用模式主要有两种形式：一是小麦高留茬还田。小麦高留茬 25～30cm，在玉米小喇叭口期结合松土除茬。二是玉米、花生秸秆过腹还田，主要是黄牛、奶牛、猪饲料。

2. 化肥历年施用演变情况

根据 1984 年《栖霞县农作物施肥的历史与现状情况调查表》显示：在 20 世纪 50 年代，人们全部使用农家肥，仅有 17.2%左右的氮素来源于化肥；一直到 70 年代初期，各养分投入中还有 60%～80%来源于有机肥，并且化肥以氮肥为主，磷肥补充量仅占磷素投入总量的 10%～15%，完全不施钾肥；从 70 年代末到 80 年代初期，磷肥施用量大幅增加，同时钾肥的使用从县农技站土肥组的高产攻关课题中被生产者重视，开始以化肥补充，但仅占全部投入量的 2.5%～6%。

从以上情况可以看出：20 世纪 80 年代以前，栖霞市的施肥状况基本上是以有机肥为主，偏施氮肥，轻视钾肥，并且盲目施用、不合理现象比较严重。存在的突出问题是施肥缺乏科学依据，没有考虑最小养分律的限制，不能充分发挥氮、磷、钾三要素的综合效应，这是当时制约农业生产的一个瓶颈。

20 世纪 80 年代末到 90 年代初正是我国深化农村改革的重要时期，土地从联产承包到分户经营，农业产业结构进一步调整：由原来的粮油生产为主到粮、油、果、菜并重，逐渐地苹果栽培成为支柱产业而蒸蒸日上，农民收入逐年提高。同时，钾素开始受到重视，各种化肥特别是复合肥生产逐年增加，农田化肥投入也随之大幅度增加，而有机肥因其使用劳动强度大、肥力弱等原因，逐渐被广大农民忽视，投入量急剧下滑。据栖霞市统计局以及相关资料：这时期有机肥的施用量仅占 1980 年的 53.1%，而化肥投入量却增长 351.7%；粮食产量同比增长 22.24%，果品产量同比增长 450.99%。

20 世纪 90 年代末，随着辖区内苹果普遍进入盛果期以及苹果带来较高的经济效益，果园面积进一步扩大，农民的投入热情高涨，化肥施用量快速增加，重化肥轻有机肥的现象日益严重。该时期有机肥的施用量仅占 1980 年的 13.1%，而化肥投入量却增长了 27 倍；粮食产量同比降低 18.52%，果品产量同比增长 10.5 倍，与 1995 年相比，粮食产量降低 33.35%，果品产量增长 106.98%。可以看出，随着化肥施用量的增加，粮食和果品产量的增长速度逐渐降低，肥料贡献率降低。

正是由于长期的有机肥投入不足，化学肥料大量、盲目施用，造成区域内土壤明显存在酸化、板结趋势，有机质含量低下，理化性状恶化，土壤肥力下降。因此，2005 年国家实施测土配方施肥项目以来，栖霞市农业局积极宣传推广测土配方施肥技术，大力推广施用有机肥，农民施肥陋习逐步改变。2006 年以来，特别是 2008 年承担国家测土配方施肥项目以后，有机肥的施用面积和施用数量逐步扩大，化学肥料施用量呈降低趋势（见表 2-4）。

表 2-4　　化肥历年施用演变情况

时期	有机肥施用量(kg/hm^2)	化肥施用量(折纯、kg/hm^2)氮(N)	磷(P_2O_5)	钾(K_2O)	$N:P_2O_5:K_2O$
1971～1980	12900	25.5	22.5	—	—
1981～1985	14835	127.8	37.5	3.5	3.41∶1∶0.09
1986～1995	7869	407.5	118.3	67.2	3.44∶1∶0.57
1996～2005	1677	700.5	222	435.3	3.15∶1∶1.96
2006 至今	2815	583.8	207.5	380.62	2.81∶1∶1.83

(二)有机肥施肥现状及存在问题

1. 有机肥施用量

有机肥的主要种类为鸡粪、猪粪、牛粪、羊粪等畜禽粪便,以及以腐殖酸、酒糟、豆粕等为原料的商品有机肥。据 2008 年农户调查统计,栖霞市果园有机肥施用比例为 56.3%,平均年施商品有机肥 4450kg/hm^2,大部分以各种商品有机肥为主,其中施用生鲜畜禽粪便的比例极少,1125 户中只有 68 户,施用量仅占施用有机肥样本的 6.04%。施用数量 30000～75000kg/hm^2不等。大田作物花生、小麦田有机肥施用情况相似,单独施用生鲜畜禽粪便、厩肥等传统有机肥的没有,施用有机—无机复混肥的占播种面积的比例分别为 66.4%和 68.4%,平均施商品有机肥 575kg/hm^2和 596kg/hm^2;玉米田不施用有机肥。总体来看,以果树为主的经济作物有机肥施用量大,种类以猪牛羊粪便以及有机—无机复混肥当中的腐殖酸系列为主,粮油作物有机肥施用量大幅降低,种类主要是有机—无机专用配方肥(见表 2-5)。

表 2-5　　有机肥施用情况调查汇总表

作物类型	总样本数(个)	施用有机肥样本数(个)	施用有机肥样本占总样本比例(%)	变幅(kg/hm^2)	施用有机肥样本平均用量(kg/hm^2)
果园	1125	634	56.3	30000～75000	4450
花生	157	104	66.4	300～600	575
小麦	98	67	68.4	300～600	596
玉米	98	0	0		0

从秸秆还田情况看,栖霞市以小麦高留茬还田为主,留茬高度为 25cm,年高留茬面积

为 13676hm²,还田秸秆量为 1800kg/hm²。

总体来看,有机肥使用前景不容乐观,因为群众更注重经济效益与省工省时,因此,果园、菜地有机质含量提升较快,而粮田有机质提升缓慢。

2. 有机肥施用存在的问题

(1)鲜鸡粪、鲜牛粪等未经腐熟直接施入土壤,其中含有的大量病原菌污染了土壤,加重了病虫害发生,易多发烧根烧苗现象。

(2)有机肥产业良莠不齐,鱼目混珠现象严重。鲜鸡粪、羊粪掺入土沙摊晒后装袋,不仅污染环境,且此仍属于未腐熟有机肥或者以工业废弃物、城市污泥、污水处理淀积物为原料,重金属等污染危害深远。

(3)秸秆还田力度不够,土壤有机质含量提升缓慢。秸秆还田方面,只有小麦高留茬比较成功,得到普遍应用,秸秆粉碎还田由于费时费力,效果差,生产中的应用少之又少。

(4)精细有机肥大量投入果园、菜田,粗有机肥投入不足,不利于土体结构和土壤培肥,应加大果园麦秸、麦糠等覆草还田力度,或推广果园四季生草技术,促进农田土壤的可持续发展。

3. 利用建议

(1)精细有机肥与粗有机肥施用相结合,全面改善土壤理化性状。精细有机肥分解较快,能够较快地被作物吸收利用,可有效提高土壤有机质含量;粗有机肥分解速度缓慢,肥效长,可有效改善土壤容重、土壤孔隙度等物理性状。

(2)鲜有机肥一定要腐熟后,才能施入土壤,以避免大量病菌带入,造成作物烧根烧苗。可将鲜有机肥堆放 80～100cm,分层撒施适量氮肥调节碳氮比,再用塑料纸覆盖或表面覆盖 2cm 厚的黏土,夏季高温发酵 20～30 天,冬季发酵 60 天左右。

(3)加大秸秆还田力度。一是推广易于操作、效果好的小麦高留茬技术,留茬高度为 20～30cm,玉米苗期划锄灭茬;二是在灌溉条件好的地区推广玉米联合收割机实行玉米秸秆还田;三是果园实行压麦糠、压麦秸覆草。

(4)加大财政支持力度,实施土壤有机质提升工程。一是推广催腐剂堆腐技术,实施秸秆先堆腐后还田,避免直接还田对田间耕作管理带来的不利影响;二是加强有机肥施用补贴,实施政府统一招标,有机肥企业直供,减少中间环节,抑制打压有机肥市场价格,促进农户施用商品有机肥数量的持续增加。

(5)推广鼠茅草、毛叶苕子、二月兰、三叶草等绿肥种植和果园生草技术,刈割还田,广辟有机肥源。

(6)加大宣传力度,通过电视、广播、培训、发放明白纸等形式,多渠道宣传,形成强大的有机肥施用社会氛围,提高果农认知程度和积极性。

(三)化肥施用现状及存在问题

据 2008 年农户施肥情况调查统计,栖霞市大田蔬菜季施高浓度复合肥 2463kg/hm²;果园年施有机—无机复混肥 3180kg/hm²;小麦、玉米一年两作区平均年施高浓度复合肥 2270kg/hm²,小麦、玉米、花生两年三作区平均年施高浓度复合肥 1525kg/hm²(见表2-6)。

表 2-6　不同作物类型化肥用量表

作物类型	化肥施用量（kg/hm^2）	纯 N（kg/hm^2）	P_2O_5（kg/hm^2）	K_2O（kg/hm^2）	N∶P∶K
大田蔬菜	2463	689	187	243.3	1∶0.27∶0.35
果园	3180	572.4	265.2	493.5	1∶0.46∶0.86
花生	780	109.2	46.8	77.6	1∶0.43∶0.71
小麦	965	152	66.2	95.7	1∶0.44∶0.63
玉米	1305	195.8	24.3	35.1	1∶0.14∶0.18

化肥施用存在的主要问题有：

1. 果园、菜田过度施肥

由于片面追求经济效益及错误的施肥观念，果农、菜农在肥料上投入过大，造成养分浪费，特别是氮素，严重污染了地下水。果园有效磷、有效钾含量偏高，都是过量施肥所致，大幅降低了肥料利用率。

2. 氮、磷、钾比例不合理

群众在种植花生和果园施用基肥时，偏好 18-9-18 高氮高钾复合肥，这就导致了氮、磷、钾施肥比例与土壤中各养分含量不协调，在土壤有效磷和速效钾普遍丰富的基础上，仍然大量增施磷肥，造成浪费，影响了产量的进一步提高。

3. 盲目跟风施肥，不能按照所种植作物来科学选用肥料品种

目前，市场上肥料品种繁杂，有复合肥、复混肥、有机肥、BB 肥、生物肥、控释肥、冲施肥，部分群众跟风施肥，按习惯投入所购肥，而不顾肥料品种特性。

4. 贪图方便，施肥方法不科学，导致氮素化肥大量挥发与淋失

果园追肥时，大部分群众赶在雨前在地表撒施尿素，或随着漫灌浇水撒施，有的甚至穿上雨衣，到田里撒上尿素，造成了惊人的浪费。施用复合肥时，开沟深度往往只有 10cm，翻埋后仍有大量肥料裸露地表，达不到应有的效果。

5. 中微量元素肥料施用的盲目性

中微量元素肥料施用存在严重的两极分化，重视的大量连续施用，不重视的则多年从不施用。此类肥料往往在出现明显的缺素症状时才引起重视，效果明显便连续、大量施用，结果往往又会导致作物出现中微量元素中毒现象，更让人担忧的是土壤被污染后的持久性或不可逆转性。

近年来，经过农业技术部门电视讲课、进村培训等多种方式的测土配方施肥技术宣传和推广，以上种种不合理的施肥现象得到了有效遏制。有机肥的施用比例及数量逐年增加，氮、磷、钾施肥比例逐步向 1∶0.6∶1 靠拢，硝酸钙、硼砂、锌肥、镁肥在果树和蔬菜上得到了较为广泛的科学应用，农民科学施肥观念进一步增强。

第三章 样品采集和分析

第一节 土壤样品的布点与采集

一、土壤样品布点

土壤样品的采集是耕地地力评价工作中的一个最基础环节，是关系到分析结果和由此得出的结论是否正确的一个先决条件。科学布点、准确定点是农地地力评价工作的关键环节，采样不正确时，任何良好的分析工作都是无实际意义的。因此，必须选择有代表性的土壤。

栖霞市的布点原则是科学性与实际性相结合、现状图与现场相结合，根据土壤类型、土种与面积、肥力水平、作物种类等条件，按粮田和果园等作物分类，在采样前，综合土壤图、土地利用现状图和行政区划图，并参考第二次土壤普查采样点位图确定采样点位，形成采样点位图。具体如下：

(一)室内布点结合栖霞市具体情况，要具有代表性、均匀性

首先整理编绘土壤图，确定不同农地类型的土种数量，根据密度要求确定总采样点数。其次是根据土壤类型(土种)、利用现状、肥力水平、镇(街道办事处、区)农地面积，确定各镇(街道办事处、区)采样点数。根据土种、利用现状(作物熟制、果树等)、肥力水平统计各因素采样点数，并进行调整。根据土种、利用现状、肥力水平，在土壤图上标注初步计划的取土点位，以备确定采样单元。标注时结合实际情况，要具有均匀性、代表性。区域农地地力评价调查的样点数共 1478 个，其中粮田样点 353 个，果园样点 1125 个。

(二)图上定位，现场定点

以土壤图(土种)与土地利用现状图(精确到村级)的叠加图斑为采样单元，并落实到图上。采样人员按图到实地，在位于采样单元相对中心位置的典型地块定点取样。这样做的好处是可以先在图上观察样点分布的均匀度，必要时可适当进行调整。田间调查人员根据在图上确定的点位到田间应用 GPS 定位取样，记录经纬度，精确到 0.1″。GPS 正确使用是保证数据准确性的重要前提，在调查前对有关技术人员进行集中培训，并相互校验即将使用的 GPS，以确定 GPS 定位的准确性，定位仪由专人操作。坐标系统一用北京 54 度坐标，其中的 DX、DY、DZ 三个参数来源于栖霞市国土资源局，按说明书设置。

二、采样单元

采样前详细了解采样地区的土壤类型、肥力等级和地形等因素，将项目区域划分为采样单元，使每个采样单元的土壤尽可能均匀一致。

栖霞市地形主要为丘陵，以果树等经济作物为主，平均每个采样单元为 20～50hm^2。为便于田间示范追踪和施肥分区需要，采样集中在位于每个采样单元相对中心位置的典型农户、典型地块，面积为 0.1～1hm^2。当土壤和种植作物变异很大时，即适当缩小采样单元。

三、采样时间

在作物收获后或播种施肥前采集（上茬作物已经基本完成生育进程，下茬作物还没有施肥），一般在秋后。果园在果品采摘后第一次施肥前采集；幼树及未挂果果园，在清园扩穴施肥前采集。进行氮肥追肥推荐时，在追肥前或作物生长的关键时期采集。

四、采样周期

土壤的化学性状是动态变化的，耕地地力评价作为一项长期工作，要根据不同检测项目确定不同的采样周期。同一采样单元，无机氮每季或每年采集 1 次，土壤有效磷、速效钾每 2～3 年采集 1 次，中微量元素每 3～5 年采集 1 次。

五、采样点数量

要保证足够的采样点，使之能代表采样单元的土壤特性。采样点的多少，依据田块面积、地块形状，严格按照采样技术规程进行准确定位和规范采样，每个样品采样点数都在 15 个以上，一般为 15～20 个点。

农田布点、采样方式如图 3-1 所示。

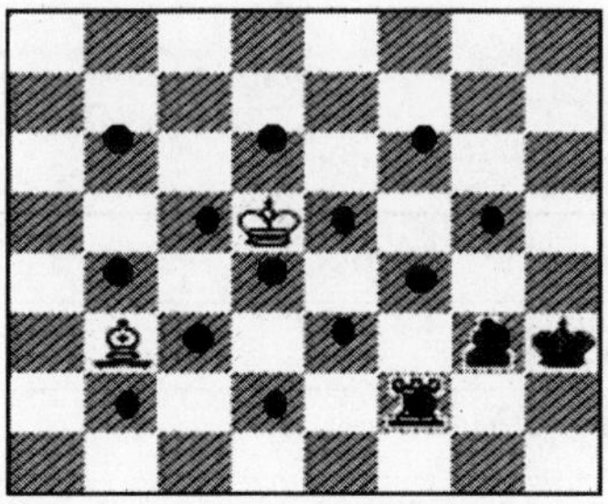

“棋盘”法布点

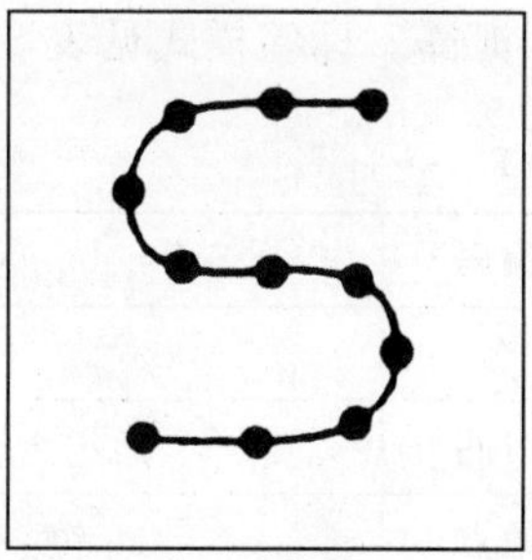

“S”形采样法

图 3-1　农田布点、采样方式

六、采样路线

采样时沿着一定的线路，按照“随机”“等量”和“多点混合”的原则进行采样。一般采用“S”形布点采样，它能够较好地克服耕作、施肥等所造成的误差。在地形变化小、地力较均匀、采样单元面积较小的情况下，也采用梅花形布点取样。采样过程中要避开路边、田埂、沟边、肥堆等特殊部位。蔬菜地混合样的采集在整地起垄前。果园采样以树干为圆点向外延伸到树冠边缘的 2/3 处采集，每株对角采集 2 点，注意一定要避开施肥沟。

七、采样深度

大田作物采样深度为 0～20cm，蔬菜地为 0～25cm，果园为 0～40cm。果园地按照树盆、沟垄面积比例确定沟、垄取土点位的数量，比例为 3∶7。土壤硝态氮或无机氮的测定，采样深度根据不同作物、不同生育期的主要根系分布深度来确定。采样时深度要垂直、上下取土需要一致。

八、采样方法

每个采样点的取土深度及采样量确保均匀一致，土样上层与下层的比例相同。取样器垂直于地面入土，深度相同。用取土铲取样时事先铲出一个耕层断面，再平行于断面下铲取土；测定微量元素的样品采集时全部用不锈钢取土器采样，防止金属污染。

九、样品重量

一个混合土样以取土 1kg 左右为宜(用于推荐施肥的 0.5kg，用于试验的 2kg)，每个样品均采用四分法将多余的样品弃去。方法是：将采集的土壤样品放在盘子里或塑料布上，弄碎、混匀，铺成四方形，画对角线将土样分成四份，把对角的两份分别合并成一份，保留一份，弃去一份。如果所得的样品依然很多，再用四分法依次处理，直至得到所需数量为止。

十、装袋与样品标记

采集的样品现场放入统一的布制样品袋，即时用铅笔写好标签，内外各一张，扎口封好，防止泄露。标签样式见表 3-1。

表 3-1　　标签内容

统一编码		邮　编	
户　名		联系电话	
采样时间	年　月　日　时		
采样地点	镇　村	地块方位	方向　米
经　度		纬　度	
采样深度(cm)		采样点数		采样人	

第二节 土壤样品的制备

一、样品风干

将野外采回的样品及时摊在干净晾晒纸上，摊开成薄薄的一层，置于整洁的室内通风处自然风干，严禁暴晒，并注意防止酸或碱气体、灰尘、肥料及农药的污染。风干时，必须将一张标签纸放在样品中压好，另一张标签纸放入样品袋，用样品及塑料布压住，并经常翻动土样，将大土块捏碎以加速干燥，同时剔除侵入体。

样品风干后，按照不同的分析要求研磨过筛，充分混匀后，装入样品袋中备用。样品袋上写明编号、采样地点、土壤名称、采样深度、样品粒径、采样日期、采样人及制样时间、制样人等项目。制备好的样品统一妥善储存，避免日晒、高温、潮湿和酸碱等气体的污染。全部分析工作结束，分析数据核实无误后，试样一般还要保存 1～2 年，以备查询。

二、一般化学分析试样

将风干的样品平铺在制样板上，用木棍或塑料棍碾压，并将植物残体、石块等侵入体和新生体剔除干净，细小易断的植物须根，采用静电吸附的方法清除。压碎的土样要全部通过 2mm 孔径筛。未过筛的土粒必须重新碾压过筛，直至全部样品通过 2mm 孔径筛为止，过 2mm 孔径筛的土样可供 pH、盐分、交换性能及有效养分项目测定。将通过 2mm 孔径筛的土样用四分法取出一部分继续研磨，使之全部通过 0.25mm 孔径筛，供有机质、全氮、碳酸钙等项目的测定。

三、微量元素分析试样

用于微量元素分析的土样，其处理方法同一般化学分析样品，但在采样、风干、研磨、过筛、运输、储存等诸环节不要接触金属器具，以避免污染。如采样、制样使用木、竹或塑料工具，过筛使用尼龙网筛等，通过 2mm 尼龙网筛的样品可用于测定土壤有效态微量元素。

第三节 样品分析与质量控制

一、样品分析

土壤及植株分析是测土配方施肥工作的基础内容和重要环节，是了解土壤理化性状的重要手段。在农业部测土配方施肥技术规范中，规定了核心土样、辅助土样及植株等的分析项目及测试方法。现根据栖霞市实际及测土配方施肥项目要求，将核心土样、辅助土样及植株分析项目及分析方法作一介绍。

(一)分析项目

主要土壤理化性状共 16 项，分别为土壤有机质、土壤全氮、土壤碱解氮、土壤有效磷、土壤速效钾、土壤 pH、土壤交换性钙、土壤交换性镁、土壤有效硫、土壤有效铁、土壤有效锰、土壤有效铜、土壤有效锌、土壤有效硼、土壤有效硅、土壤有效钼。

(二)分析方法

样品的室内分析是了解土壤理化性状的重要手段。栖霞市确定本次耕地(含农地)地力评价化验分析项目为 20 项,各项目的分析方法以国家标准或部颁标准为首选分析方法(见表 3-2)。

表 3-2 测土配方施肥调查样品分析项目测定方法

分析项目	标准号	测定方法名称
pH	NY/T 1121.2-2006	玻璃电极法
有机质	NY/T 1121.6-2006	重铬酸钾—硫酸溶液—油浴法
有效磷	NY/T 148-1990	碳酸氢钠浸提—钼锑抗比色法
速效钾	NY/T 889-2004	乙酸铵浸提—火焰光度法
全氮	NY/T 53-1987	半微量开氏法
碱解氮	LY/T 1229-1999	碱解扩散法
有效硅	NY/ T 1121-15-2006	柠檬酸浸提—硅钼蓝比色法
有效铜	NY/T 890-2004	DTPA 浸提—原子吸收法
有效锌	NY/T 890-2004	DTPA 浸提—原子吸收法
有效铁	NY/T 890-2004	DTPA 浸提—原子吸收法
有效锰	NY/T 890-2004	DTPA 浸提—原子吸收法
有效钼	NYT 1121.9-2006	草酸—草酸铵浸提—极谱法
有效硼	NYT 1121.8-2006	沸水浸提—甲亚胺比色法
交换性钙	NYT 1121.13-2006	乙酸铵交换—原子吸收法
交换性镁	NYT 1121.13-2006	乙酸铵交换—原子吸收法
有效硫	NYT 1121.14-2006	磷酸盐—乙酸提取—硫酸钡比浊法
总含盐量	—	电导法
土壤容重	—	环刀法
土壤孔隙度	—	环刀法
田间持水量	—	环刀法

二、质量控制

(一)项目承担单位概况

1. 单位情况

承担测土配方施肥项目检验任务的是栖霞市土壤肥料站,为全额事业单位,隶属于栖霞市农业局。

2. 仪器设备

目前，检测室有分光光度计(7200)1台，电热真空干燥箱(ZK-82A)1台，真空泵(2XZ-1)1台，稳压器(YS81-5)1台，土壤养分速测仪(TFC1B)2台，数显恒温水浴振荡机(SHA-C)1台，鼓风干燥箱(101-1-S)3台，恒温水浴箱(HHS-6)1台，原子吸收分光光度计(AA320)1台，石墨炉(AA320)1台，电子分析天平(FA2004)1台，电子精密天平(JA5003)1台，酸度计(PHS-2)1台，紫外分光光度计(751)1台，火焰光度计(6400A)2台，电热蒸馏水器(20L)1台等，共有各类检测仪器设备40多台。各种仪器每年都通过计量部门校验，确保检测精度。

3. 环境条件

检测室可用面积为320多平方米，由样品处理室、样品保存室、天平室、分析室、储藏室等组成，并配备了化验台和通风柜，排气设施完善，环境条件完全能满足实验室操作要求。

4. 人员构成

目前，共有检测人员6人，其中高级农艺师3人，农艺师3人，整体素质较高。所有人员均为农业院校毕业生，有从事土肥化验工作经验，都能熟练且独立进行土肥项目的检测。

5. 检测能力

土肥检测室能够检测的项目有土壤有机质、土壤全氮、土壤碱解氮、土壤有效磷、土壤速效钾、土壤pH、土壤交换性钙、土壤交换性镁、土壤有效硫、土壤有效铁、土壤有效锰、土壤有效铜、土壤有效锌、土壤有效硼、土壤有效硅、土壤有效钼、阳离子交换量等。

(二)质量控制

在进行土壤样品分析时，所使用仪器设备的性能和准确性、试剂的质量、分析测量的环境和条件、技术人员的熟练程度、所选用分析方法的灵敏度等，只要其中一个环节发生了问题，就会影响到分析结果的准确性，不可避免地产生测定误差。为了把所有误差减小到预期水平，需要采取一系列减小误差的措施，对整个分析过程进行质量控制。为确保本次地力调查检测结果准确可靠，土肥站严格按照农业部《全国耕地地力调查与质量评价技术规程》等有关规定执行，编制了详细的计划，定期对业务人员进行业务培训，确保检测数据的准确性。具体措施包括：

(1)加强仪器设备及标准物质的管理。为了保证检测结果的准确性和可靠性，对仪器设备和标准物质加以控制，确保仪器设备处于正常状态以满足检验工作的要求。要严格根据检验参数，配备全部仪器设备(标准物质)，并对所有仪器设备进行检定和运行检查，贴上合格标识，方可使用。

(2)对用于检测工作中的外部支持服务和外购物品实行有效控制，以确保外部支持服务和供应的质量，使其符合检验工作的要求，保证检验结果的可靠性。

(3)化验分析方法严格执行国家或行业标准。为使测量结果能真实反映测量对象的特性，需对检验方法的采用作出统一规定，确保对检验过程进行有效控制。所用检验方法必须由技术负责人确认，保证采用的检验方法为现行有效版本。

(4)坚持平行试验、再现性试验，控制精密度，减少随机误差，样品分析平行率要达到100％，每批均要参比，每100个样品追加2～3个再现性检验。

(5)坚持双人双检，严格校核、签字及记录的修改制度。检验人员负责检验原始记录、仪器设备、标准物质(含标准溶液)使用记录的填写。各种质量记录应客观、规范、准确和及时地直接填写在规定格式的原始记录纸上。原始记录必须由检验者在现场亲自填写，不得事后追记。一项检验有两人或两人以上操作人员时，指定一人担当记录员。校核人要对记录的规范性和计算的准确性进行审核，检查无误后签字。原始记录不允许随意更改和删减，数据必须更改时，用两条平行线将错误数据划掉，将正确数据写在其正上方，并在错误数据上加盖更改人印章。

(6)全程序空白值试验，坚持使用标准样品，进行内参样掺插。每次测定两个平行样，用于校正仪器零点或检查是否在允许范围内。同时利用土壤标准样品及山东省土壤肥料总站提供的参比样品进行分析质量控制。

2011年8月，在全国土壤肥料化验室达标抽查项目中，农业部对栖霞市农业局土肥化验室进行质量抽检，共监测土壤有机质、土壤pH、土壤碱解氮、土壤有效磷、土壤速效钾五项指标。化验人员按照分工，精心操作，在全省抽检的四个单位中，作为唯一的县级市，第一时间上报化验数据。11月，省土肥站公布抽查结果，栖霞土肥站化验数据为全省精确度最高，一次性通过农业部化验精度抽检，得到省部级领导的一致好评。

第四章　土壤理化状况及评价

栖霞市土样采集时间为 2008 年 9 ～11 月，延续到 2009 年、2010 年。由于区域内以种植果树为主，大田作物很少有成规模连片地块，均零星散布在果园地块之间，所以采集和分析土壤以果园样本为主，大田样本较少。

土壤养分含量是一个可变因素，在其比例协调的情况下，含量与作物产量呈正相关，即养分含量高，作物产量也高，反之则低。栖霞市土肥站从 2008 年开始对全市土壤进行采样化验，共化验分析土壤样本 5762 个，其中用于农地地力评价的土壤样本 1478 个，1125 个为果园土壤，大田作物仅 353 个（包括花生田 157 个，小麦田 98 个，玉米田 98 个）。化验分析中微量元素样本 743 个，其中用于农地地力评价的样本 635 个；化验分析土壤容重、土壤孔隙度样本 635 个。

经对 1478 个农地地力监测点的化验分析，区域内耕层土壤各种养分含量的变幅较大，微量元素差异更为悬殊（见表 4-1）。整体来看，有机质、碱解氮普遍较低，有效磷、速效钾较丰富，有效铁、锰、铜丰富，局部缺锌，普遍缺硼、钼。

表 4-1　　山东省耕层土壤养分含量分级标准

级别	1	2	3	4	5	6	7	8	9
有机质 (g/kg)	>20	15～20	12～15	10～12	8～10	6～8	<6	—	—
全氮 (g/kg)	>1.5	1.2～1.5	1～1.2	0.75～1	0.5～0.75	0.3～0.5	<0.3	—	—
碱解氮 (mg/kg)	>150	120～150	90～120	75～90	60～75	45～60	30～45	<30	—
有效磷 (mg/kg)	>120	80～120	50～80	30～50	20～30	15～20	10～15	5～10	<5
速效钾 (mg/kg)	>300	200～300	150～200	120～150	100～120	75～100	50～75	<50	—
缓效钾 (mg/kg)	>1200	900～1200	750～900	500～750	300～500	<300	—	—	—

续表

级别	1	2	3	4	5	6	7	8	9
pH	>8.5	7.5～8.5	6.5～7.5	5.5～6.5	4.5～5.5	<4.5	—	—	—
有效铜(mg/kg)	>1.8	1～1.8	0.2～1	0.1～0.2	<0.1	—	—	—	—
有效锌(mg/kg)	>3	1～3	0.5～1	0.3～0.5	<0.3	—	—	—	—
有效硼(mg/kg)	>2	1～2	0.5～1	0.2～0.5	<0.2	—	—	—	—
有效铁(mg/kg)	>20	10～20	4.5～10	2.5～4.5	<2.5	—	—	—	—
有效锰(mg/kg)	>30	15～30	5～15	1～5	<1	—	—	—	—
有效钼(mg/kg)	>0.3	0.2～0.3	0.15～0.2	0.1～0.15	<0.1	—	—	—	—
有效硫(mg/kg)	>100	75～100	60～75	45～60	30～45	15～30	<15	—	—
交换性钙(mg/kg)	>6000	4000～6000	3000～4000	2500～3000	2000～2500	1500～2000	1000～1500	500～1000	<500
交换性镁(mg/kg)	>600	400～600	300～400	250～300	200～250	150～200	<150	—	—

根据《山东省耕层土壤养分含量分级标准》(见表4-1,山东省土壤肥料总站提供),栖霞耕层有机质平均含量为10.7g/kg,属于4级水平,变幅为4.4～24.7g/kg,变异系数为31.16%;碱解氮平均含量为71mg/kg,属于5级水平,变幅为31～184mg/kg,变异系数为30.95%;有效磷平均含量为53.3mg/kg,属于3级水平,变幅为3.2～173.4mg/kg,变异系数为51.08%;速效钾平均含量为145mg/kg,属于4级水平,变幅为24～484mg/kg,变异系数为40.43%;交换性钙平均含量为3075mg/kg,属于3级水平,变幅为40～17200mg/kg,变异系数为48.14%;交换性镁平均含量为507mg/kg,属于2级水平,变幅为72～1944mg/kg,变异系数为41.38%;有效硫平均含量为141.3mg/kg,属于1级水平,变幅为28.1～387.5mg/kg,变异系数为96.38%;有效铁平均含量为59.9mg/kg,属于1级水平,变幅为4.2～138.02mg/kg,变异系数为35.67%;有效锰平均含量为54.18mg/kg,属于1级水平,变幅为10.2～187.03mg/kg,变异系数为38.13%;有效铜平均含量为15.38mg/kg,属于1级水平,变幅为1.05～78.8mg/kg,变异系数为

55.54%；有效硼平均含量为0.41mg/kg，属于4级水平，变幅为0.06～1.73mg/kg，变异系数为41.21%；有效锌平均含量为4.78mg/kg，属于1级水平，变幅为0.28～45.8mg/kg，变异系数为63.37%；有效钼平均含量为0.14mg/kg，属于4级水平，变幅为0.01～2.87mg/kg，变异系数为131.51%（见表4-2）。

表4-2 耕层土壤养分及微量元素分级汇总表

项目	全市平均	分级水平	变幅	变异系数(%)
有机质(g/kg)	10.7	4	4.4～24.7	31.16
全氮(g/kg)	0.57	5	0.24～1.25	20.64
碱解氮(mg/kg)	71	5	31～184	30.95
有效磷(mg/kg)	53.3	3	3.2～173.4	51.08
速效钾(mg/kg)	145	4	24～484	40.43
pH	5.8	4	4.2～8.3	13.52
交换性钙(mg/kg)	3075	3	40～17200	48.14
交换性镁(mg/kg)	507	2	72～1944	41.38
有效硫(mg/kg)	141	1	28.1～387.5	28.14
有效铁(mg/kg)	59.9	1	4.2～138.02	35.67
有效锰(mg/kg)	54.18	1	10.2～187.03	38.13
有效锌(mg/kg)	4.78	1	0.28～45.8	63.37
有效硼(mg/kg)	0.41	4	0.06～1.73	41.21
有效钼(mg/kg)	0.14	4	0.01～2.87	131.51
有效铜(mg/kg)	15.37	1	1.05～78.8	55.54

另外，根据《山东省露地菜园及果园土壤养分分级评价标准》（见表4-3，山东省土壤肥料总站提供），区域内耕层土壤有机质属于中等偏低水平，碱解氮属于中等偏低水平，有效磷属于较高水平，速效钾属于中等偏上水平。

表4-3 山东省露地菜园及果园土壤养分分级评价标准

项目	养分分级标准			
	低	中	高	极高
果园土壤有机质(g/kg)	8～10	10～15	15～20	>20
菜地土壤有机质(g/kg)	≤13.5	13.5～20	20～25	>25
土壤水解氮(mg/kg)	≤60	60～120	120～150	>150
土壤有效磷(mg/kg)	≤30	30～45	45～60	>60
土壤速效钾(mg/kg)	≤120	120～150	150～200	>200

根据《山东省土壤硫和微量元素养分分级评价标准》(见表 4-4,山东省土壤肥料总站提供),区域内耕层土壤有效硫、有效铁、有效锰、有效铜、有效锌属于极高水平,有效硼、有效钼属于较低水平。

表 4-4　山东省土壤硫和微量元素养分分级评价标准

级别		1(低)	2(较低)	3(中)	4(较高)	5(高)
养分种类(mg/kg)	有效硫	<15	15～45	45～75	75～100	>100
	有效硼	<0.2	0.2～0.5	0.5～1	1～2	>2
	有效钼	<0.1	0.1～0.2	0.15～0.2	0.2～0.3	>0.3
	有效锌	<0.3	0.3～0.5	0.5～1	1～3	>3
	有效铜	<0.2	0.2～1	1～1.8	1.8～3	>3
	有效铁	<5	5～10	10～20	20～40	>40
	有效锰	<5	5～10	10～15	15～30	>30

第一节　土壤酸碱度和有机质

一、土壤酸碱度

土壤酸碱性是土壤的一个重要特性,也是影响土壤肥力的一个重要因素。它一方面引起土壤一些性质的变化;另一方面直接影响作物的生长。一般作物在中性、弱酸性、弱碱性土壤中生长最适宜,过酸过碱都会影响作物的生长。因此,了解土壤的酸碱性及土壤过酸过碱的原因以便采取措施加以调节是提高作物产量的主要手段之一。

(一)土壤 pH 及分布

全市耕层土壤 pH 变幅为 4.2～8.3,众数为 5.6,属 pH 分级 4 级标准,变异系数为 13.52%,与 1983 年第二次土壤普查时的众数 6.3 相比,土壤 pH 有所下降,酸化趋势较明显。

由表 4-5 中土壤 pH 分级可知,没有 1 级(>8.5)水平的农地;2 级(7.5～8.5)水平的农地面积为 341.3hm^2,占总农地面积的 0.39%,主要分布在庙后、臧家庄、桃村等镇(街道办事处、区)部分区域,主要是褐土土壤类型;3 级(6.5～7.5)水平的农地面积为 16856.9hm^2,占总农地面积的 19.26%,主要分布在大部分镇(街道办事处、区)棕壤区;4 级(5.5～6.5)水平的农地面积为 33355hm^2,占总农地面积的 38.11%;5 级(4.5～5.5)水平的农地面积为 33530.1hm^2,占总农地面积的 38.31%;6 级(<4.5)水平的农地面积为 3439.7hm^2,占总农地面积的 3.93%。

表 4-5 土壤 pH 分级统计表

分级范围	合计	6(<4.5)	5(4.5～5.5)	4(5.5～6.5)	3(6.5～7.5)	2(7.5～8.5)	1(>8.5)
样品量(个)	1478	58	566	563	285	6	0
面积 (hm^2)	87523	3439.7	33530.1	33355	16856.9	341.3	0
百分比(%)	100	3.93	38.31	38.11	19.26	0.39	0

(二)不同土壤类型 pH

不同土壤类型的样品化验分析结果表明,不同土壤类型 pH 差别明显(见表 4-6)。其中棕壤变幅最大,为 4.2～7.2,众数为 5.3,标准差为 1.09,变异系数为 18.64%。主要原因是棕壤分布面积大、范围广,所处地形部位不同,坡度差异较大,土壤中盐分淋失程度差异显著。另外,与农民施肥等管理水平之间的差异也有关系。褐土由于其成土母质多为钙质岩类、石灰性砾岩和石灰性砂页岩,相对呈中性至弱碱性,变幅为 6.8～8.3,部分土壤碱性过大,这与近几年农民盲目使用硅钙肥等碱性肥料有关。潮土由于所处的地形部位较低,受潜水影响明显,pH 相对较高,变化不大,变幅为 5.2～7。

表 4-6 不同土壤类型 pH

类型	样品数(个)	平均值	众数	最大值	最小值	标准差	极差	变异系数(%)
棕壤	1186	5.6	5.3	7.2	4.2	1.09	3	18.64
褐土	57	6.8	7.1	8.3	5.7	0.7	2.6	10.23
潮土	235	5.8	5.6	7	5.2	0.59	1.8	10.12

(三)不同利用类型耕层土壤 pH

不同作物的土壤样品化验分析结果表明,区域内果园和耕地土壤酸化明显,大部分为微酸至中酸性。在采集的 353 个粮田样本和 1125 个果园样本中,粮田和果园的 pH 众数分别为 5.6 和 5.3,标准差分别为 0.71 和 0.79,变异系数分别为 11.83%和 13.62%(见表 4-7)。1478 个土样的分析结果表明,土壤 pH 大多集中在 5.5～6.5 之间,占样品总数的 78.2%,小于 4.5 和大于 7.5 的样品数仅占 4.67%左右(见图 4-1)。

表 4-7 不同利用类型土壤 pH

类型	样品数(个)	平均值	众数	最大值	最小值	标准差	极差	变异系数(%)
粮田	353	6	5.6	7.9	4.5	0.71	3.4	11.83
果园	1125	5.8	5.3	8.3	4.2	0.79	4.1	13.62

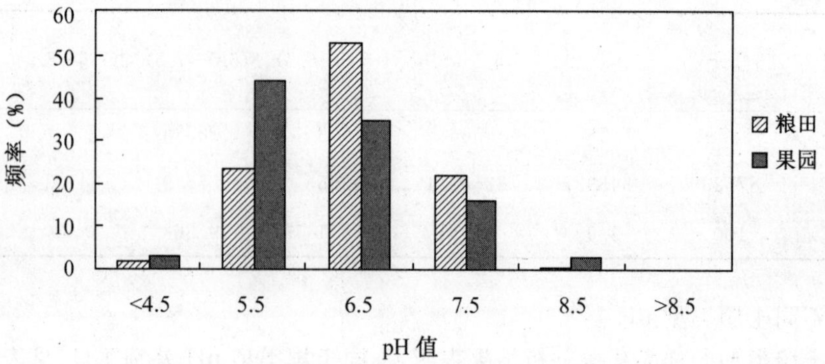

图 4-1 不同利用类型耕层土壤 pH 值分布状况

（四）土壤酸碱度变化原因

与 1983 年第二次土壤普查时相比，土壤呈现出明显酸化趋势，除去自然因素，主要原因是农民施肥不科学，重用轻养现象普遍。长期大量施用化肥，有机肥投入严重不足，土壤有机质含量低，微生物数量少且活性不高，导致土壤的缓冲调节能力降低。另外，大量化学除草剂的连年使用造成土壤溶液中盐基离子平衡状态发生变化，尤其是近年来冲施肥在果树追肥中普遍施用，一些劣质冲施肥本身的 pH 很低，直接造成土壤酸碱度降低。土壤酸化明显影响了农产品的产量和质量，已经引起了农技推广部门以及市委、市政府和广大果农的高度重视。

二、土壤有机质

土壤有机质不仅含有作物生长所需的各种养分，而且能促进团粒结构的形成，提高土壤的代换和缓冲能力，协调水、肥、气、热等肥力因素之间的矛盾，促进植物生长和微生物活动。因此，土壤有机质的含量是评价土壤肥力的重要指标之一。增加土壤有机质的主要措施包括增施有机肥、各种秸秆还田、果园植草、种植绿肥等。

（一）土壤有机质含量及分布

区域内有机质平均含量为 10.7g/kg，属于 4 级水平，变幅为 4.4～24.7g/ kg，变异系数为 31.16%，与 1983 年土壤普查时的 7.9g/kg 相比，有机质增加了 2.8g/kg，增幅为 35.4%。

由表 4-8 可知，区域内 1 级（>20g/kg）水平的农地面积有 1067.7hm^2，仅占全部农地面积的 1.22%。2 级（15～20g/kg）水平的农地面积为 9417.5hm^2，占全部农地面积的 10.76%，主要分布在翠屏、庄园、苏家店、桃村等镇（街道办事处、区）。3 级水平（12～15g/kg）与 4 级（10～12g/kg）水平的农地面积大体相当，共计 36777.2hm^2，占全部农地面积的 42.02%，广泛分布于各镇（街道办事处、区）。5 级（8～10g/kg）水平的农地面积为 23508.7hm^2，占全部农地面积的 26.86%，主要分布在臧家庄、寺口、蛇窝泊、亭口、杨础等镇（街道办事处、区）。6 级和 7 级水平的农地面积分别是 13084.7hm^2、3667.2hm^2，分别占全部农地面积的 14.95%、4.19%，主要分布在蛇窝泊东南和西北部、官道的西北、松山街道办事处金山至豹山口等区域的丘陵上部。

表 4-8　　2008 年土壤有机质分级统计表

分级 (g/kg)	7(<6)	6(6～8)	5(8～10)	4(10～12)	3(12～15)	2(15～20)	1(>20)	合计
样品数(个)	62	221	397	313	308	159	18	1478
百分比(%)	4.19	14.95	26.86	21.18	20.84	10.76	1.22	100
面积(hm^2)	3667.2	13084.7	23508.7	18537.4	18239.8	9417.5	1067.7	87523

(二)不同利用类型耕层土壤有机质含量

区域内 353 个粮田和 1125 个果园土壤样本化验分析结果(见表 4-9 和图 4-2)表明，不同作物类型耕层土壤样品中有机质的标准差较低，变异系数较小。其中粮田的标准差为 2.14g/kg，变异系数为 24.51%；果园的标准差为 3.37g/kg，变异系数为 29.15%，所得结果可靠性较高。

总体上，栖霞市土壤有机质呈较低水平。粮田有机质的平均含量为 8.7g/kg，变幅为 4.4～16.2g/kg，属于 5 级水平。其中 39.94%的粮田有机质含量低于 8g/kg。果园有机质的平均含量为 11.6g/kg，变幅为 4.8～24.7g/kg，属于 4 级水平。其中 13.6%的果园有机质含量低于 8g/kg，这主要是由于栖霞农民注重果品生产，在对果园增施有机肥、培肥果园地力等方面积极性比较大，热情较高。

表 4-9　　不同作物类型农地土壤有机质含量状况

类型	样品数(个)	平均值(g/kg)	众数(g/kg)	最大值(g/kg)	最小值(g/kg)	标准差(g/kg)	极差(g/kg)	变异系数(%)
粮田	353	8.7	9.6	16.2	4.4	2.14	11.8	24.51
果园	1125	11.6	10.8	24.7	4.8	3.37	19.9	29.15

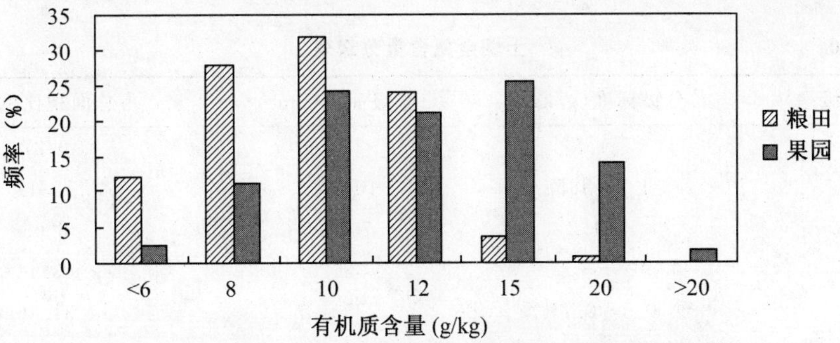

图 4-2　不同利用类型耕层土壤有机质分布状况

(三)土壤有机质变化情况

与 1983 年土壤普查时栖霞市有机质的平均含量 7.9g/kg 相比，目前，区域内土壤有机质的平均含量为 10.7g/kg，比 1983 年增加了 2.8g/kg，增幅为 35.4%。增加的原因：一是有机肥施用量有所增加，优质商品有机肥和有机—无机复混肥占比提高；二是秸秆还田力度加大，以小麦高留茬还田为主，留茬高度为 25cm，年高留茬面积为 13676hm^2，还田秸秆量为 1800kg/hm^2。

根据 1478 个土壤样品的分类统计结果，不同土壤类型间土壤有机质、速效磷、速效钾等大量元素，交换性钙、镁，有效硫及有效铁、锰、铜、锌等中微量元素的含量差异不明显，这与区域内农民的施肥习惯和施肥品种基本相同而且施肥量相对较大有很大关系。

第二节　土壤大量元素状况

一、土壤氮素

(一)土壤全氮

1. 土壤全氮含量及分布

栖霞市耕层土壤全氮含量平均值为 0.74g/kg，属于 5 级水平，变幅为 0.26～2.13g/kg，变异系数为 61.37%，与 1983 年第二次土壤普查时的全氮平均含量 0.48g/kg 相比，全氮含量增加了 0.36g/kg，增幅为 75%。

由表 4-10 可知，区域内全氮分级 1 级(>1.5g/kg)和 7 级(<0.3g/kg)所占比例极少，分别占总面积的 0.27%和 1.01%。2 级(1.2～1.5g/kg)水平的农地面积为 10660.3hm^2，占全部农地面积的 12.18%；3 级(1～1.2g/kg)水平的农地面积为 7045.6hm^2，占全部农地面积的 8.05%，上述两种水平农地主要分布在庄园、苏家店、观里等镇(街道办事处、区)。4 级(0.75～1g/kg)水平的农地面积为 38020hm^2，占全部农地面积的 43.44%，主要分布在唐家泊、亭口、苏家店、蛇窝泊等镇(街道办事处、区)。5 级(0.5～0.75g/kg)水平的农地面积为 27534.7hm^2，占全部农地面积的 31.46%，主要分布在桃村、臧家庄、松山、西城、寺口等镇(街道办事处、区)。6 级(0.3～0.5g/kg)水平的农地面积为 3142.1hm^2，占全部农地面积的 3.59%，主要分布在西城、官道等镇(街道办事处、区)。

表 4-10　土壤全氮含量分级表

等级	分级标准(g/kg)	等级面积(hm^2)	占总面积比例(%)
1	>1.5	236.3	0.27
2	1.2～1.5	10660.3	12.18
3	1～1.2	7045.6	8.05
4	0.75～1	38020	43.44
5	0.5～0.75	27534.7	31.46
6	0.3～0.5	3142.1	3.59
7	<0.3	883.9	1.01

2. 不同利用类型耕层土壤全氮含量

对区域内的土壤氮素含量进行分析，结果(见表 4-11 和图 4-3)表明，区域内粮田耕层土壤全氮含量平均为0.72g/kg，范围为0.26～1.52g/kg，属于5级水平。检测的353个粮田样品中，土壤样品之间的标准差为0.25g/kg，变异系数为34.72%，这说明样品之间全氮的差异性较低。其中54.96%的耕层土壤全氮含量范围为0.5～1g/kg。果园耕层土壤全氮含量平均为0.75g/kg，范围为0.28～2.13g/kg，属于5级水平。检测的1125个果园样品中，土壤样品之间的标准差为0.23g/kg，变异系数为30.67%，这说明样品之间全氮的差异性较低。其中80.27%的耕层土壤全氮含量范围为0.5～1g/kg。

表4-11 不同作物类型土壤全氮含量状况统计分析

类型	样品数（个）	平均值（g/kg）	最大值（g/kg）	最小值（g/kg）	标准差（g/kg）	极差（g/kg）	变异系数（%）
粮田	353	0.72	1.52	0.26	0.25	1.26	34.72
果园	1125	0.75	2.13	0.28	0.23	1.85	30.67

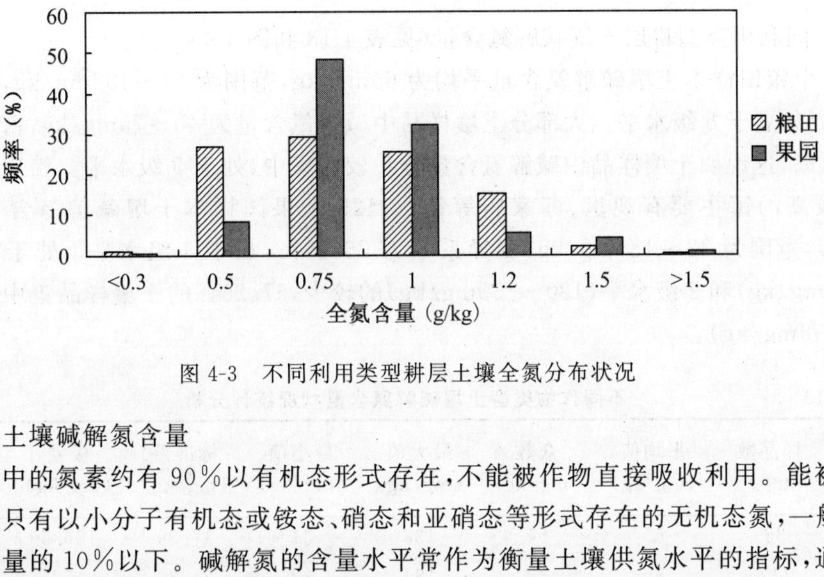

图4-3 不同利用类型耕层土壤全氮分布状况

（二）土壤碱解氮含量

土壤中的氮素约有90%以有机态形式存在，不能被作物直接吸收利用。能被作物直接利用的只有以小分子有机态或铵态、硝态和亚硝态等形式存在的无机态氮，一般仅占土壤全氮含量的10%以下。碱解氮的含量水平常作为衡量土壤供氮水平的指标，通常与全氮量呈显著的正相关，但对土壤施肥影响最大。

1. 土壤碱解氮含量及分布

区域内农地耕层土壤碱解氮平均含量为71mg/kg，属于5级水平，变幅为31～184mg/kg，变异系数为30.95%。

由表4-12可知，区域内1级（>150mg/kg）水平、2级（120～150mg/kg）水平的农地面积较少，分别占全部农地总面积的0.91%、3.24%；3级（90～120mg/kg）水平的农地面积为10012.6hm^2，占全部农地面积的11.44%，上述三种水平农地主要分布在观里、翠屏、苏家店、亭口等镇（街道办事处、区）。4级（75～90mg/kg）水平的农地面积为27884.8hm^2，占全部农地面积的31.86%，分布较广泛。5级（60～75mg/kg）水平的农地面积为24655.2hm^2，占全部农地面积的28.17%，主要分布在寺口、桃村、臧家庄南部和北部、亭口、西城、松山等镇（街道办事处、区）。6级（45～60mg/kg）水平的农地面积为13574.8hm^2，占全部农地面积的15.51%，主要分布在松山西北、官道北部、杨础等镇（街道办事处、区)。7 级(30～45mg/kg)水平的农地面积为 7763.3hm²,占全部农地面积的 8.87%。区域内没有 8 级(<30mg/kg)水平的农地。

表 4-12 土壤碱解氮含量分级表

等级	分级标准(mg/kg)	等级面积(hm²)	占总面积比例(%)
1	>150	796.5	0.91
2	120～150	2835.7	3.24
3	90～120	10012.6	11.44
4	75～90	27884.8	31.86
5	60～75	24655.2	28.17
6	45～60	13574.8	15.51
7	30～45	7763.3	8.87
8	<30	0	0

2.不同利用类型耕层土壤碱解氮含量(见表 4-13 和图 4-4)

353 个粮田样本土壤碱解氮含量平均为 65mg/kg,范围为 31～138mg/kg,变异系数为 26.79%,属于 5 级水平。大部分土壤样品中碱解氮含量为 45～75mg/kg,占样本总数的 58.91%,这说明土壤样品中碱解氮含量分布较为集中,处于 5 级水平。粮田土壤碱解氮含量较高的镇主要有观里、苏家店等镇。1125 个果园样本土壤碱解氮含量平均为 80mg/kg,范围为 32～184mg/kg,变异系数为 26.59%,属于 4 级水平。处于 7 级水平(30～45mg/kg)和 2 级水平(120～150mg/kg)的较少,57.25%的土壤样品集中在 4 级水平(60～90mg/kg)。

表 4-13 不同作物类型土壤碱解氮含量状况统计分析

类型	样品数(个)	平均值(mg/kg)	众数(mg/kg)	最大值(mg/kg)	最小值(mg/kg)	标准差(mg/kg)	极差(mg/kg)	变异系数(%)
粮田	353	65	54	138	31	17.39	106.5	26.79
果园	1125	80	68	184	32	21.30	152	26.59

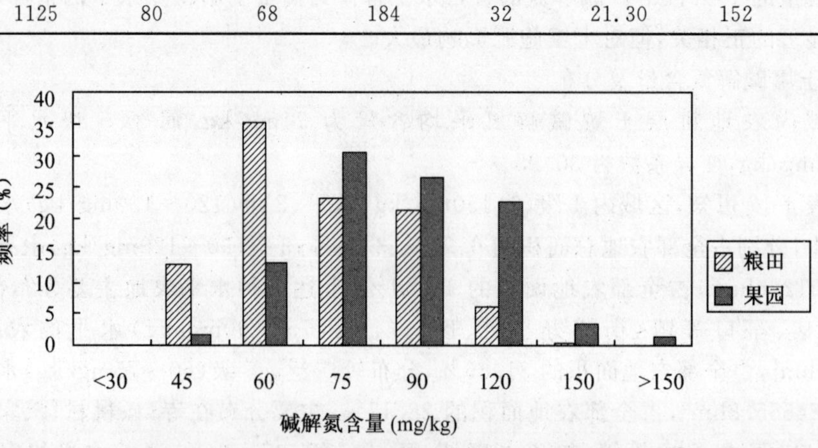

图 4-4 不同利用类型耕层土壤碱解氮分布状况

（三）土壤碱解氮变化情况

1983 年土壤普查时，区域内耕层土壤碱解氮平均含量为 40mg/kg。当前农田碱解氮的平均含量为 71mg/kg，与 1983 年土壤普查时相比，增加了 31mg/kg，增幅为 77.5%。这主要与氮肥的大量使用有关，1983 年纯氮施用量为 127kg/hm^2，2008 年纯氮施用量为 583.8kg/hm^2，氮肥的施用量增加了 456.8kg/hm^2，单位施用量增长了 356.8%。

二、土壤有效磷

土壤全磷即磷的总含量，包括有机磷和无机磷两大类，由于土壤中磷元素大部分是以迟效性状态存在，因此土壤中全磷的含量并不能作为土壤磷素供应的指标。无机形态的磷中易溶性磷酸盐及土壤胶体吸附的磷酸根离子和有机形态磷中易矿化的部分能够被植物所吸收，被称为土壤有效磷，约占土壤总磷量的 10%。

（一）土壤有效磷含量及分布

区域内农地耕层有效磷含量平均为 53.3mg/kg，属于 3 级水平，变幅为 3.2～173.4mg/kg，变异系数为 51.08%。

由表 4-14 可知，区域内 1 级（>120mg/kg）水平的农地面积较少，仅占全部农地面积的 2.16%；2 级（80～120mg/kg）水平的农地面积为 13146.2hm^2，占全部农地面积的 15.02%，上述两种水平农地主要分布在翠屏、蛇窝泊、寺口、唐家泊等镇（街道办事处、区）。3 级（50～80mg/kg）水平的农地面积为 29613.6hm^2，占全部农地面积的 33.83%，主要分布在苏家店、开发区、西城、蛇窝泊、观里、官道、松山等镇（街道办事处、区）。4 级（30～50mg/kg）水平的农地面积为 24575.1hm^2，占全部农地面积的 28.08%，主要分布在臧家庄、亭口、桃村、杨础等镇。5 级（20～30mg/kg）水平的农地面积为 10244.6hm^2，占全部农地面积的 11.71%，主要分布在西城、桃村北部、铁口一带、臧家庄南部。6 级（15～20mg/kg）水平的农地面积为 4085.4hm^2，占全部农地面积的 4.67%；7 级（10～15mg/kg）水平的农地面积为 3079.3hm^2，占全部农地面积的 3.52%；8 级（5～10mg/kg）水平的农地面积为 888.3hm^2，占全部农地面积的 1.01%，6～8 级水平的农地面积较少，分布较零散。

表 4-14　　土壤有效磷含量分级表

等级	分级标准（mg/kg）	等级面积（hm^2）	占总面积比例（%）
1	>120	1890.5	2.16
2	80～120	13146.2	15.02
3	50～80	29613.6	33.83
4	30～50	24575.1	28.08
5	20～30	10244.6	11.71
6	15～20	4085.4	4.67
7	10～15	3079.3	3.52
8	5～10	888.3	1.01

(二)不同利用类型耕层土壤有效磷含量

不同类型土壤检测结果(见表4-15和图4-5)表明,353个粮田土壤样本有效磷含量平均为36.7mg/kg,属于4级水平,变幅为3.2～97.3mg/kg,极差为94.1mg/kg,标准差为19.64mg/kg,变异系数为53.47%,处于4级以上水平(30～80mg/kg)的样本占了样本总数的54.67%。土壤有效磷含量较高的镇主要有翠屏、蛇窝泊、寺口、唐家泊等镇(街道办事处、区)。处于7级以下水平(<10mg/kg)的样本仅占4.69%。土壤有效磷含量较低的地方主要有西城镇、桃村北部。1125个果园样本土壤有效磷含量平均为59.7mg/kg,属于3级水平,变幅为6.2～173.4mg/kg,极差为166.2mg/kg,标准差为27.41mg/kg,变异系数为49.94%,处于3级水平。其中处于4级以上水平(30～80mg/kg)的样本占了样本总数的64%,处于7级以下水平(<10mg/kg)的样本仅占样本总数的0.36%,这说明该区域内有效磷含量普遍较丰富。

表4-15 不同利用类型土壤有效磷含量统计分析

类型	样品数(个)	平均值(mg/kg)	众数(mg/kg)	最大值(mg/kg)	最小值(mg/kg)	标准差(mg/kg)	极差(mg/kg)	变异系数(%)
粮田	353	36.7	82.6	97.3	3.2	19.64	94.1	53.47
果园	1125	59.7	14.0	173.4	6.2	27.41	166.2	49.94

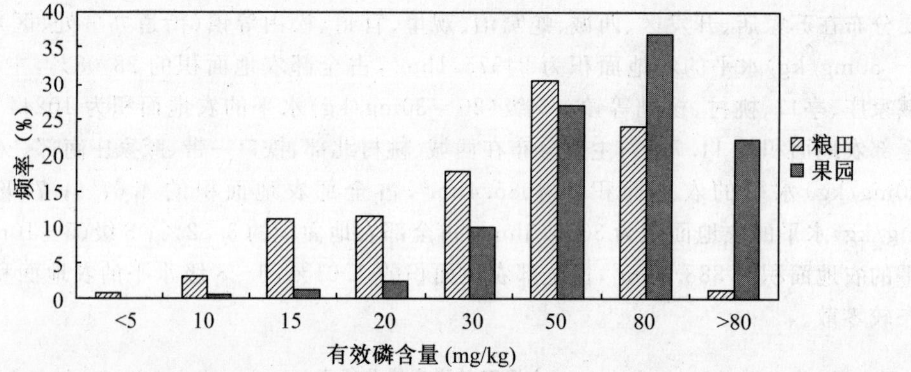

图4-5 不同利用类型耕层土壤有效磷分布状况

(三)土壤有效磷变化情况

1983年土壤普查时,栖霞市有效磷平均含量为6.9mg/kg,变幅为1.2～57.4mg/kg。与本次的分析结果比较,可以发现近30年来,土壤有效磷含量大大增加了,这主要是由于大量磷肥(过磷酸钙、磷酸二铵)的施用,导致土壤中磷素大量积累。1983年,区域内五氧化二磷的平均施用量为37.5kg/hm^2,2008年,五氧化二磷的平均施用量为207.5kg/hm^2,增加了170kg/hm^2,增长了453%。当前农田有效磷的含量是53.3mg/kg,是1983年土壤普查时的7.7倍,这主要与区域内磷肥施用较广泛且施肥量较大有关。

三、土壤钾素

土壤中的钾素营养主要来源于含钾矿物、有机肥、作物秸秆等，主要形态为交换性钾，流动性小，能被作物根系吸收利用。它因土壤黏土矿物含量、施肥等条件的不同而有差异。

(一)土壤速效钾含量及分布

区域内耕层土壤速效钾平均含量为145mg/kg，属于4级水平，变幅为24～484mg/kg，变异系数为40.43%。

由表4-16可知，区域内1级(>300mg/kg)水平的农地面积为1894.9hm^2，占全部农地面积的2.17%。2级(200～300mg/kg)水平的农地面积为12731.7hm^2，占全部农地面积的14.55%，主要分布在唐家泊、亭口、观里、开发区、松山等镇(街道办事处、区)。3级(150～200mg/kg)水平的农地面积为20785.2hm^2，占全部农地面积的23.75%，主要分布在唐家泊、亭口、翠屏、杨础、苏家店、寺口、松山、蛇窝泊等镇(街道办事处、区)。4级(120～150mg/kg)水平的农地面积为19778.5hm^2，占全部农地面积的22.6%，主要分布在亭口、臧家庄、桃村、官道、苏家店等镇(街道办事处、区)。5级(100～120mg/kg)水平的农地面积为12494.8hm^2，占全部农地面积的14.28%，分布于桃村、臧家庄、松山金山、西城等镇(街道办事处、区)。6级(75～100mg/kg)水平的农地面积为12909.3hm^2，占全部农地面积的14.75%；7级(50～75mg/kg)水平的农地面积为5980.9hm^2，占全部农地面积的6.83%，6～7两级农地主要分布于桃村北部、松山、臧家庄、松山上桑树夼、西城左家一带。8级(<50mg/kg)水平的农地较少，仅占全部农地面积的1.08%。

表4-16　土壤速效钾含量分级表

等级	分级标准(mg/kg)	等级面积(hm^2)	占总面积比例(%)
1	>300	1894.9	2.17
2	200～300	12731.7	14.55
3	150～200	20785.2	23.75
4	120～150	19778.5	22.6
5	100～120	12494.8	14.28
6	75～100	12909.3	14.75
7	50～75	5980.9	6.83
8	<50	947.5	1.08

(二)不同利用类型耕层土壤速效钾含量

不同利用类型耕层土壤样本检测结果(见表4-17和图4-6)表明，353个粮田土壤样本速效钾含量平均为110mg/kg，变幅为24～206mg/kg，极差为182mg/kg，标准差为37.23mg/kg，变异系数为33.72%，处于5级水平。其中处于4～6级(75～150mg/kg)水平的样本占了样本总数的51.56%，处于8级以下水平(<50mg/kg)的样本仅占样本总数的3.12%。1125个果园样本土壤速效钾含量平均为157mg/kg，变幅为32～484mg/kg，极差为452mg/kg，标准差为63.68mg/kg，变异系数为40.56%，处于3级水平。处于

6 级水平以上的样本占了样本总数的 94.05%，处于 8 级以下水平的样本仅占 0.53%。

表 4-17　不同利用类型土壤速效钾含量统计分析

类型	样品数（个）	平均值（mg/kg）	众数（mg/kg）	最大值（mg/kg）	最小值（mg/kg）	标准差（mg/kg）	极差（mg/kg）	变异系数（%）
粮田	353	110	100	206	24	37.23	182	33.72
果园	1125	157	152	484	32	63.68	452	40.56

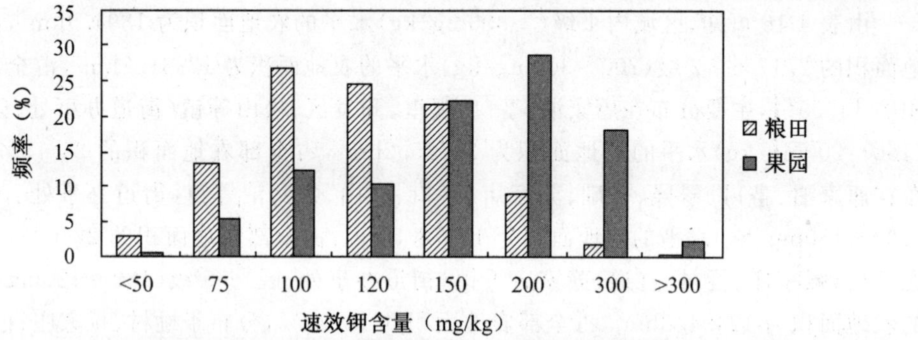

图 4-6　不同利用类型耕层土壤速效钾分布状况

（三）土壤速效钾变化情况

1983 年土壤普查时，全市速效钾平均含量为 42mg/kg，变幅为 17～105mg/kg。与之相比，近 30 年来，耕层土壤速效钾含量大体上呈上升趋势。当前农地速效钾的含量是 145mg/kg，是 1983 年土壤普查时的 3.5 倍。1983 年，氧化钾的平均施用量为 3.5kg/hm^2，2008 年，氧化钾的平均施用量为 380.6kg/hm^2，增加了 377.1kg/hm^2，增长了 107.7 倍，这主要与果园施肥量较大，特别是 20 世纪 90 年代后期普遍重施高氮高钾肥有关。

第三节　土壤中量元素状况

一、交换性钙

（一）耕层土壤交换性钙含量及分布

栖霞市耕层土壤交换性钙含量平均为 3075mg/kg，属于 3 级水平，变幅为 40～17200 mg/kg，变异系数为 48.14%。

由表 4-18 可知，区域内 1 级（>6000mg/kg）水平的农地面积为 2897.01hm^2，占全部农地面积的 3.31%，主要分布在臧家庄、中桥、桃村等镇（街道办事处、区）。2 级（4000～6000mg/kg）水平的农地面积为 8682.28hm^2，占全部农地面积的 9.92%，主要分布在西城、寺口、翠屏、唐家泊、蛇窝泊等镇（街道办事处、区）。3 级（3000～4000mg/kg）水平的农地面积为 29803.81hm^2，占全部农地面积的 32.91%，主要分布在西城、寺口、翠屏、唐家泊、蛇窝泊、庙后等镇(街道办事处、区)的大部分区域。4 级(2500～3000mg/kg)水平的农地面积为 16681.88hm²,占全部农地面积的 19.06%,主要分布在翠屏、观里、官道、杨础等镇(街道办事处、区)。5 级(2000～2500mg/kg)水平的农地面积为 13373.51hm²,占全部农地面积的 15.28%; 6 级(1500～2000mg/kg)水平的农地面积为 11439.26hm²,占全部农地面积的 13.07%,5～6 级农地主要分布在大部分镇(街道办事处、区)的丘陵区中部、中上部,呈无规律、不规则分布。7 级以下(<1500mg/kg)水平的农地面积为 5645.24hm²,占全部农地面积的 6.36%。

表 4-18 土壤交换性钙含量分级表

等级	分级标准(mg/kg)	等级面积(hm²)	占总面积比例(%)
1	>6000	2897.01	3.31
2	4000～6000	8682.28	9.92
3	3000～4000	29803.82	32.91
4	2500～3000	16681.88	19.06
5	2000～2500	13373.51	15.28
6	1500～2000	11439.26	13.07
7	1000～1500	4131.09	4.72
8	500～1000	691.43	0.79
9	<500	822.72	0.94

(二)不同利用类型耕层土壤交换性钙含量

各土壤样品的中量元素钙含量分析结果(见表 4-19)表明,81 个粮田土壤样本的交换性钙含量平均值为 1997mg/kg,属于 6 级水平,变幅为 40～5840mg/kg,标准差为 843.9mg/kg;554 个果园土壤样本的交换性钙含量平均值为 3200mg/kg,属于 3 级水平,变幅为 40～17200mg/kg,标准差为 1371.7mg/kg。

从钙元素含量分布状况(见图 4-7)可以看出,区域内土壤交换性钙含量为中等偏上,样本相对集中在 3000～6000mg/kg 之间,果园处于 3 级以上水平的样本占样本总数的 69.84%,粮田样本中处于 5 级以上水平的为 49.47%。整体来看,区域内果园交换性钙的含量比粮田丰富,这与钙肥在果园内的大量施用有关。

表 4-19 不同利用类型土壤交换性钙含量统计特征值

类型	样品数(个)	平均值(mg/kg)	最大值(mg/kg)	最小值(mg/kg)	标准差(mg/kg)	极差(mg/kg)	变异系数(%)
粮田	81	1997	5840	40	843.9	5800	42.26
果园	554	3200	17200	40	1371.7	17160	42.86

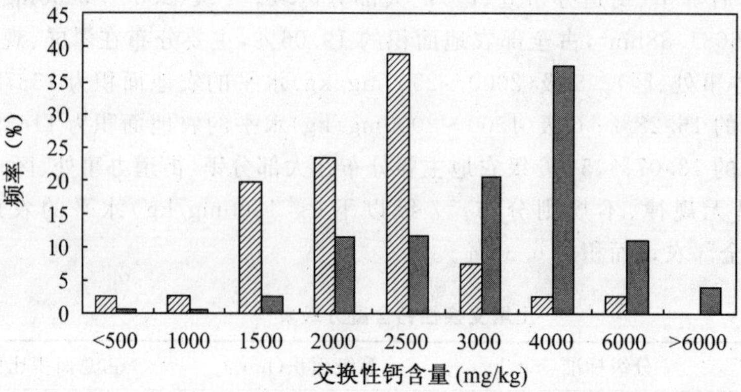

图 4-7 不同利用类型耕层土壤交换性钙分布状况

二、交换性镁

(一)土壤交换性镁含量及分布

栖霞市耕层土壤交换性镁含量平均值为 507mg/kg，属于 2 级水平，变幅为 72～1944mg/kg，变异系数为 41.38%。

由表 4-20 可知，区域内 1 级(＞600mg/kg)水平的农地面积为 26598.24hm²，占全部农地面积的 30.39%；2 级(400～600mg/kg)水平的农地面积为 32920.98hm²，占全部农地面积的 37.61%；3 级(300～400mg/kg)水平的农地面积为 15710.38hm²，占全部农地面积的 17.95%，上述 3 种水平的农地占全部农地面积的 85%以上，间或穿插分布在各镇(街道办事处、区)。4 级(250～300mg/kg)水平的农地面积为 7718.56hm²，占全部农地面积的 8.82%；5 级(200～250mg/kg)水平的农地面积为 3445.79hm²，占全部农地面积的 3.94%；6 级(＜200mg/kg)水平的农地面积为 1129.05hm²，占全部农地面积的 1.29%，上述 3 种水平的农地面积较少，呈零星散乱分布，主要分布在苏家店、蛇窝泊大柳家、松山、桃村等镇(街道办事处、区)的丘陵中上部区域。

表 4-20 土壤交换性镁含量分级表

等级	分级标准(mg/kg)	等级面积(hm²)	占总农地面积比例(%)
1	＞600	26598.24	30.39
2	400～600	32920.98	37.61
3	300～400	15710.38	17.95
4	250～300	7718.56	8.82
5	200～250	3445.79	3.94
6	＜200	1129.05	1.29

(二)不同利用类型耕层土壤交换性镁含量

由表 4-21 可以看出，区域内 81 个粮田土壤样本的交换性镁含量平均值为 352mg/kg，为 3 级水平，变幅为 96～696mg/kg，标准差为 120.33mg/kg，变异系数为

34.18%；554个果园土壤样本的交换性镁含量平均值为527mg/kg，为2级水平，变幅为72～1944mg/kg，标准差为205.84mg/kg，变异系数为39.06%。

从镁元素含量分布状况(见图4-8)可以看出，果园和粮田土壤交换性镁含量相对丰富，处于3级以上水平的分别占样本总数的87.35%、62.96%；处于5级水平及以下的仅占0.91%、2.47%。

表4-21　不同利用类型土壤交换性镁含量统计特征值

类型	样品数(个)	平均值(mg/kg)	最大值(mg/kg)	最小值(mg/kg)	标准差(mg/kg)	极差(mg/kg)	变异系数(%)
粮田	81	352	696	96	120.33	600	34.18
果园	554	527	1944	72	205.84	1872	39.06

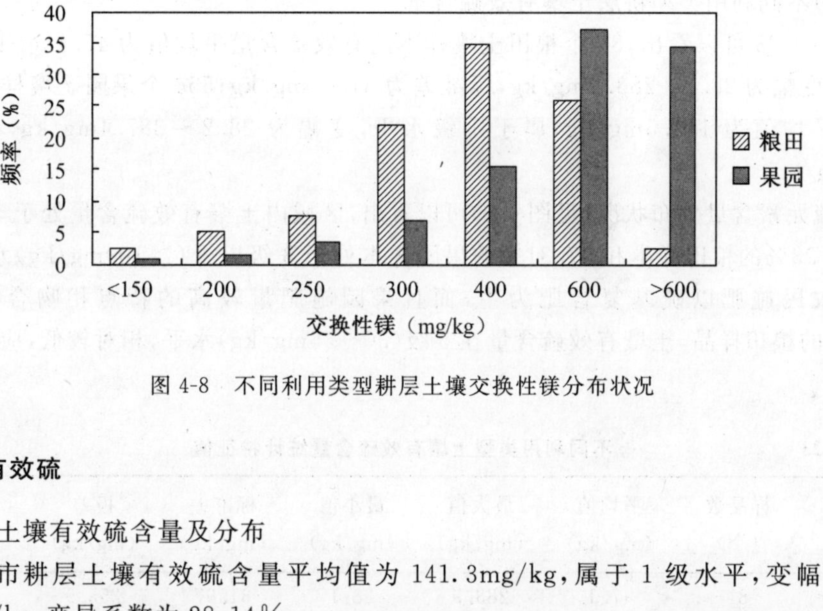

图4-8　不同利用类型耕层土壤交换性镁分布状况

三、有效硫

(一)土壤有效硫含量及分布

栖霞市耕层土壤有效硫含量平均值为141.3mg/kg，属于1级水平，变幅为28～387.5mg/kg，变异系数为28.14%。

由表4-22可知，区域内1级(>100mg/kg)水平的农地面积为47962.6hm^2，占全部农地面积的54.8%，广泛分布于观里、官道、西城、臧家庄等各镇(街道办事处、区)的大部分区域。2级(75～100mg/kg)水平的农地面积为10747.82hm^2，占全部农地面积的12.28%，主要分布在杨础、蛇窝泊、唐家泊、寺口等镇(街道办事处、区)。3级(60～75mg/kg)水平的农地面积为8682.28hm^2，占全部农地面积的9.92%；4级(45～60mg/kg)水平的农地面积为962.77hm^2，占全部农地面积的1.1%，3～4级水平的农地主要分布在亭口北部至开发区东南一带、寺口北部以及桃村驻地至东北铁口一带、唐家泊东南部。5级(30～45mg/kg)水平的农地面积为15999.2hm^2，占全部农地面积的18.28%，主要分布在亭口徐村、开发区尚友村至东山村一带，桃村镇大楚留至前肖格庄、铁口至梁家村一带。6级(15～30mg/kg)水平的农地面积为3168.33hm^2，占全部农地面积的3.62%，零星分布在寺口战家、唐家泊田里等地。区域内无7级(<15mg/kg)以下水平的农地。

表 4-22　　土壤有效硫含量分级表

等级	分级标准(mg/kg)	等级面积(hm^2)	占总面积比例(%)
1	＞100	47962.6	54.8
2	75～100	10747.82	12.28
3	60～75	8682.28	9.92
4	45～60	962.77	1.1
5	30～45	15999.2	18.28
6	15～30	3168.33	3.62
7	＜15	0	0

(二)不同利用类型耕层土壤有效硫含量

由表 4-23 可以看出,81 个粮田土壤样本的有效硫含量平均值为 47.1mg/kg,属于 4 级水平,变幅为 28.1～283.9mg/kg,标准差为 31.97mg/kg;554 个果园土壤样本的有效硫含量平均值为 155.5mg/kg,属于 1 级水平,变幅为 28.2～387.4mg/kg,标准差为 100.8mg/kg。

从硫元素含量分布状况(见图 4-9)可以看出,区域内土壤有效硫含量处于丰富水平,其中 25.93%的粮田样本和 87.31%的果园样本处于 3 级以上(＞100mg/kg)水平,这与区域内农民施肥以硫基复合肥为主,而且果园施肥量较高的特点相吻合。区域内 53.42%的粮田样品,土壤有效硫含量在 5 级(30～45mg/kg)水平,相对较低,应注意适当补充。

表 4-23　　不同利用类型土壤有效硫含量统计特征值

类型	样品数(个)	平均值(mg/kg)	最大值(mg/kg)	最小值(mg/kg)	标准差(mg/kg)	极差(mg/kg)	变异系数(%)
粮田	81	47.1	283.9	28.1	31.97	255.9	67.96
果园	554	155.5	387.4	28.2	100.8	359	64.79

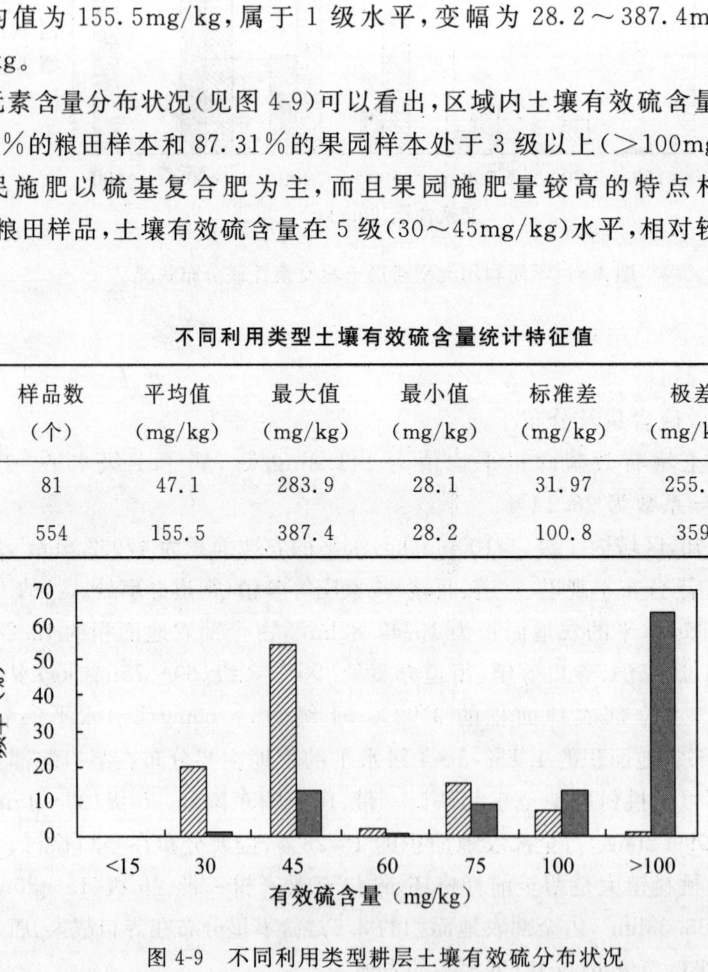

图 4-9　不同利用类型耕层土壤有效硫分布状况

第四节　土壤微量营养元素状况

微量元素是自然界中广泛存在的含量很低的化学元素，是植物正常生长发育不可缺少的营养物质，虽然需要量不大，但在植物生命活动和代谢过程中不可代替。它们在植物体内多为酶或辅酶的组成成分和活化剂，有很强的专一性，一旦缺乏，植物便不能正常生长，有时会成为作物产量和品质的限制因子。植物必需的微量元素有铁、锰、铜、锌、钼、硼。

一、有效铁

(一)土壤有效铁含量及分布

区域内耕层土壤的有效铁含量平均值为 59.9mg/kg，属于 1 级水平，变幅为 4.2～138.02mg/kg，变异系数为 35.67%。

由表 4-24 可知，区域内 1 级(>20mg/kg)水平的农地面积为 86420.21hm^2，占全部农地面积的 98.74%。2 级(10～20mg/kg)水平的农地面积为 831.47hm^2，占全部农地面积的 0.95%；3 级(4.5～10mg/kg)水平的农地面积为 271.32hm^2，占全部农地面积的 0.31%，2～3 级水平的农地主要分布在桃村牙山、松山街道办事处艾山等山脉中上部岭地。区域内没有 4 级及以下(<2.5mg/kg)水平的农地。

表 4-24　土壤有效铁含量分级表

等级	分级标准(mg/kg)	等级面积(hm^2)	占总面积比例(%)
1	>20	86420.21	98.74
2	10～20	831.47	0.95
3	4.5～10	271.32	0.31
4	2.5～4.5	0	0

(二)不同利用类型耕层土壤有效铁含量

由表 4-25 可以看出，区域内 81 个粮田样本土壤的有效铁含量平均值为 45.58mg/kg，属于 1 级水平，变幅为 4.2～94.1mg/kg，标准差为 21.75mg/kg，个体间差异不明显；554 个果园样本土壤有效铁含量平均值为 61.66mg/kg，属于 1 级水平，变幅为 11.8～138.02mg/kg，标准差为 20.77mg/kg，个体间差异相当悬殊。

从有效铁含量分布状况(见图 4-10)可以看出，区域内土壤有效铁含量丰富，95.06%的粮田样本和 99.28%的果园样本处于 1 级(>20mg/kg)水平。其中 56.8%的粮田样本和 85.9%的果园样本处于 40mg/kg 以上水平。

表 4-25　　不同利用类型农地土壤有效铁含量状况

项目		果园(%)	粮田(%)
区间分布(mg/kg)	<5	0	2.5
	20	0.7	2.5
	40	13.4	38.2
	60	35.5	28.4
	>60	50.4	28.4
样品数(个)		554	81
平均值(mg/kg)		61.66	45.58
最大值(mg/kg)		138.02	94.1
最小值(mg/kg)		11.8	4.2
标准差(mg/kg)		20.77	21.75
变异系数(%)		33.68	44.77

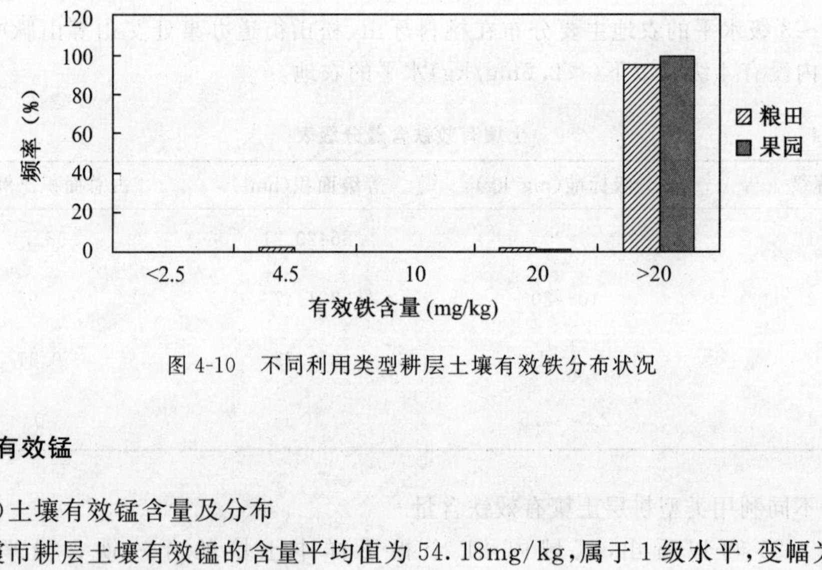

图 4-10　不同利用类型耕层土壤有效铁分布状况

二、有效锰

(一)土壤有效锰含量及分布

栖霞市耕层土壤有效锰的含量平均值为 54.18mg/kg,属于 1 级水平,变幅为 10.2～187.03mg/kg,变异系数为 38.13%。

由表 4-26 可知,区域内 1 级(>30mg/kg)水平的农地面积为 80354.87hm^2,占全部农地面积的 91.81%,广泛分布于各镇(街道办事处、区)绝大部分农地。2 级(15～30mg/kg)水平的农地面积为 7028.1hm^2,占全部农地面积的 8.03%;3 级(5～15mg/kg)水平的农地面积为 822.72hm^2,占全部农地面积的 0.94%,2～3 级水平的农地零星分布在庙后栾家庄、前罗坡、观里古村、松山街道办事处公山后、唐家泊榆山后等区域。区域内没有 3 级及以下(<5mg/kg)水平的农地。

表 4-26 土壤有效锰含量分级表

等级	分级标准(mg/kg)	等级面积(hm^2)	占总面积比例(%)
1	＞30	80354.87	91.81
2	15～30	7028.1	8.03
3	5～15	822.72	0.94
4	1～5	0	0

(二)不同利用类型耕层土壤有效锰含量

由表 4-27 可以看出,81 个粮田样本土壤的有效锰含量平均值为 43.85mg/kg,处于 1 级水平,变幅为 11.1～103.06mg/kg,变异系数为 45.82%;554 个果园土壤样本的有效锰含量平均值为 55.74mg/kg,处于 1 级水平,变幅为 10.2～187.03mg/kg,变异系数为 36.38%。

从锰元素含量分布状况(见图 4-11)可以看出,区域内土壤有效锰含量丰富,65.43%的粮田样本和 95.67%的果园样本处于 1 级(＞30mg/kg)水平。其中 19.75%的粮田样本和 37.87%的果园样本处于大于 60mg/kg 的水平;仅有 1.23%的粮田样本和 0.55%的果园样本处于少于 15mg/kg 的水平。

表 4-27 不同利用类型土壤有效锰含量状况

项目		果园(%)	粮田(%)
区间分布(mg/kg)	＜15	0.55	1.23
	30	4.04	35.81
	45	27.76	18.52
	60	29.78	24.69
	＞60	37.87	19.75
样品数(个)		554	81
平均值(mg/kg)		55.74	43.85
最大值(mg/kg)		187.03	103.06
最小值(mg/kg)		10.2	11.1
标准差(mg/kg)		20.28	20.09
变异系数(%)		36.38	45.82

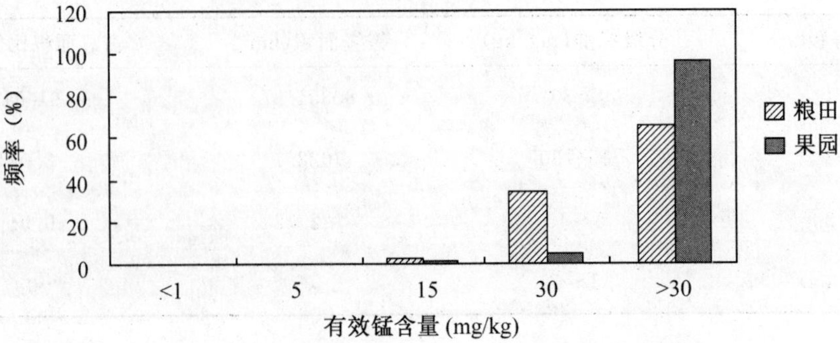

图 4-11 不同利用类型耕层土壤有效锰分布状况

三、有效铜

（一）土壤有效铜含量及分布

栖霞市耕层土壤的有效铜含量平均值为 15.37mg/kg，属于 1 级水平，变幅为 1.05～78.8mg/kg，变异系数为 55.54%。

由表 4-28 可知，区域内有效铜 1 级（＞1.8mg/kg）水平的农地面积为 87251.68hm^2，占全部农地面积的 99.69%，广泛分布在各镇（街道办事处、区）各种土壤类型。2 级（1～1.8mg/kg）水平的农地面积为 271.32hm^2，仅占全部农地面积的 0.31%，零星分布在臧家庄、桃村、观里等镇山丘岭地中上部。区域内无 3 级（0.2～1mg/kg）水平的农地。

表 4-28 土壤有效铜含量分级表

等级	分级标准(mg/kg)	等级面积(hm^2)	占总面积比例(%)
1	＞1.8	87251.68	99.69
2	1～1.8	271.32	0.31
3	0.2～1	0	0

（二）不同利用类型耕层土壤有效铜含量

由表 4-29 可以看出，81 个粮田样本土壤的有效铜含量平均值为 11.99mg/kg，处于 1 级水平，变幅为 1.05～22.96mg/kg，变异系数为 57.38%；554 个果园样本土壤的有效铜含量平均值为 15.88mg/kg，处于 1 级水平，变幅为 2.12～78.8mg/kg，变异系数为 54.41%。

从铜元素含量分布状况（见图 4-12）可以看出，区域内土壤有效铜含量丰富，97.53%的粮田样本和 100%的果园样本处于 1 级（＞1.8mg/kg）水平。其中 87.66%的粮田样本和 85.59%的果园样本处于大于 4mg/kg 的水平，没有少于 1mg/kg 的粮田样本和果园样本。

表 4-29　不同利用类型土壤有效铜含量状况

项目		果园(%)	粮田(%)
区间分布(mg/kg)	<0.5	0	0
	1	0	0
	2	0	3.7
	4	4.41	8.64
	>4	95.59	87.66
样品数(个)		554	81
平均值(mg/kg)		15.88	11.99
最大值(mg/kg)		78.8	22.96
最小值(mg/kg)		2.12	1.05
标准差(mg/kg)		8.64	6.88
变异系数(%)		54.41	57.38

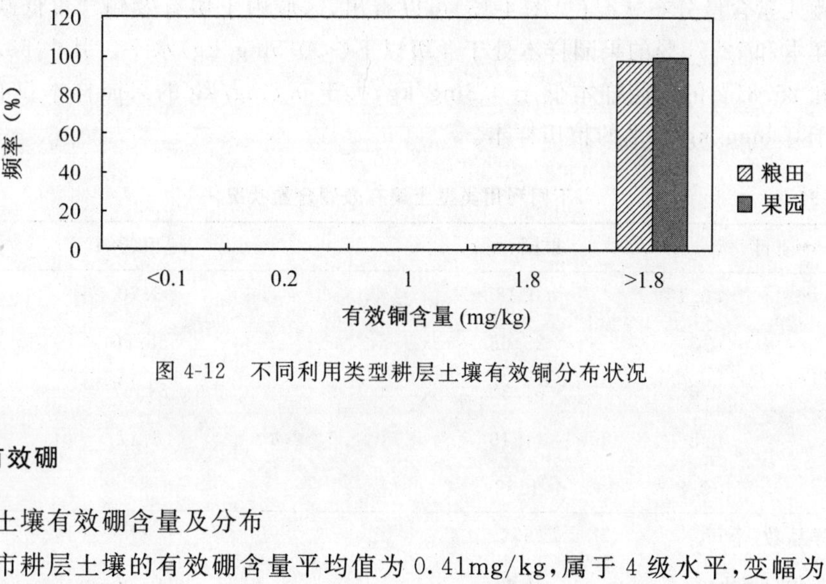

图 4-12　不同利用类型耕层土壤有效铜分布状况

四、有效硼

(一)土壤有效硼含量及分布

栖霞市耕层土壤的有效硼含量平均值为 0.41mg/kg,属于 4 级水平,变幅为 0.06～1.73mg/kg,变异系数为 41.21%。

由表 4-30 可知,区域内有效硼没有 1 级(>2mg/kg)水平的农地。2 级(1～2mg/kg)水平的农地面积为 682.68hm^2,占全部农地面积的 0.78%,主要分布在庙后镇前罗坡、后罗坡、黑夼一带。3 级(0.5～1mg/kg)水平的农地面积为 21504.4hm^2,占全部农地面积的 24.57%,主要分布在苏家店、翠屏、庄园、观里、庙后、亭口以及桃村等洼区、平泊地。4 级(0.2～0.5mg/kg)水平的农地面积为 58719.18hm^2,占全部农地面积的 67.09%,广泛分布在全市大部分镇(街道办事处、区)。5 级(<0.2mg/kg)水平的农地面积为 6616.74hm^2,占全部农地面积的 7.56%,零星分布在臧家庄、杨础西北、观里、唐家泊等镇

(街道办事处、区)的丘陵中下部。

表 4-30 土壤有效硼含量分级表

等级	分级标准(mg/kg)	等级面积(hm^2)	占总面积比例(%)
1	>2	0	0
2	1~2	682.68	0.78
3	0.5~1	21504.4	24.57
4	0.2~0.5	58719.18	67.09
5	<0.2	6616.74	7.56

(二)不同利用类型耕层土壤有效硼含量

由表 4-31 可以看出,81 个粮田样本土壤的有效硼含量平均值为 0.3mg/kg,处于 4 级水平,变幅为 0.06~0.72mg/kg,变异系数为 53.33%;554 个果园样本土壤的有效硼含量平均值为 0.42mg/kg,处于 4 级水平,变幅为 0.1~1.73mg/kg,变异系数为 38.09%。

从硼元素含量分布状况(见图 4-13)可以看出,区域内土壤有效硼含量低缺,87.66%的粮田样本和 72.75%的果园样本处于 4 级以下(<0.5mg/kg)水平。其中 59.26%的粮田样本和 25.81%的果园样本低于 0.3mg/kg,大于 0.8mg/kg 的果园样本仅有 1.62%,没有大于 0.8mg/kg 水平的粮田样本。

表 4-31 不同利用类型土壤有效硼含量状况

项目		果园(%)	粮田(%)
区间分布(mg/kg)	<0.1	0.18	3.70
	0.3	25.63	55.56
	0.6	61.38	34.57
	0.8	11.19	6.17
	>0.8	1.62	0
样品数(个)		554	81
平均值(mg/kg)		0.42	0.30
最大值(mg/kg)		1.73	0.72
最小值(mg/kg)		0.1	0.06
标准差(mg/kg)		0.16	0.16
变异系数(%)		38.09	53.33

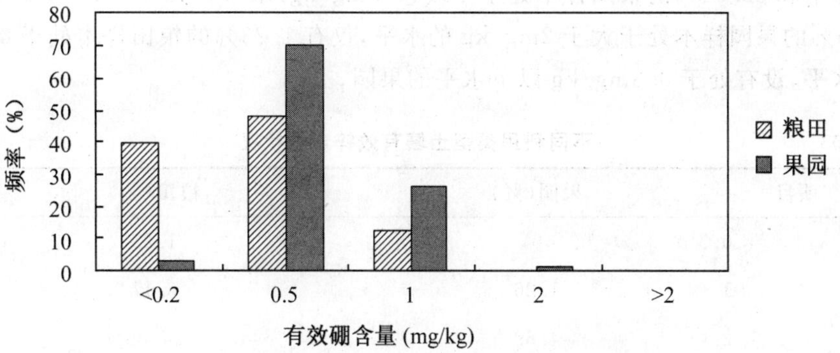

图 4-13　不同利用类型耕层土壤有效硼分布状况

五、有效锌

（一）土壤有效锌含量及分布

栖霞市耕层土壤的有效锌含量平均值为 4.78mg/kg，处于 1 级水平，变幅为 0.28～45.8mg/kg，变异系数为 63.37%。

由表 4-32 可知，区域内有效锌 1 级（>3mg/kg）水平的农地面积为 63672.98hm²，占全部农地面积的 72.75%，广泛分布在各镇（街道办事处、区）大部分农地。2 级（1～3mg/kg）水平的农地面积为 20672.93hm²，占全部农地面积的 23.62%，主要分布在庙后北部、开发区、寺口南部。3 级（0.5～1mg/kg）水平的农地面积为 2756.97hm²，占全部农地面积的 3.15%；4 级（0.3～0.5mg/kg）水平的农地面积为 280.08hm²，占全部农地面积的 0.32%；5 级（<0.3mg/kg）水平的农地面积为 140.04hm²，占全部农地面积的 0.16%，3 级以下水平的农地零星分布在庙后李博士夼、开发区东杏山、寺口塔山一带。

表 4-32　　土壤有效锌含量分级表

等级	分级标准(mg/kg)	等级面积(hm²)	占总面积比例(%)
1	>3	63672.98	72.75
2	1～3	20672.93	23.62
3	0.5～1	2756.97	3.15
4	0.3～0.5	280.08	0.32
5	<0.3	140.04	0.16

（二）不同利用类型耕层土壤有效锌含量

由表 4-33 可以看出，81 个粮田样本土壤的有效锌含量平均值为 2.36mg/kg，处于 2 级水平，变幅为 0.28～8.63mg/kg，变异系数为 52.54%；554 个果园样本土壤的有效锌含量平均值为 5.15mg/kg，处于 1 级水平，变幅为 0.42～45.8mg/kg，变异系数为 59.22%。

从锌元素含量分布状况（见图 4-14）可以看出，区域内土壤有效锌含量丰富，8.64%

的粮田样本和83.94%的果园样本处于1级(>3mg/kg)水平。其中67.91%的粮田样本和94.05%的果园样本处于大于2mg/kg的水平,仅有1.23%的粮田样本处于0.3mg/kg以下的水平,没有处于0.3mg/kg以下水平的果园。

表4-33　不同利用类型土壤有效锌含量状况

项目		果园(%)	粮田(%)
区间分布(mg/kg)	<0.3	0	1.23
	1	1.26	6.17
	2	4.69	24.69
	4	29.43	59.27
	>4	64.62	8.64
样品数(个)		554	81
平均值(mg/kg)		5.15	2.36
最大值(mg/kg)		45.80	8.63
最小值(mg/kg)		0.42	0.28
标准差(mg/kg)		3.05	1.24
变异系数(%)		59.22	52.54

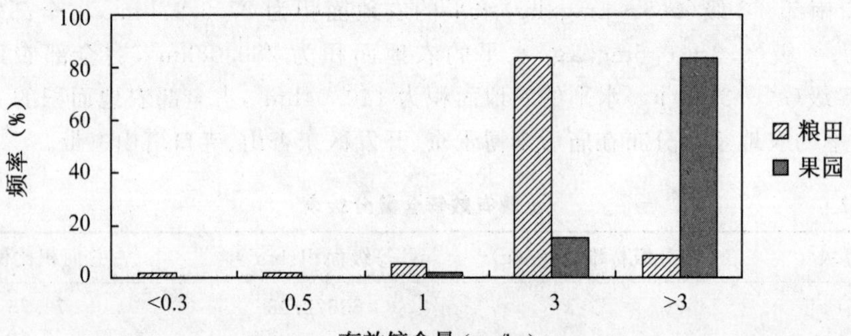

图4-14　不同利用类型耕层土壤有效锌分布状况

六、有效钼

(一)土壤有效钼含量及分布

栖霞市耕层土壤的有效钼含量平均值为0.14mg/kg,属于4级水平,变幅为0.01~2.87mg/kg,变异系数为131.51%。

由表4-34可知,区域内有效钼1级(>0.3mg/kg)水平的农地面积为140.04hm^2,占全部农地面积的0.16%,主要分布在官道北部、桃村十字线。2级(0.2~0.3mg/kg)水平的农地面积为7580.73hm^2,占全部农地面积的8.66%,主要分布在苏家店东部、开发区西北、官道北园艺场、桃村灵山夼、接官亭一带。3 级(0.15～0.2mg/kg)水平的农地面积为 14196.64hm^2，占全部农地面积的 16.22%，主要分布在苏家店北部、臧家庄南部、观里东部、观里北部、蛇窝泊东部、亭口驻地以南。4 级(0.1～0.15mg/kg)水平的农地面积为 35144.83hm^2，占全部农地面积的 40.16%，广泛分布于全市各镇(街道办事处、区)丘陵地中下部农地。5 级(＜0.1mg/kg)水平的农地面积为 30460.76hm^2，占全部农地面积的 34.8%，主要分布在寺口镇东南、西城镇、杨础北部、庄园街道办事处东北部、庙后镇驻地以南、蛇窝泊南部、桃村镇西部和北部。

表 4-34　　土壤有效钼含量分级表

等级	分级标准(mg/kg)	等级面积(hm^2)	占总面积比例(%)
1	＞0.3	140.04	0.16
2	0.2～0.3	7580.73	8.66
3	0.15～0.2	14196.64	16.22
4	0.1～0.15	35144.83	40.16
5	＜0.1	30460.76	34.8

(二)不同利用类型耕层土壤有效钼含量

由表 4-35 可以看出，81 个粮田样本土壤的有效钼含量平均值为 0.11mg/kg，处于 4 级水平，变幅为 0.03～0.25mg/kg，变异系数为 36.36%；554 个果园样本土壤的有效钼含量平均值为 0.15mg/kg，处于 3 级水平，变幅为 0.01～2.87mg/kg，变异系数为 133.33%。

从钼元素含量分布状况(见图 4-15)可以看出，区域内土壤有效钼含量偏低，90.12%的粮田样本和 71.3%的果园样本处于 4 级及以下(＜0.15mg/kg)水平，其中 9.88%的粮田样本和 6.14%的果园样本低于 0.05mg/kg。仅有 1.81%的果园样本处于 1 级(＞0.3mg/kg)水平，没有处于 1 级(＞0.3mg/kg)水平的粮田样本。因此，区域内应在生产中广泛补充钼肥。

表 4-35　　不同利用类型土壤有效钼含量状况

项目		果园(%)	粮田(%)
区间分布(mg/kg)	＜0.05	6.14	9.88
	0.1	26.17	41.98
	0.2	56.13	46.91
	0.3	9.75	1.23
	＞0.3	1.81	0
样品数(个)		554	81
平均值(mg/kg)		0.15	0.11

续表

最大值(mg/kg)	2.87	0.25
最小值(mg/kg)	0.01	0.03
标准差(mg/kg)	0.2	0.04
变异系数(%)	133.33	36.36

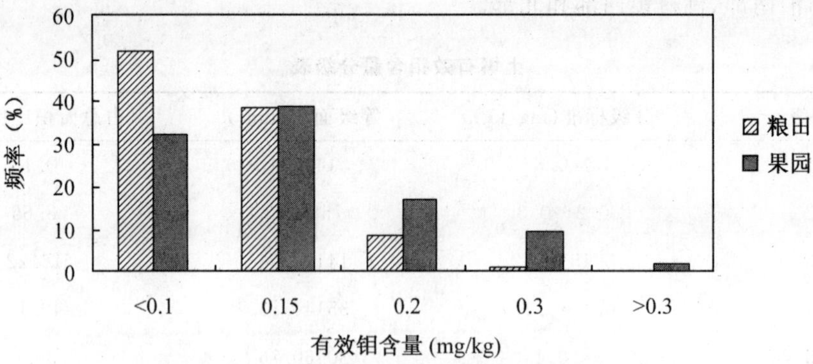

图 4-15 不同利用类型耕层土壤有效钼分布状况

第五节 土壤的主要物理性状

土壤的物理性状主要包括土壤质地、土体构型、土体厚度、土壤容重、土壤孔隙度五个方面,它直接影响土壤中水、肥、气、热诸多肥力因素的协调关系,因此是评价土壤肥力的重要依据之一。

一、土壤表层质地

土壤质地又称土壤的机械组成,即土壤的砂黏性,是土壤中砾、砂、黏等各粒级所占的比例。它是土壤肥沃度、耕性、生产性能的重要指标,是土壤的重要物理性质之一,对土壤肥力有重要影响。栖霞市的土壤可划分为以下 3 大类、9 种类型(见表 4-36)。

(一)砾石土

砾石土包括砾石含量达 30%以上的石皮土、马牙沙土、石碴土 3 个质地类型。其农林可利用面积为 120424.1hm²,占总可利用面积的 48.64%;农地面积为 25906.81hm²,占总农地面积的 29.6%,主要分布在各镇(街道办事处、区)山丘中上部。因所处地形部位较高,地面坡度大,水土流失严重,土体发育差,导致土壤表层质地粗,粗砂、砾石、小石块含量高。该类型土壤孔隙大,通透性好,极不抗干旱,有机质分解快,养分积累少,含量匮乏,主要种植花生、薯类,产量低而不稳。应因地制宜,退耕还林,大力发展果园,以适应生产发展的需要。

(二)壤质沙土及沙壤土

壤质沙土及沙壤土包括物理性砂粒(＞0.01mm)含量达80％以上的壤质土、松沙土、紧沙土和沙壤土3个质地类型。其可利用面积为53434.77hm^2，占总可利用面积的31.78％；农地面积为31937.14hm^2，占总农地面积的36.5％，主要分布在臧家庄白洋河、蛇窝泊清水河桃村镇清阳河两侧的河滩上，以及各镇(街道办事处、区)丘陵中下部及部分河岸泊地。该类型土壤以砂粒为主，土壤孔隙大，通透性好，耕性好，但保蓄性差，不抗旱，土壤养分含量低，肥劲短，发小苗不发老苗，主要种植林果菜，农作物只适宜种植花生、薯类等。应采取秸秆还田、增施有机肥等措施，加以改良。在灌溉施肥时，应掌握"少吃多餐"和"小水勤浇"的原则。

(三)壤土

壤土包括砂黏比例适中(物理性砂粒含量为55％～80％，物理性黏粒含量为20％～45％)、耕性好、保供性能好、施种性广的轻壤、中壤质地类型。其可利用面积为41873.8hm^2，占总可利用面积的22.57％；农地面积为29679.05hm^2，占总农地面积的33.9％，主要分布在全市平泊区及丘陵中下部。该质地类型砂粒、粉粒、黏粒含量比例适中，孔隙状况好，通透性、保供性能良好，有机质分解快，养分含量丰富，土性暖，耕性好，易耕期长，发小苗也发老苗，故适宜种植各种作物，应变能力强，是农业上较理想的土壤质地类型。

通过化验分析，区域内的土壤表层质地较差。砾石土占19.4％，沙土及沙壤土占36.6％，壤土占44％。土壤因物理性砂粒(＞0.01mm)含量较高，孔隙率高，特别是通气孔隙高，通透性强，有机质分解快，但不利于养分积累。

表4-36　土壤表层质地表

表层质地	可利用面积		农地面积	
	面积(hm^2)	占可利用面积比例(％)	面积(hm^2)	占农地面积比例(％)
石皮土	33480.38	1.8	1312.85	1.5
石碴土	81625.32	43.97	22230.84	25.4
马牙沙土	5318.41	2.87	2363.12	2.7
壤质土	39541.47	21.3	22318.37	25.5
松沙土	70.35	0.04	43.76	0.05
紧沙土	155.11	0.08	122.53	0.15
沙壤土	13667.84	10.36	9452.48	10.8
轻壤土	41341.71	22.27	29328.96	33.5
中壤土	532.09	0.3	350.09	0.4
合计	185599.34	100	87523	100

二、土壤容重

土壤容重是指自然状态下单位体积的干土重。它是土壤质地、结构、松紧度、孔隙度的综合反应。一般认为，表土层容重以1.1～1.45g/cm³较为理想。

据3个土壤类型，635个样点测定统计：栖霞市表层土壤容重的变幅为1.13～1.65g/cm³，平均为1.46g/cm³。其中容重在1.1～1.35g/cm³之间的占统计数的36.8%，主要分布在各镇(街道办事处、区)山丘中下部，及山间沟谷和离河床较远的泊地。土壤砂黏比例适中，通透性较好，保肥保水能力较高，适种性广，产量高而稳定。土壤容重偏大(>1.35g/cm³)的占统计数的63.2%，主要分布在各镇(街道办事处、区)山地丘陵的中上部和近河床的砂性泊地，由于含砂量高，质地粗，通气孔隙度过大，土壤结构差，保肥保水能力低，生产性能较差，对作物选择性较强，一般只能种红薯、花生或栽植果树。亚耕层土壤容重变幅为1.32～1.72g/cm³，平均为1.49g/cm³，大于1.5g/cm³的占统计数的37.4%。这说明区域内土壤基本不过松，也不过紧，但部分典型棕壤亚类、褐土亚类犁底层容重偏大，结构紧密，影响作物根系下扎，应加以改良。

通过对表土层质地类型分析，壤质土、轻壤土、石碴土容重适宜，而粗沙土容重偏大(见表4-37)，因砾石含量过多所致。

表4-37　　不同表层质地土壤容重汇总表

土壤容重	轻壤土(g/cm³)	沙壤土(g/cm³)	石碴土(g/cm³)	粗沙土(g/cm³)
平均	1.38	1.47	1.45	1.49
变幅	1.24～1.57	1.3～1.6	1.24～1.61	1.29～1.72

综合分析，栖霞农地土壤沙土所占比例较大，土壤容重偏高，孔隙状况好，通透性、保供性能较差，但如果注意利用秸秆还田，增施有机肥，进一步改进土壤结构和理化形状，培肥地力，能使其转变成为稳产良田。

三、土壤孔隙度

土壤孔隙存在于土粒间和团粒内部，是土壤水分和空气的通道和储存场所。土壤孔隙状况分为总孔隙、毛管孔隙、通气孔隙三种类型，用孔隙度表示，就是在自然状态下，土壤中的孔隙占土壤总体积的百分数。孔隙度的大小受土壤结构、质地、腐殖质及紧实度等因素的影响。它的大小、数量和分布状况对土壤肥力因素的调节及土壤中的生物化学过程影响极大。

通气孔隙是指直径大于0.1mm的孔隙，它经常为土壤空气所占据。通气孔隙度的大小，直接影响着土壤的通气、透水性能。通常认为表层土壤总孔隙度大于45%，通气孔隙度大于10%较为适宜，孔隙度适中能够协调土壤的水、肥、气、热关系，有利于土壤养分的释放与积累及土壤的热量交换。

通过对635个典型剖面孔隙度进行统计，区域内表层土壤总孔隙度的变幅为36.99%～61.51%，平均为49.3%，其中大于50%的占13.4%；通气孔隙度的变幅为2.1%～28.5%，平均为14.7%，其中大于10%的占73.8%；亚耕层总孔隙度的变幅为35.8%～51.5%，平均为46%，其中大于50%的占54.2%；通气孔隙度的变幅为3.02%～26.3%，平均为11.7%，其中大于10%的占54.1%(见表4-38)。

分析结果表明，栖霞农地多处土壤孔隙度较适宜，通透性能较好，固、液、气三相关系协调，有利于作物正常生长。而部分棕壤、潮棕壤、褐土亚类土壤因心土层夹黏，通透性不良，有碍作物生长，应通过深耕深翻等措施，加厚活土层，改善通透性，促进作物正常生长。

表 4-38 不同表层质地土壤孔隙度汇总表

项目		轻壤（%）	沙壤（%）	石碴土（%）	粗沙土（%）
总孔隙度	平均	46.8	47.3	45.5	48.3
	变幅	37.6～60.6	39.7～51.2	39.6～53.2	39.1～61.4
通气孔隙度	平均	13.4	14.6	14.8	14.7
	变幅	2.1～37.1	8.8～24.9	2.6～24.7	4.7～28.8

四、土体厚度

土体厚度是指基岩以上的土壤层厚度，是影响土壤资源利用和发展生产的重要因素之一，是作物布局、产量高低的主要依据。栖霞市属典型丘陵区，因地面坡度大，侵蚀重，多数农地土体发育较浅薄，主要分为极薄层、薄层、中层、厚层、深厚层五种类型（见表 4-39）。

（一）极薄层土壤

极薄层土壤可利用面积为 20134.33hm^2，占总可利用面积的 10.85%；农地面积为 638.92hm^2，占全部农地面积的 0.73%，主要分布在山丘顶部。该类土壤土体厚度小于 15cm，生产性能较差，为林果用地，也多用于种植薯类、花生。

（二）薄层土壤

薄层土壤可利用面积为 79328.67hm^2，占总可利用面积的 42.74%；农地面积为 29547.76hm^2，占全部农地面积的 33.76%，主要分布在山丘中上部。该类土壤土体厚度为 15～30cm，蓄水保肥性能差，养分含量低，严重影响作物正常生长，多种植薯类、花生。

（三）中层土壤

中层土壤可利用面积为 44285.39hm^2，占总可利用面积的 23.86%；农地面积为 26458.21hm^2，占全部农地面积的 30.23%，主要分布在山丘中下部。该类土壤土体厚度为 30～60cm，因土层较浅薄，保供性能差，抗旱耐涝性差，土壤肥力低，妨碍作物生长。

（四）厚层土壤

厚层土壤可利用面积为 2233.74hm^2，占总可利用面积的 1.2%；农地面积为 1382.86hm^2，占全部农地面积的 1.58%，主要分布在山丘下部及平坡地上。该类土壤土体厚度为 60～100cm，保供能力较好，抗旱耐涝，产量较高。

（五）深厚层土壤

深厚层土壤可利用面积为 39617.2hm^2，占总可利用面积的 21.35%；农地面积为 29495.25hm^2，占全部农地面积的 33.7%，主要分布在平泊区。该类土壤土体厚度大于 100cm，土壤肥沃，保供性好，抗旱耐涝，生产潜能大，是区域内的主要粮食产能土壤。

表 4-39 土体厚度面积统计表

表层质地	可利用面积		农地面积	
	面积(hm^2)	占可利用面积比例(%)	面积(hm^2)	占农地面积比例(%)
极薄层(<15cm)	20134.33	10.85	638.92	0.73
薄层(15～30cm)	79328.67	42.74	29547.76	33.76
中层(30～60cm)	44285.39	23.86	26458.21	30.23
厚层(60～100cm)	2233.74	1.2	1382.86	1.58
深厚层(>100cm)	39617.2	21.35	29495.25	33.7
合计	185599.3	100	87523	100

五、土体构型

土壤在人为因素和自然因素的影响下，形成了特有的形态和层次。土体构型亦称土体构造，是指整个土体各种质地层次的排列组合状况。农地构型的好坏直接影响着土壤的生产性能、土壤培肥的难易程度和改良利用的途径。良好的土体构型能够协调水、肥、气、热之间的矛盾，提高土壤的抗逆性。

栖霞市由于地形复杂，土体构型繁杂多样。通过对各土类、土种的归纳，其基本形态分为石底、夹黏层、夹砂层和夹砾石层、均质四种类型(见表 4-40)。

表 4-40 土体构型面积统计表

表层质地	总面积		可利用面积		农地面积	
	面积(hm^2)	占总面积比例(%)	面积(hm^2)	占可利用面积比例(%)	面积(hm^2)	占农地面积比例(%)
极薄层石底	20231.79	10	20134.33	10.8	612.66	0.7
薄层石底	81508.82	40.3	79328.37	42.7	29582.77	33.8
中层石底	46812.25	23.2	44285.39	23.9	26431.95	30.2
浅位夹砾石	13920.24	6.9	9295.87	5	7176.89	8.2
中位夹砾石	2342.12	1.3	1755.01	0.9	1400.37	1.6
浅位夹砂	1203.87	0.6	776.99	0.4	700.18	0.8
中位夹砂	543.87	0.3	346.95	0.2	262.57	0.3
浅位夹黏	11153.68	5.5	9989.03	5.4	7176.89	8.2
中位夹黏	5483.45	2.7	5170.1	2.6	3588.44	4.1
浅位夹壤	114.93	0.05	96.87	0.07	96.28	0.11
中位夹壤	121.73	0.07	80.73	0.05	78.77	0.09
均质沙壤	6657.69	3.3	5136.09	2.8	3150.83	3.6

续表

表层质地	总面积		可利用面积		农地面积	
	面积(hm^2)	占总面积比例(%)	面积(hm^2)	占可利用面积比例(%)	面积(hm^2)	占农地面积比例(%)
均质中壤	155.87	0.08	138.64	0.08	87.52	0.1
均质轻壤	11522.55	5.7	9464.67	5.1	7176.88	8.2
合计	201772.9	100	185999	100	87523	100

(一)石底型

石底型多属极薄和薄层土体，土体下是岩石。区域内石底土壤可利用面积为143748.1hm^2，占总可利用面积的77.4%；农地面积为56627.38hm^2，占总农地面积的64.7%。该类型土壤主要分布于各镇山丘岭地中上部，石底一般出现在60cm以内，土层浅薄，保肥保水能力差，易旱易涝，产量低而不稳，主要种植作物以花生等抗旱耐瘠作物为主。应根据其不同土体厚度，实行深耕、翻耕，以加厚活土层。如酥石底岩石呈半风化状态，可以通过深翻深刨加深土层，提高蓄水保肥能力；铺板石硬石底时，则应提倡局部深翻，加深土层，以防水肥侧渗流失，提高土壤保供性能。同时应切实搞好退耕还林，栽植果树等。

(二)夹黏型

夹黏型包括浅位、中位夹黏型土壤，该类土壤土体厚度大于60cm，20～100cm的土体内，有大于10cm厚的重壤或黏土夹层。当夹黏层在20～60cm出现时，为浅层夹黏；当夹黏层在60～100cm出现时，为中位夹黏；当夹黏层厚度超过60cm时，为厚层夹黏。该类型土壤可利用面积为15159.13hm^2，占总可利用面积的8%；农地面积为10765.37hm^2，占总农地面积的12.3%，主要分布在各镇(街道办事处、区)山丘下部及山间泊地上。浅位薄层夹黏可利用面积为9989.03hm^2，占总可利用面积的5.4%；农地面积为7176.89hm^2，占总农地面积的8.2%，主要分布于杨础、亭口两镇的岭地上、倾斜平地。该类土壤易瀰涝且不耐旱，中位厚层夹黏可利用面积为5170.1hm^2，占总可利用面积的2.6%；农地面积为3588.4hm^2，占总农地面积的4.1%，分布于各镇(街道办事处、区)岭坡梯田、岭地、山间泊地、倾斜平地。这种夹黏层的出现，妨碍作物根系下扎，影响土壤肥力因素的协调状况。应实行深耕深翻，破除夹黏层，加厚活土层，增施有机肥。中位夹黏上轻下重，上虚下实，通透性好，保供性强，是理想的土体构型，生产潜能大。

(三)夹砂、夹砾石型

夹砂、夹砾石型包括浅位、中位夹砂、夹沙壤、夹砾石型土壤，可利用面积为12174.82hm^2，占总可利用面积的6.5%；农地面积为9540.01hm^2，占总农地面积的10.9%。夹砾石型土壤主要分布在苏家店、松山、唐家泊、西城、庙后、观里等镇(街道办事处、区)山间河流的两侧。其特点是：在20～100cm的土体内夹有小于10cm或大于10cm的砾石层，肥水易漏，不抗旱，不保肥。其中浅位夹厚砾石层可利用面积为9153.7hm^2，农地面积为6509.54hm^2，主要分布于观里、苏家店、松山等镇(街道办事处、区)的丘陵地上和各镇(街道办事处、区)河流两岸的河滩地;中位夹厚砾石层可利用面积为1755.01hm²,农地面积为1306.13hm²,主要分布于松山、唐家泊、庙后等镇(街道办事处、区)山间沟口两岸的岭地及各镇(街道办事处、区)部分河滩地。

夹砂型土壤可利用面积为1123.95hm²,占总可利用面积的0.7%;农地面积为962.75hm²,占总农地面积的1.1%。其特点是:20～100cm土体内夹有大于10cm的砂层,因此土体内部形成了侧渗水流,易造成水肥流失,下雨或灌溉后土壤干得快,旱情发生重,群众称其为“旱龙道”。它主要分布在蛇窝泊、臧家庄、官道等镇沟河两岸缓丘平地上。该类土壤土体内有砂、沙壤、砾石夹层,极易造成水肥侧渗流失,土壤干得快,旱情重,养分流失多,影响作物正常生长。应增施有机肥加以改良,以增强土壤保蓄能力

(四)均质型

均质型包括均壤质、均沙壤、均砂质等构型,可利用面积为14739.4hm²,占总可利用面积的7.98%;农地面积为10415.23hm²,占总农地面积的11.9%。其中均壤质型通体为轻壤、中壤土,通透性好,保供性能强,耕性好,适合各种作物生长,是一种易培肥夺高产的理想土体构型。其农地面积为7262.4hm²,占总农地面积的8.4%,广泛分布在各镇(街道办事处、区)丘陵下部及山间泊地和距离河床较远的泊地,主要分布于臧家庄、蛇窝泊、桃村、官道等镇(街道办事处、区)的微斜平地上。而均沙壤土可利用面积为5136.09hm²,占总可利用面积的2.8%;农地面积为3150.83hm²,占总农地面积的3.6%,主要分布在各镇(街道办事处、区)丘陵下部沟谷、山间泊地及河滩地上。该类型土壤漏水漏肥,是很难培肥的低产土体构型,应采取秸秆还田、增施有机肥等综合措施加以改良,并注意科学施肥浇水。

(五)夹壤型

夹壤型可利用面积为177.6hm²,占总可利用面积的0.12%;农地面积为175.05hm²,占总农地面积的0.2%,主要分布在观里、官道等镇(街道办事处、区)洼地。夹层普遍出现在60cm以下,对生产障碍作用较少。

第五章　农地地力评价

农地是土地的精华，是农业生产不可替代的重要生产资料，是保持社会和国民经济可持续发展的重要资源，保护农地是我们的基本国策之一。因此，及时掌握农地资源的数量、质量及其变化对于合理规划和利用农地，切实保护农地有十分重要的意义。在全面进行野外调查和室内化验分析，获取大量农地地力相关信息的基础上，我们进行了栖霞市农地地力的综合评价。评价结果对于摸清全市农地地力的现状及问题，为农地资源的高效和可持续利用提供了重要的科学依据。

第一节　评价的原则、依据及流程

一、评价的原则和依据

(一)评价的原则

农地地力就是农地的生产能力，是在一定区域内一定的土壤类型上，农地的土壤理化性状、所处自然环境条件、农田基础设施及农作施肥管理水平等因素的总和。根据评价的目的和要求，在栖霞市农地地力评价中，我们遵循的基本原则是：

1. 综合因素研究与主导因素分析相结合的原则

土地是一个自然经济综合体，是人们利用的对象，对土地质量的鉴定涉及自然和社会经济多个方面，农地地力也是各类要素的综合体现。所谓“综合因素研究”，是指对地形地貌、土壤理化性状、相关社会经济因素之总体进行全面的研究、分析与评价，以全面了解农地地力状况。主导因素是指对农地地力起决定作用的、相对稳定的因子，在评价中要着重对其进行研究分析。因此，把综合因素与主导因素结合起来进行评价则可以对农地地力做出科学准确的评定。

2. 共性评价与专题研究相结合的原则

栖霞市农地利用存在粮田、果园等多种类型，土壤理化性状、环境条件、管理水平等不一，因此农地地力水平有较大的差异。考虑区域内农地地力的系统性、可比性，针对不同的农地利用等状况，应选用统一的、共同的评价指标和标准，即农地地力的评价不针对某一特定的利用类型。另外，为了了解不同利用类型的农地地力状况及其内部的差异情况，则对有代表性的主要类型如果园地进行专题的深入研究。这样，共性评价与专题研究相结合，使整个评价和研究具有更大的应用价值。

3.定量和定性相结合的原则

土地系统是一个复杂的灰色系统，定量和定性要素共存，相互作用，相互影响。因此，为了保证评价结果的客观合理，宜采用定量和定性评价相结合的方法。在总体上，为了保证评价结果的客观合理，尽量采用定量评价方法，对可定量化的评价因子如有机质等养分含量、土层厚度等按其数值参与计算，对非数量化的定性因子如土壤表层质地、土体构型等则进行量化处理，确定其相应的指数，并建立评价数据库，以计算机进行运算和处理，尽量避免人为随意性因素影响。在评价因素筛选、权重确定、评价标准确定、等级确定等评价过程中，尽量采用定量化的数学模型，在此基础上则充分运用人工智能和专家知识，对评价的中间过程和评价结果进行必要的定性调整，定量与定性相结合，从而保证评价结果的准确合理。

4.采用卫星遥感和GIS支持的自动化评价方法原则

自动化、定量化的土地评价技术方法是当前土地评价的重要方向之一。近年来，随着计算机技术，特别是GIS技术在土地评价中的不断应用和发展，基于GIS技术进行自动定量化评价的方法已不断成熟，使农地评价的精度和效率大大提高。本次的农地地力评价工作将采用最新SPOT5卫星遥感数据提取和更新农地资源现状信息，通过数据库建立、评价模型及其与GIS空间叠加等分析模型的结合，实现了全数字化、自动化的评价流程，在一定程度上代表了当前土地评价的最新技术方法。

（二）评价的依据

农地地力是农地本身的生产能力，因此，农地地力的评价则依据与此相关的各类自然和社会经济要素，具体包括三个方面：

1.农地地力的自然环境要素

农地地力的自然环境要素包括农地所处的地形地貌条件、水文地质条件、成土母质条件以及土地利用状况等。

2.农地地力的土壤理化要素

农地地力的土壤理化要素包括土壤剖面与土体构型、农层厚度、质地、容重等物理性状；有机质、N、P、K等主要养分，微量元素，pH，交换量等化学性状等。

3.农地地力的农田基础设施条件

农地地力的农田基础设施条件包括农地的灌排条件、水土保持工程建设、培肥管理条件等。

二、评价流程

整个评价可分为三个方面的主要内容，按先后的次序分别为：

（一）资料准备及数据库建立

根据评价的目的、任务、范围、方法，收集准备与评价有关的各类自然及社会经济资料，进行资料的分析处理。选择适宜的计算机硬件和GIS等分析软件，建立农地地力评价基础数据库。

（二）农地地力评价

划分评价单元，提取影响地力的关键因素并确定权重，选择相应评价方法，制定评价标准，确定农地地力等级。

（三）评价结果分析

依据评价结果量算各等级农地面积，编制农地地力分布图。分析农地地力问题，提出农地资源可持续利用的措施建议。

评价的工作流程如图 5-1 所示。

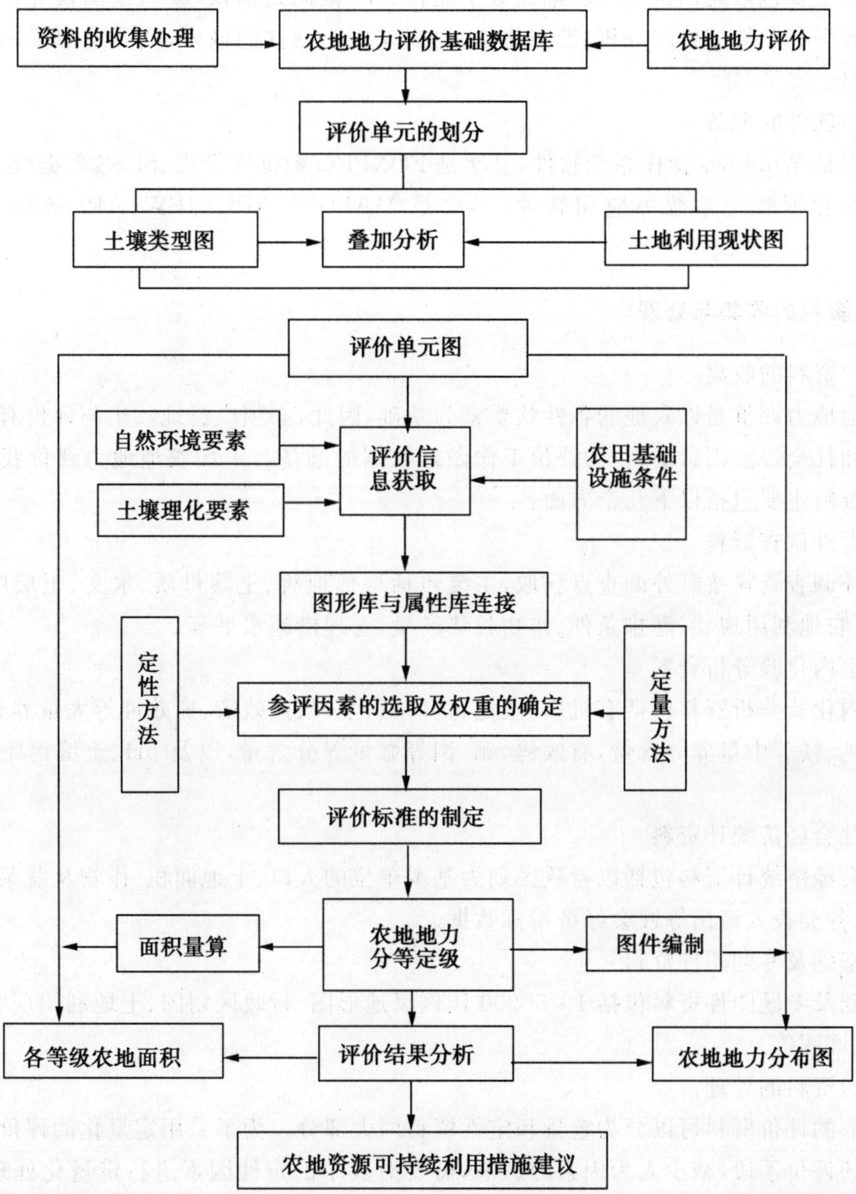

图 5-1　农地地力评价流程图

第二节　软硬件的准备、资料的收集与处理及基础数据库的建立

一、软硬件的准备

(一)硬件的准备

硬件主要包括高档微机、A0 幅面数字化仪、A0 幅面扫描仪、喷墨绘图仪等。微机主要用于数据和图件的处理分析，数字化仪、扫描仪用于图件的输入，喷墨绘图仪用于成果图的输出。

(二)软件的准备

首先是 Windows 操作系统软件，其次是 FOXPRO 数据库管理、SPSS 数据统计分析/ACCESS 数据管理系统等应用软件，再次是 MAPGIS、ARCVIEW、ARCMAP 等 GIS 软件。

二、资料的收集与处理

(一)资料的收集

农地地力评价是以农地的各性状要素为基础，因此，必须广泛地收集与评价有关的各类自然和社会经济因素资料，为评价工作做好数据的准备。本次农地地力评价我们收集获取的资料主要包括以下几个方面：

1. 野外调查资料

野外调查资料按野外调查点获取，主要包括地形地貌、土壤母质、水文、土层厚度、表层质地、农地利用现状、灌排条件、作物长势产量、管理措施水平等。

2. 室内化验分析资料

室内化验分析资料包括有机质、全氮、速效氮、全磷、速效磷、速效钾等大量养分含量，交换性钙、镁等中量养分含量，有效锌、硼、钼等微量养分含量，以及 pH、土壤污染元素含量等。

3. 社会经济统计资料

社会经济统计资料包括以行政区划为基本单位的人口、土地面积、作物及蔬菜瓜果面积，以及各类投入产出等社会经济指标数据。

4. 基础及专题图件资料

基础及专题图件资料包括 1∶50000 比例尺地形图、行政区划图、土地利用现状图、地貌图、土壤图等。

(二)资料的处理

获取的评价资料可以分为定量和定性资料两大部分。为了采用定量化的评价方法和自动化的评价手段，减少人为因素的影响，需要对其中的定性因素进行定量化处理，根据因素的级别状况赋予其相应的分值或数值。除此之外，对于各类养分等按调查点获取的数据，则需要进行插值处理，生成各类养分图。

1. 定性因素的量化处理

土壤表层质地：考虑不同质地类型的土壤肥力特征，以及与植物生长发育的关系，赋予不同质地类别以相应的分值(见表5-1)。

表5-1　土壤表层质地的量化处理

质地类别	中壤	轻壤	重壤	沙壤	沙土
分值	100	95	80	70	55

土体构型：首先以土层质地类别和其在土体中的部位对各类土体构型进行归纳，根据不同的土体构型对植物生长发育的影响，赋予不同土体构型以相应的分值(见表5-2)。

表5-2　土体构型的量化处理

土体构型	中壤均质	中壤黏腰	轻壤黏腰	轻壤均质	中壤黏心	中壤砂姜腰	中壤砂腰	重壤均质	轻壤砂心	沙壤砂心	中层	薄层
分值	100	95	95	90	85	85	80	60	60	50	30	10

地貌类型：根据不同的地貌类型对农地地力及作物生长的影响，赋予不同地貌类型以相应的分值(见表5-3)。

表5-3　地貌类型的量化处理

地貌类型	缓平坡地	山前倾斜平地	山前缓平地	缓岗	浅平洼地	槽状洼地	河谷高地	河漫滩	河谷梯田	近山阶地	坡麓梯田	荒坡岭
分值	100	97	95	93	90	87	84	80	60	40	20	10

障碍状况：考虑影响栖霞市农地地力的主要障碍状况，将其障碍状况归纳为不同的类型，并根据其对农地地力的影响程度进行量化处理(见表5-4)。

表5-4　障碍状况的量化处理

障碍状况	无障碍	浅黏	夹砂或砂姜	砾质	石碴土
分值	100	90	80	60	40

2. 各类养分专题图层的生成

对于土壤有机质、氮、磷、钾、锌、硼、钼等养分数据，我们首先按照野外实际调查点进行整理，建立了以各养分为字段，以调查点为记录的数据库。之后，进行了土壤采样样点图与分析数据库的连接，在此基础上对各养分数据进行自动的插值处理。

我们对比了分别在MAPGIS和ARCVIEW环境中的插值结果，发现在ARCVIEW环境中的插值结果线条更为自然圆滑，符合实际。因此，本研究中所有养分采样点数据均在ARCVIEW环境下操作，利用其空间分析模块功能对各养分数据进行自动的插值处理，经编辑处理，自动生成各土壤养分专题栅格图层。后续的农地地力评价也以栅格形式进行，与矢量形式相比，它能够将各评价要素信息精确到栅格(像元)水平，保证了评价结果的准确性。图 5-2 和图 5-3 分别为在 ARCVIEW 环境下插值生成的栖霞土壤有机质、全氮含量分布栅格图。

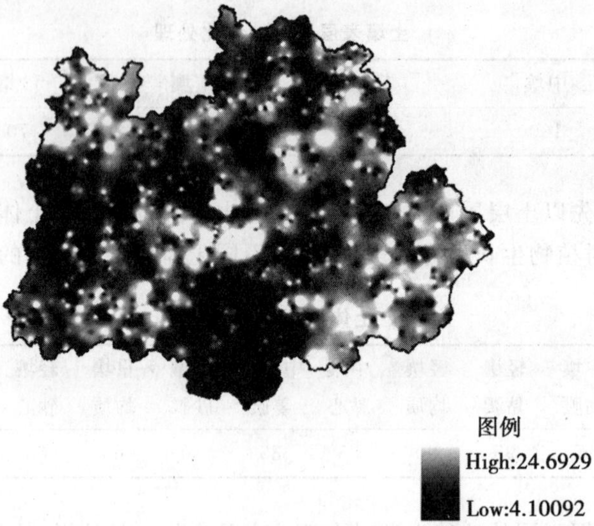

图 5-2　栖霞市土壤有机质含量栅格图

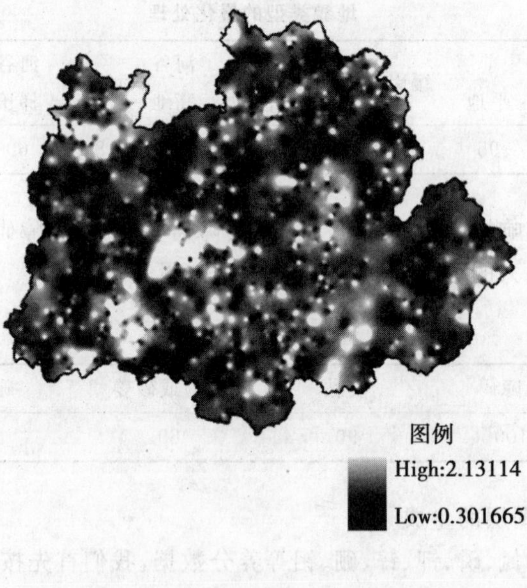

图 5-3　栖霞市土壤全氮含量栅格图

3. 栖霞市数字高程模型和坡度图的生成

利用栖霞市 1∶50000 地形图，扫描输入后进行矢量化，获得等高线及高程信息，自动插值生成栖霞市数字高程模型(DEM)，在此基础上生成栖霞市地形坡度，经编辑处理后形成坡度图和三维地势图(见图 5-4)。

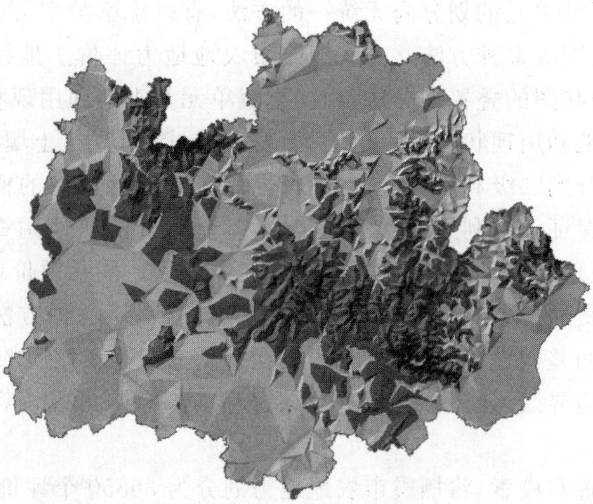

图 5-4　栖霞市三维地势图

三、基础数据库的建立

(一)基础属性数据库的建立

为更好地对数据进行管理和为后续工作提供方便,将采样点基本情况、农业生产情况、土壤理化性状化验分析数据、土壤污染元素化验分析数据等信息以调查点为基本数据库记录进行属性数据库的建立,作为后续农地地力评价工作的基础。

(二)基础专题图图形库的建立

将扫描矢量化及插值等处理生成的各类专题图件,在 ARCVIEW 和 MAPGIS 软件的支持下,分别以栅格形式和点、线、区文件的形式进行存储和管理,同时将所有图件统一转换到相同的地理坐标系统下,以进行图件的叠加等空间操作,各专题图图斑属性信息通过键盘交互式输入或通过与属性库挂接读取,构成基本专题图图形数据库。图形库与基础属性库之间通过调查点相互连接。

第三节　评价单元的划分及评价信息的提取

一、评价单元的划分

评价单元是由对土地质量具有关键影响的各土地要素组成的空间实体,是土地评价的最基本单位、对象和基础图斑。同一评价单元内的土地自然基本条件、土地的个体属性和经济属性基本一致,不同土地评价单元之间,既有差异性,又有可比性。农地地力评价就是要通过对每个评价单元的评价,确定其地力级别,把评价结果落实到实地和编绘的土地资源图上。因此,土地评价单元划分得合理与否,直接关系到土地评价的结果以及工作量的大小。

目前，对土地评价单元的划分尚无统一的方法，有以土壤类型、以土地利用类型、以行政区划单位、以方里网等多种方法。本次栖霞市农地地力评价土地评价单元的划分采用土壤图、土地利用现状图的叠置划分法，相同土壤单元及土地利用现状类型的地块组成一个评价单元，即“土地利用现状类型—土壤类型”的格式。其中，土壤类型划分到土种，土地利用现状类型划分到二级利用类型，制图区界以基于遥感影像的栖霞市最新土地利用现状图为准。为了保证土地利用现状的现实性，基于野外的实地调查对农地利用现状进行了修正，其中对菜地进行了进一步的细分，到三级类型。同一评价单元内的土壤类型相同，利用方式相同，交通、水利、经营管理方式等基本一致，用这种方法划分评价单元可以反映单元之间的空间差异性，既使土地利用类型有了土壤基本性质的均一性，又使土壤类型有了确定的地域边界线，使评价结果更具综合性、客观性，可以较容易地将评价结果落实到实地。

通过图件的叠置和检索，将栖霞市农地地力划分为 36850 个评价单元。

二、评价信息的提取

影响农地地力的因子非常多，并且它们在计算机中的存储方式也不相同，如何准确地获取各评价单元的评价信息是评价中的重要一环。鉴于此，我们舍弃直接从键盘输入参评因子值的传统方式，采取将评价单元与各专题图件叠加采集各参评因素的信息。具体的做法是：① 按唯一标识原则为评价单元编号；②在 ARCVIEW 环境下生成评价信息空间库和属性数据库；③在 ARCMAP 环境下从图形库中调出各化学性状评价因子的专题图，与评价单元图进行叠加计算出各因子的均值；④保持评价单元几何形状不变，在农地资源管理信息系统中直接对叠加后形成的图形的属性库进行“属性提取”操作，以评价单元为基本统计单位，按面积加权平均汇总评价单元立地条件评价因子的分值。

由此，得到图形与属性相连的、以评价单元为基本单位的评价信息，为后续农地地力的评价奠定了基础。

第四节 参评因素的选取及其权重确定

正确地进行参评因素的选取并确定其权重，是科学地评价农地地力的前提，直接关系到评价结果的正确性、科学性和社会可接受性。

一、参评因素的选取

参评因素是指参与评定农地地力等级的农地的诸属性。影响农地地力的因素很多，在本次栖霞市农地地力评价中，根据栖霞市的区域特点，遵循主导因素原则、差异性原则、稳定性原则、敏感性原则，采用定量和定性方法相结合，进行了参评因素的选取。

（一）系统聚类方法

系统聚类方法用于筛选影响农地地力的理化性质等定量指标，通过聚类将类似的指标进行归并，辅助选取相对独立的主导因子。我们利用 SPSS 统计软件进行了土壤养分等化学性状的系统聚类，结果如图 5-5 所示。

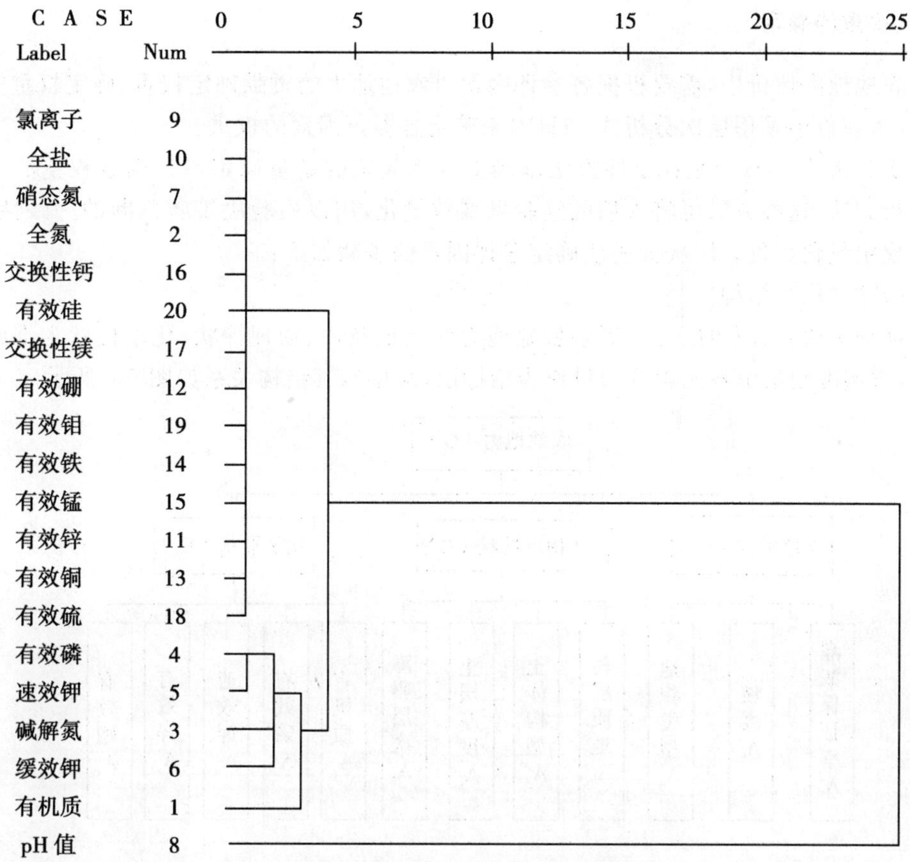

图 5-5 土壤养分等化学性状的聚类分析

从图 5-5 中可以看出，氯离子、全盐、硝态氮、全氮、交换性钙、有效硅、交换性镁、有效硼、有效钼、有效铁、有效锰、有效锌、有效铜、有效硫聚为一组，有效磷、速效钾、碱解氮、缓效钾聚为一组，有机质为一组，pH 为一组。

(二)DELPHI 法

用 DELPHI 法进行了影响农地地力的立地条件、物理性状等定性指标的筛选。我们确定了由土壤农业化学学者、专家及栖霞市土肥站业务人员组成的专家组，首先对指标进行分类，在此基础上进行指标的选取，并讨论确定最终的选择方案。

综合以上两种方法，在定量因素中根据各因素对农地地力影响的稳定性，以及营养元素的全面性，在聚类分析第一组中选取有效锌、有效硼为参评因素，第二组中选取有效磷、速效钾为参评因素，第三组选取有机质为参评因素。结合专家组的选择结果，最后确定灌溉保证率、坡度、地形地貌、农层质地、剖面构型、障碍层状况、土层厚度、有机质、大量元素(速效钾、有效磷)、微量元素(有效锌、有效硼)等 12 项因素作为农地地力评价的参评指标。

二、权重的确定

在农地地力评价中，需要根据各参评因素对农地地力的贡献确定权重，确定权重的方法很多，本评价中采用层次分析法（AHP）来确定各参评因素的权重。

层次分析法（AHP）是在定性方法基础上发展起来的定量确定参评因素权重的一种系统分析方法，这种方法可将人们的经验思维数量化，用以检验决策者判断的一致性，有利于实现定量化评价。层次分析法确定参评因素的步骤如下：

（一）建立层次结构

农地地力为目标层（G 层），影响农地地力的立地条件、物理性状、化学性状为准则层（C 层），影响准则层中各元素的项目作为指标层（A 层），其结构关系如图 5-6 所示。

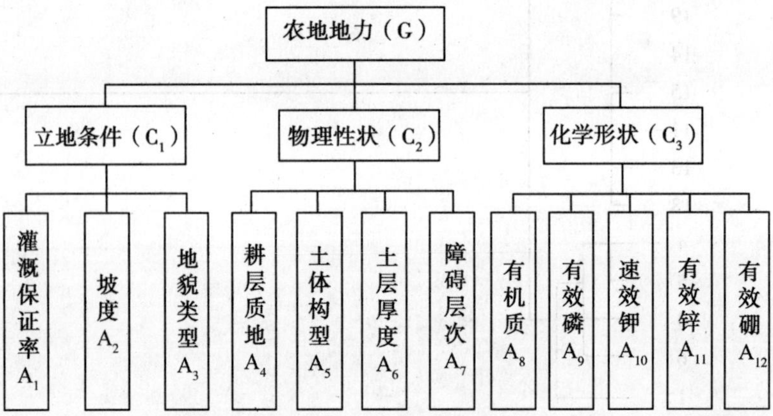

图 5-6　农地地力影响因素层次结构

（二）构造判断矩阵

根据专家经验，确定 C 层对 G 层以及 A 层对 C 层的相对重要程度，共构成 A、C_1、C_2、C_3 4 个判断矩阵。例如，农层质地、土体构型、有效土层厚度、障碍层次状况对农地物理性状的判断矩阵可表示为：

$$C_2=\begin{bmatrix} a_{11} & a_{12} & a_{13} & a_{14} \\ a_{21} & a_{22} & a_{23} & a_{24} \\ a_{31} & a_{32} & a_{33} & a_{34} \\ a_{41} & a_{42} & a_{43} & a_{44} \end{bmatrix}=\begin{bmatrix} 1 & 1.25 & 0.7143 & 1.6667 \\ 0.8 & 1 & 0.5714 & 1.3333 \\ 1.4 & 1.75 & 1 & 2.3333 \\ 0.6 & 0.75 & 0.4286 & 1 \end{bmatrix}$$

其中，a_{ij}（i 为矩阵的行号，j 为矩阵的列号）表示对 C_2 而言，a_i 对 a_j 的相对重要性的数值。

（三）层次单排序及一致性检验

层次单排序及一致性检验即求取 A 层对 C 层的权数值，可归结为计算判断矩阵的最大特征根对应的特征向量。利用 SPSS 等统计软件，得到的各权数值及一致性检验的结果见表 5-5。从表中可以看出，$C_R<0.1$，具有很好的一致性。

表 5-5 权数值及一致性检验结果

矩阵	特征向量					C_I	C_R
矩阵 A		0.4186	0.3488	0.2326	—	0.00000537	0.00000926<0.1
矩阵 C_1		0.1980	0.3564	0.4455	—	0.00000369	0.00000575<0.1
矩阵 C_2	0.2159	0.2699	0.1542	0.3599	—	0.00000621	0.0000069<0.1
矩阵 C_3	0.0787	0.0945	0.1181	0.2362	0.4724	0.00000549	0.00000491<0.1

(四)层次总排序及一致性检验

经层次总排序，并进行一致性检验，结果为 $C_I=0.00000369$，$C_R=0.00000402$，具有满意的一致性，最后计算 A 层对 G 层的组合权数值，得到各因子的权重，最终结果见表 5-6。

表 5-6 各因子的权重

项目	权重	项目	权重	项目	权重	项目	权重
灌溉保证率	0.2248	质地	0.0790	障碍层	0.0474	速效钾	0.0556
坡度	0.1252	土体构型	0.0632	有机质	0.0834	有效锌	0.0278
地形地貌	0.0996	土层厚度	0.1106	有效磷	0.0694	有效硼	0.0139

第五节 农地地力等级的确定

土地是一个灰色系统，系统内部各要素之间与农地的生产能力之间关系十分复杂，此外，评价中也存在着许多不严格、模糊性的概念，因此我们在评价中引入了模糊数学方法，采用模糊评价方法来进行农地地力等级的确定。

一、参评因素隶属函数的建立

用 DELPHI 法根据一组分布均匀的实测值评估出对应的一组隶属度，然后在计算机中绘制这两组数值的散点图，再根据散点图进行曲线模拟，寻求参评因素实际值与隶属度关系方程，从而建立起隶属函数。各参评因素的分级及其相应的专家赋值和隶属度见表 5-7。

表 5-7 参评因素的分级及其分值

参评因素		分级、分值、隶属度									
坡度	分级	0	0.2	0.5	1	3	5	7	10	15	25
	分值	98	100	98	95	90	80	60	30	10	1
	隶属度	0.98	1	0.98	0.95	0.9	0.8	0.6	0.3	0.1	0.01

续表

参评因素		分级、分值、隶属度											
地貌类型	分级	缓平坡地	倾斜平地	山前缓平地	缓岗	浅平洼地	槽状洼地	河谷高地	河漫滩	河谷梯田	近山阶地	坡麓梯田	
	分值	100	97	95	93	90	87	84	80	60	40	20	
	隶属度	1	0.97	0.95	0.93	0.9	0.87	0.84	0.8	0.6	0.4	0.2	
灌溉保证	分级	80	70	60	50	30	10	0	四水	三水	二水	一水	无水
	分值	100	90	80	65	40	10	0	100	75	55	35	0
	隶属度	1	0.9	0.8	0.65	0.4	0.1	0	1	0.75	0.55	0.35	0
有机质	分级	2	1.8	1.6	1.4	1.2	1	0.8	0.6				
	分值	100	98	95	90	84	78	65	50				
	隶属度	1	0.98	0.95	0.9	0.84	0.78	0.65	0.5				
有效磷	分级	400	300	200	110	80	60	40	30	20	15	10	5
	分值	70	80	90	100	98	96	92	90	85	80	60	40
	隶属度	0.7	0.8	0.9	1	0.98	0.96	0.92	0.9	0.85	0.8	0.6	0.4
速效钾	分级	400	320	240	160	120	100	80	60				
	分值	100	98	93	85	82	78	70	50				
	隶属度	1	0.98	0.93	0.85	0.82	0.78	0.7	0.5				
有效锌	分级	2	1.5	1.2	1	0.8	0.5	0.3					
	分值	100	92	87	85	80	70	55					
	隶属度	1	0.92	0.87	0.85	0.8	0.7	0.55					
有效硼	分级	1.8	1.5	1.2	1	0.8	0.5	0.2					
	分值	100	95	87	85	80	70	55					
	隶属度	1	0.95	0.87	0.85	0.8	0.7	0.55					
耕层质地	分级	中壤	轻壤	重壤	沙壤	沙土							
	分值	100	95	80	70	55							
	隶属度	1	0.95	0.8	0.7	0.55							
障碍层	分级	其他	浅黏	夹砂姜	深夹	砾质							
	分值	100	90	80	60	40							
	隶属度	1	0.9	0.8	0.6	0.4							

续表

参评因素		分级、分值、隶属度											
剖面构型	分级	中壤均质	中壤黏腰	轻壤黏腰	轻壤均质	中壤黏心	中壤砂姜腰	中壤砂腰	重壤均质	轻壤砂心	沙壤砂心	中层	薄层
	分值	100	95	95	90	85	85	80	60	60	50	30	10
	隶属度	1	0.95	0.95	0.9	0.85	0.85	0.8	0.6	0.6	0.5	0.3	0.1
有效土层	分级	150	130	110	90	70	50	30					
	分值	100	95	88	70	55	35	10					
	隶属度	1	0.95	0.88	0.7	0.55	0.35	0.1					

通过模拟共得到直线型、戒上型、戒下型三种类型的隶属函数，其中有效磷属于以上两种或两种以上的复合型隶属函数，地貌类型、质地等描述性的因素属于直线型隶属函数，然后根据隶属函数计算各参评因素的单因素评价评语。以有机质为例绘制的散点图和模拟曲线如图 5-7、图 5-8 所示。

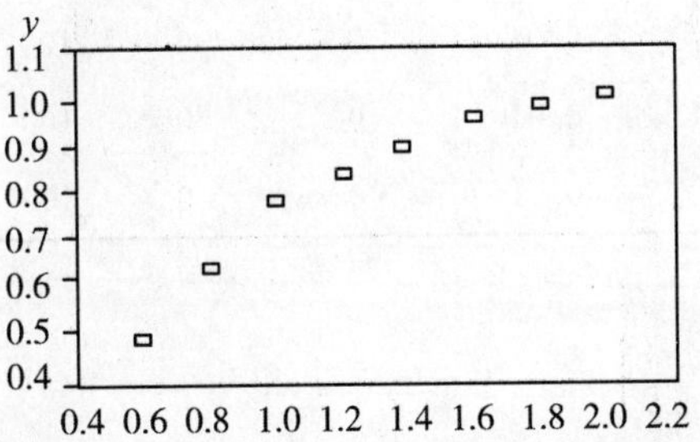

图 5-7 有机质与隶属度关系散点图

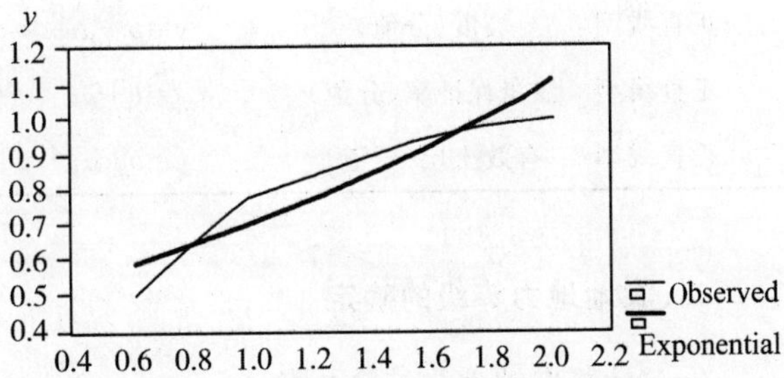

图 5-8 有机质与隶属度关系曲线

其隶属函数为戒上型，形式为：

$$
y=\begin{cases} 0 & (x\leqslant x_t) \\ 1/[1+A(x-C)^2] & (x_t<x<C) \\ 1 & (C\leqslant x) \end{cases}
$$

各参评因素类型及其隶属函数见表 5-8。

表 5-8　　参评因素类型及其隶属函数

函数类型	参评因素	隶属函数	A	C	U_1	U_2
戒上型	有机质(g/kg)	$y=1/[1+A(x-C)^2]$	0.543	1.822	0.35	1.822
戒上型	速效钾(mg/kg)	$y=1/[1+A(x-C)^2]$	0.00000760	327.836	15	327.836
戒上型 <110	有效磷(mg/kg)	$y=1/[1+A(x-C)^2]$	0.0000992	80.159	3	80.159
戒下型 >110			0.00000742	111.967	111.967	450
			a	b	U_1	U_2
戒上型	有效锌(mg/kg)	$y=1/[1+A(x-C)^2]$	0.245	1.924	0.1	1.924
戒上型	有效硼(mg/kg)	$y=1/[1+A(x-C)^2]$	0.251	1.879	0.1	1.879
正直线型	地貌类型(分值)	$y=b+au$	0.01	0	0	100
正直线型	剖面构型(分值)	$y=b+au$	0.01	0	0	100
正直线型	障碍层状况(分值)	$y=b+au$	0.01	0	0	100
正直线型	耕层质地(分值)	$y=b+au$	0.01	0	0	100
正直线型	坡度(分值)	$y=b+au$	0.01	0	0	100
正直线型	灌溉保证率(分值)	$y=b+au$	0.01	0	0	100
正直线型	有效土层(分值)	$y=b+au$	0.01	0	0	100

二、农地地力等级的确定

(一)计算农地地力综合指数

用指数和法来确定农地的综合指数，公式为：

$$\mathrm{IFI}=\sum F_i \times C_i$$

式中，IFI(Integrated Fertility Index)代表农地地力综合指数；F_i 为第 i 个因素评语；C_i 为第 i 个因素的组合权重。

具体操作过程为：在市域农地资源管理信息系统中，在“专题评价”模块中编辑立地条件、物理性状和化学性状的层次分析模型以及各评价因子的隶属函数模型，然后选择“农地生产潜力评价”功能进行农地地力综合指数的计算。

(二)确定最佳的农地地力等级数目

农地地力综合指数计算出来之后，在农地资源管理系统中我们选择累积曲线分级法进行评价，根据曲线斜率的突变点(拐点)来确定等级的数目和划分综合指数的临界点，将栖霞农地地力共划分为六级，各等级农地地力综合指数见表 5-9，综合指数分布如图 5-9 所示。

表 5-9　　农地地力等级综合指数

IFI	>0.84	0.76～0.84	0.69～0.76	0.62～0.69	0.55～0.62	<0.55
农地地力等级	一等	二等	三等	四等	五等	六等

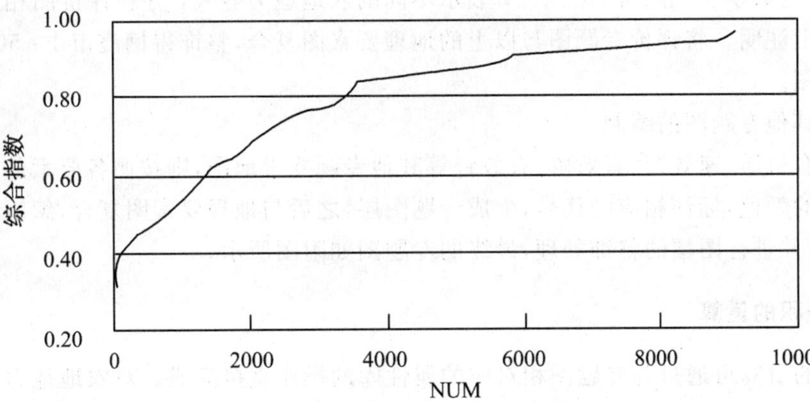

图 5-9　栖霞市综合指数分布图

第六节　成果图编制及面积量算

一、图件的编制

为了提高制图的效率和准确性，在地理信息系统软件 MAPGIS 的支持下，进行栖霞市农地地力评价图及相关图件的自动编绘处理，其步骤大致分以下几步：扫描矢量化各基础图件→编辑点、线→点、线校正处理→统一坐标系→区编辑并对其赋属性→根据属性赋颜色→根据属性加注记→图幅整饰输出。另外，充分发挥 MAPGIS 强大的空间分析功能，用评价图与其他图件进行叠加，从而生成其他专题图件，如评价图与行政区划图叠加，进而计算各行政区划单位内的农地地力等级面积等。

(一)专题图地理要素底图的编制

专题地图的地理要素内容是专题图的重要组成部分，用于反映专题内容的地理分布，并作为图幅叠加处理等的分析依据。地理要素的选择应与专题内容相协调，考虑图面的负载量和清晰度，应选择基本的、主要的地理要素。

我们以栖霞市最新的土地利用现状图为基础，对此图进行了制图综合处理，选取主要的居民点、交通道路、水系、境界线等及其相应的注记，进而编辑生成 1：50000 各专题图地理要素底图。

（二）农地地力评价图的编制

以农地地力评价单元为基础，根据各单元的农地地力评价等级结果，对相同等级的相邻评价单元进行归并处理，得到各农地地力等级图斑。在此基础上，分两个层次进行图面农地地力等级的表示：一是颜色表示，即赋予不同农地地力等级以相应的颜色；二是代号表示，用罗马数字Ⅰ、Ⅱ、Ⅲ、Ⅳ、Ⅴ、Ⅵ表示不同的农地地力等级，并在评价图相应的农地地力图斑上注明。将评价专题图与以上的地理要素图复合，整饰得栖霞市1∶50000农地地力评价图。

（三）其他专题图的编制

对于有机质、速效钾、有效磷、有效锌等其他专题要素地图，则按照各要素的分级分别赋予相应的颜色，标注相应的代号，生成专题图层，之后与地理要素图复合，编辑处理生成专题图件，并进行图幅的整饰处理，最终的专题图如附图所示。

二、面积的量算

面积的量算可通过与专题图相对应的属性库的操作直接完成。对农地地力等级面积的量算，则可在FOXPRO数据库的支持下，对图件属性库进行操作，检索相同等级的面积，然后汇总得各类农地地力等级的面积，根据栖霞市图幅理论面积进行平差，得到准确的面积数值。对于不同行政区划单位内部、不同的农地利用类型等的农地地力等级面积的统计，则通过农地地力评价图与相应的专题图进行叠加分析，由其相应属性库统计获得。

第二篇　农地地力与质量分析

第六章　农地地力分析

本次农地地力分析，包括耕地和园地，按照农业部农地质量调查和评价的规程及相关标准，结合当地实际情况，选取了对农地地力影响较大、区域内变异明显、在时间序列上具有相对稳定性、与农业生产有密切关系的 12 个因素，建立评价指标体系。以土壤图与土地利用现状图叠加形成评价单元，应用模糊综合评判方法，通过综合分析，将全区农地划分为 6 个等级，根据评价结果进行农地地力的系统分析。

第一节　农地地力等级及空间分布

一、农地地力等级面积

利用 MAPGIS 软件，对评价图属性库进行操作，检索统计农地各等级的面积和图幅总面积。以栖霞市 2008 年农地总面积 87523hm^{2}为基准，按面积比例平差，计算出各农地地力等级面积。其中，耕地总面积为 46824hm^2，园地总面积为 40699hm^2。通过评价，将耕地和园地划分为 6 个地力等级。

耕地中，一级地面积最小，仅占全部耕地的 5.79%，二级地占 13.71%，两者共占耕地总面积的 20.4%；三级地、四级地所占比例大致相当，分别占 12.55%和 16.26%，二者合计共占耕地总面积的 28.81%；五级地面积较四级略多，占耕地总面积的 18.87%，而六级地面积最大，占耕地总面积的 32.81%(见表 6-1)。由此可以看出，辖区内有一半以上的中低产田，改造任务十分艰巨。

园地中，一级地面积最小，仅占全部园地的 7.73%，二级地面积接近一级地的 3 倍，占全部园地的 19.06%，一、二级地共占园地总面积的 26.79%；三级、四级、五级地所占比例大致相当，分别占园地总面积的 16.44%、16.78%和 16.45%，三者合计共占园地总面积的 49.67%，接近一、二级园地总面积的 2 倍；六级地面积最大，占园地总面积的 23.55%(见表 6-1)。

区域内农地总面积为 87523hm^2，其中一级地和二级地占农地总面积的 22.89%；三级地和四级地占农地总面积的 30.86%；五级地和六级地占农地总面积的 46.25%。以六级地分布面积最大，占农地总面积的28.51%；一级地分布面积最小，约占总农地面积的6.69%（见表6-1）。

表6-1　　农地地力评价结果面积统计

等级	一级地	二级地	三级地	四级地	五级地	六级地	总计
耕地面积(hm^2)	2712.35	6421.72	5877.5	7612.65	8835.7	15364.09	46824
百分比(%)	5.79	13.71	12.55	16.26	18.87	32.81	100
园地面积(hm^2)	3147.53	7755.58	6689.92	6827.66	6693.79	9584.52	40699
百分比(%)	7.73	19.06	16.44	16.78	16.45	23.55	100
农地面积(hm^2)	5859.88	14177.3	12567.42	14440.31	15529.48	24948.61	87523
百分比(%)	6.69	16.2	14.36	16.5	17.74	28.51	100

根据耕地地力等级图各级地分布与其对应的农户调查表，参照试验示范数据计算出了每个耕地地力等级的平均产量水平（见表6-2）。其中一级地、二级地、三级地种植制度一般为小麦、玉米一年两作或是蔬菜一年二至三作；四级地、五级地的种植制度一般为玉米与花生（或甘薯）和蔬菜两年三作；六级地的种植制度一般为一年一熟，种植春玉米、春花生或甘薯。

表6-2　　耕地地力等级与产量水平统计表

等级	一级地	二级地	三级地	四级地	五级地	六级地
折粮食单产	17244	14335	12543	10547.5	6945	6216
小麦	7130	5638	4785	4312.5	—	—
玉米	10114	8697	7758	6235	5265	5382
花生	—	—	—	—	4312.5	3525
全国等级	一级地	一级地	二级地	三级地	六级地	六级地

注：单产为折粮数据：小麦玉米1折1、花生1折2、蔬菜3折1。

由表6-2可看出：一级地产量水平为年单产折粮17244kg/hm^2，其中年单产小麦7130kg/hm^2、玉米10114kg/hm^2；二级地产量水平为年单产折粮14335kg/hm^2，其中年单产小麦5638kg/hm^2，玉米8697kg/hm^2；三级地产量水平为年单产折粮12543kg/hm^2，其中年单产小麦4785kg/hm^2、玉米7758kg/hm^2；四级地产量水平为年单产折粮10547.5kg/hm^2，其中年单产小麦4312.5kg/hm^2、玉米6235kg/hm^2；五级地产量水平为年单产折粮6945kg/hm^2，其中年单产玉米5265kg/hm^2，花生4312.5kg/hm^2；六级地产量水平为年单产折粮6216kg/hm^2，其中年单产玉米5382kg/hm^2，花生3525kg/hm^2。

根据农业部NY/T 309-1996《全国耕地类型区、耕地地力等级划分》行业标准，按照各级地产量水平，区域内一、二级地相当于农业部一级地标准，三级地相当于农业部二级地标准，四级地相当于农业部三级地标准，五、六级地相当于农业部六级地标准。

二、农地地力空间分布分析

(一)农地地力等级分布

一级地和二级地主要分布于区域内西南部观里镇、官道镇、蛇窝泊镇和北部臧家庄镇、开发区以及各镇(街道办事处、区)沿河流域地区，微地貌类型为河滩地、倾斜平地和岭地，土壤类型以潮棕壤、潮土、棕壤为主，表层质地主要为轻壤和沙壤。这一区域农地地力情况较好，农业基础设施均配套成型，测土配方施肥工程也首先在这一区域展开。三级地、四级地分布比较分散，但主要集中在西部苏家店镇、寺口镇和南部杨础镇、桃村镇以及松山街道办事处南部大部分地区，属于只要加大资金投入，完善基础设施，改善生产条件，产量就能大幅提高的中产田类型，有一定的开发潜力。五级地和六级地主要分布在西部西城镇、寺口镇，北部松山街道办事处、臧家庄北部、东部桃村、唐家泊镇、庙后镇，以及中部庄园街道办事处、翠屏街道办事处等广大山区的岭地中上部，这部分农地有效耕层薄，肥力低，基本无灌溉条件，还有部分未利用土地，属于低产田类型。

从等级的分布地域特征可以看出，等级的高低与地貌类型、土壤类型及海拔高度之间存在着密切的关系，呈现明显的地域分布规律：随着农地地力等级的提高，地貌类型沿着山前倾斜平地—近山阶地—水平梯田—中低山岭坡方向变化。土壤类型由潮棕壤、河潮土到典型褐土、棕壤向褐土性土、棕壤性土转化。

(二)农地地力等级的行政区域划分

将辖区内农地地力等级分布图与行政区划图进行叠置分析，从农地地力等级行政区域分布数据库中，按权属字段检索出各等级的记录，统计出一级地至六级地在各镇(街道办事处、区)的分布状况(见表6-3)。

表6-3　农地地力等级行政区域分布

镇(街道办事处、区)		一级地	二级地	三级地	四级地	五级地	六级地	合计
臧家庄镇	面积(hm^2)	2150.61	1924.7	1273.37	1026.83	1362.68	449.19	8187.38
	百分比(%)	26.27	23.51	15.55	12.54	16.64	5.49	100
经济开发区	面积(hm^2)	746.96	848.76	342.2	169.06	3.03	0	2110.01
	百分比(%)	35.4	40.23	16.22	8.01	0.14	0	100
苏家店镇	面积(hm^2)	12.61	861.18	1491.78	1772.73	1159.13	524.02	5821.47
	百分比(%)	0.22	14.79	25.63	30.45	19.91	9	100
松山街道办事处	面积(hm^2)	320.82	817.82	1444.65	1458.15	1492.2	873.49	6407.12
	百分比(%)	5.01	12.76	22.55	22.76	23.29	13.63	100
亭口镇	面积(hm^2)	24.67	753.71	1067.67	1486.55	1468.4	750.28	5551.28
	百分比(%)	0.44	13.58	19.23	26.78	26.45	13.52	100

续表

镇(街道办事处、区)		一级地	二级地	三级地	四级地	五级地	六级地	合计
庙后镇	面积(hm²)	0	41.35	123.36	981.94	869.63	959.33	2975.62
	百分比(%)	0	1.39	4.15	33	29.23	32.24	100
寺口镇	面积(hm²)	0	11.2	706	1228.65	2218.82	430.78	4595.46
	百分比(%)	0	0.24	15.36	26.74	48.28	9.37	100
西城镇	面积(hm²)	0	12.98	200.63	585.88	1530.82	2482.36	4812.66
	百分比(%)	0	0.27	4.17	12.17	31.81	51.58	100
庄园街道办事处	面积(hm²)	0	2.15	79.7	334	1206.85	958.73	2581.43
	百分比(%)	0	0.08	3.09	12.94	46.75	37.14	100
桃村镇	面积(hm²)	0	567.02	938.13	1545.24	1037.75	6304.39	10392.54
	百分比(%)	0	5.46	9.03	14.87	9.99	60.66	100
翠屏街道办事处	面积(hm²)	0	0	40.06	117.22	931.86	2566.81	3655.95
	百分比(%)	0	0	1.1	3.21	25.49	70.21	100
官道镇	面积(hm²)	1574.58	3210.65	521.39	176.37	479.65	33.8	5996.46
	百分比(%)	26.26	53.54	8.69	2.94	8	0.56	100
蛇窝泊镇	面积(hm²)	66.78	1302.644	2168.533	2013.24	720.08	3883.35	10154.63
	百分比(%)	0.66	12.83	21.36	19.83	7.09	38.24	100
唐家泊镇	面积(hm²)	0	19.77	107.12	243.65	520.37	4394.24	5285.15
	百分比(%)	0	0.37	2.03	4.61	9.85	83.14	100
观里镇	面积(hm²)	936.15	3224.42	601.8	127.46	3.23	29.71	4922.78
	百分比(%)	19.02	65.5	12.22	2.59	0.07	0.6	100
杨础镇	面积(hm²)	18.19	555.56	1444	1171.07	535.59	348.66	4073.08
	百分比(%)	0.45	13.64	35.45	28.75	13.15	8.56	100

从表中可以看出,一、二级高等地力农地所占比例较高的镇(街道办事处、区)为官道镇、观里镇、臧家庄镇;三、四级中等地力农地所占比例较高的镇(街道办事处、区)主要为蛇窝泊镇、苏家店镇、松山街道办事处、杨础镇、臧家庄镇;五、六级低等地力土地所占比例较大的镇(街道办事处、区)有桃村镇、西城镇、唐家泊镇、翠屏街道办事处、寺口镇。

第二节　农地地力等级分述

一、一级地

(一)面积与分布

一级地的综合评价指数大于0.84,农地面积为5859.88hm^2,占区域内总农地面积的6.69%,为区域内分布最小的一个等级。其中水浇地面积为1211.76hm^2,占一级地面积的20.68%;旱地面积为1500.59hm^2,占一级地面积的25.61%;园地面积为3147.53hm^2,占一级地面积的53.71%(见表6-4)。

一级地主要分布于臧家庄镇、官道镇、观里镇、经济开发区等镇(街道办事处、区),松山街道办事处、蛇窝泊镇、亭口镇、杨础镇和苏家店镇有少量分布,寺口镇、西城镇、庄园街道办事处、桃村镇、翠屏街道办事处、庙后镇、唐家泊镇境内没有一级地分布。

区域内一级地平均单产为17244kg/hm^2,其中小麦产量为7130kg/hm^2,玉米产量为10114kg/hm^2,相当于全国耕地地力一级地产量水平。

表6-4　一级地各利用类型面积

利用类型	评价单元(个)	面积(hm^2)	占总农地面积比例(%)	占一级地面积比例(%)
水浇地	681	1211.76	1.38	20.68
旱地	654	1500.59	1.71	25.61
园地	1125	3147.53	3.6	53.71
合计	2460	5859.88	6.7	100

(二)主要属性分析

一级地(含耕地和果园)主要分布在洪积扇中部以下的开阔地,土壤类型以非石灰性河潮土、潮棕壤为主。地貌类型以微斜平地、山间泊地、倾斜平地为主。耕层质地为轻壤和沙壤。土体构型大多是均壤质和壤质黏腰,其特点是上松下黏,无障碍层次,比较适合耕地,保水保肥效果好。坡度大多为0.2°～3°,地势平坦,土层厚度大于100cm,土壤理化性状良好,可耕性强,农田水利设施十分完善,灌溉次数大部分为4水,有极少部分的为3水,灌溉保证率达90%～95%。

果园和耕地养分分布状况基本类似,整体上果园养分水平高于耕地,中微量元素尤其突出。普遍特点是有机质、全氮、速效氮和速效钾含量较低,为3级或4级水平,微量元素铁、锰、铜、锌都很丰富,钼、硼相对缺乏,处于4级、5级水平,中量元素硫、钙和镁含量中等,大部分处于3级水平,部分耕地含量较低,处于5级水平;土壤酸碱度大部分都在适宜范围内,土壤理化性状良好,有少面积的夹黏障碍层,总体上可耕性强(见表6-5和表6-6)。

表 6-5　一级耕地土壤养分含量及水平

项目	有机质 (g/kg)	有效磷 (mg/kg)	速效钾 (mg/kg)	有效锌 (mg/kg)	有效硼 (mg/kg)	碱解氮 (mg/kg)	有效锰 (mg/kg)	pH	有效铜 (mg/kg)	有效铁 (mg/kg)	有效钼 (mg/kg)	有效硫 (mg/kg)	全氮 (g/kg)	缓效钾 (mg/kg)	交换性镁 (mg/kg)	交换性钙 (mg/kg)
平均值	9.3	37.3	114	2.91	0.31	71	42.83	5.8	12.35	44.61	0.09	52.7	0.75	1236	376	2340
最小值	6.6	6.8	56	1.32	0.11	36	21.6	4.9	3.52	4.9	0.04	32.9	0.39	434	96	72
最大值	16.2	86.5	206	8.08	0.72	126	87.3	7.6	18.35	89.2	0.25	283.9	1.43	3632	696	2014
含量水平	5级	4级	5级	2级	4级	5级	1级	4级	1级	1级	5级	4级	4级	1级	3级	5级

表 6-6　一级果园土壤养分含量及水平

项目	有机质 (g/kg)	有效磷 (mg/kg)	速效钾 (mg/kg)	有效锌 (mg/kg)	有效硼 (mg/kg)	碱解氮 (mg/kg)	有效锰 (mg/kg)	pH	有效铜 (mg/kg)	有效铁 (mg/kg)	有效钼 (mg/kg)	有效硫 (mg/kg)	全氮 (g/kg)	缓效钾 (mg/kg)	交换性镁 (mg/kg)	交换性钙 (mg/kg)
平均值	11.8	63.4	164	4.88	0.39	82	50.71	5.7	14.93	62.28	0.16	157.2	0.74	1349	508	3076
最小值	6.8	17.6	76	0.42	0.11	44	10.5	4.6	2.88	13.9	0.04	33.1	0.43	671	144	360
最大值	22.1	173.4	484	44.57	1.73	184	147.04	7.4	75.31	137.9	2.87	372.7	2.13	4331	1944	12440
含量水平	4级	3级	3级	1级	4级	4级	1级	4级	1级	1级	3级	1级	4级	1级	2级	3级

（三）存在问题

一级地存在的问题：一是土壤各养分含量存在较大差异，表现在大量元素有效磷偏高，而氮和钾以及有机质含量中等，氮、磷、钾比例不符合粮田 3∶1∶(2.5～3)以及普通果树 1∶0.5∶(1～1.2)的要求；相对于铁、锰、铜、锌的丰富含量，整体上有效钙和镁的含量处于低水平，这对果树生产不利（果树种植中要求钙、镁含量高而锰不宜过多）。另外，硼、钼元素含量普遍较低，耕地中速效钾偏低，应在生产中注意适当补充。二是土壤肥力与高产高效农业的需求还有一定差距，特别是有机质含量普遍偏低；化肥的作用和效力逐渐被越来越多的农民所认识，却忽视了有机肥的作用，土壤有机质提升缓慢，土壤结构变坏，保肥保水性能降低。三是由于该区域处于相对平坦地区，地块长而平整，目前又是农户分散经营，田间排水设施不完善，在 6～8 月丰水期易出现涝害。因此，应在田间多挖排水沟，在这期间搞好田间排涝。

原因分析：该区域在施肥上不重视有机肥的投入而大量使用化肥，氮、磷、钾比例相同的复合肥如 15-15-15 三元素肥、17-17-17 这样的高浓度复合肥施用比例高，从而造成土壤有机质含量相对较低，造成土壤保水保肥力降低。有效硫含量丰富是因为农民使用的化肥多以硫基复合肥为主，而锰丰富的一个主要原因是代森锰锌类杀菌剂的普遍施用。

（四）合理利用

一级地是区域内综合性能最好的农地，各项评价指标均属良好型，土层厚，排灌性好，易于耕作，养分含量高，保肥、保水，适于各种作物生长，是栖霞市的丰产农地，被称为“粮袋子”“菜篮子”。利用方向是：发展高产、优质、高效农业，如无公害蔬菜基地、日光温室、反季节瓜果栽培等。为此，应搞好以下工作：

(1)严格执行基本农田保护政策，切实控制其他建设占用农田，同时适时造墒抢墒，提高复种指数和土地利用率，保护和改善生态环境。

(2)农业部门应结合科技入户、配方施肥等工程，加大宣传力度，转变观念，提高认识，加大农业投入，提升农业综合生产能力。

(3)进一步优化施肥制度，合理使用有机肥和化肥。增施有机肥、实施秸秆还田和果园生草，增加土壤有机质含量。实施测土配方平衡施肥，粮田区继续实施小麦、玉米秸秆还田，果园采取生草措施以增加土壤有机质含量。适量补施钙镁肥，控制磷肥和铁锰铜锌肥的用量，防止土壤酸化和土壤污染，进一步提高农地质量。

(4)加大检测力度，确保农业灌溉、施肥、用药安全，搞好无公害生产。

因此，应科学规划，加强保护，既要注重数量又要注重质量，在严格控制建设用地的同时，加强质量建设，做到用地、养地相结合，坚持可持续利用。

二、二级地

（一）面积与分布

二级地的综合评价指数为 0.76～0.84，农地面积为 14177.3hm^2，占区域内农地总面积的 16.2%。其中水浇地面积为 2016.47hm^2，占二级地面积的 14.22%；旱地面积为 4405.25hm^2，占二级地面积的 31.07%；园地面积为 7755.58hm^2，占二级地面积的 54.71%（见表 6-7）。

二级农地主要分布在观里镇、官道镇、臧家庄镇、蛇窝泊镇、苏家店镇、经济开发区、松山街道办事处，其中以观里镇分布面积最大，为 3224.42hm^2，占该镇农地面积的 65.5%，占二级地面积的 22.74%。亭口镇、桃村镇、杨础镇、庙后镇、唐家泊镇、西城镇、寺口镇、庄园街道办事处等镇(街道办事处、区)有少量或零星分布。翠屏街道办事处境内没有二级地分布。

二级地平均单产为 14335kg/hm^2，其中小麦产量为 5638kg/hm^2，玉米产量为 8697kg/hm^2，相当于全国耕地地力一级地产量水平。

表 6-7　二级地各利用类型面积

利用类型	评价单元(个)	面积(hm^2)	占总农地面积比例(%)	占二级地面积比例(%)
水浇地	1112	2016.47	2.3	14.22
旱地	1849	4405.25	5.03	31.07
园地	2615	7755.58	8.86	54.71
合计	5576	14177.3	16.2	100

(二)主要属性分析

二级地土壤类型以河潮土和典型棕壤为主，褐土面积较少。土壤表层质地主要是轻壤和沙壤，土体构型以轻壤壤心、轻壤砂腰、轻壤砂心为主。微地貌类型以岭地、河漫滩为主，坡度为 1°～7°，地势较平坦，土层较厚，土壤理化性状良好，有一定面积的地块存在夹砂、夹砂姜层、浅黏层，近山阶地中有少面积的夹砾石层，总体上可耕性较强。农田水利设施较为完善，灌排条件良好，年灌溉次数以 3 水和 4 水为主，有少面积的 2 水区，灌溉保证率达到 75%左右。土壤养分含量整体上与一级地类同，略低于一级地水平，不同区域和地块之间差异较大，部分缺钙、镁。有一定面积的土壤 pH 在 4.5 到 5.5 之间，表现为酸化，主要在东南部和西南部果树种植区。表 6-8 和表 6-9 分别为二级耕地和二级果园土壤养分含量及水平。

(三)存在问题

二级地存在的问题：一是部分地区耕层中存在少量障碍性层次，主要表现在潮土有部分地块存在浅位夹砾石层，典型棕壤存在浅位夹黏或夹少量砾石；二是部分农地地形坡度相对较大，可达 7°～10°，土体厚度较一级地差；三是灌溉水平参差不齐，部分农地灌溉水平较差，年灌溉次数为 1 水，基本靠天吃饭；四是养分含量整体上与一级地类同，主要表现在耕地有效钙、镁较低，有效硼、钼缺乏，而有效锰与有效铜含量较高，部分园地 pH 偏低。

原因分析：地块中存在障碍层次，如砂姜层、少量砾石以及浅位夹黏等，地形坡度略大等是由于土壤本身的立地条件、结构状况造成的，这需要在长期的耕作过程中来逐渐减少这些障碍层次。而灌溉条件是人为因素，这主要是由于山丘区地形部位稍高，地下水位较低，配套的水利设施还不完善，只靠周边的小型水库储存的地表水或自然降雨来灌溉，满足不了生产需要。部分园地由于有机肥用量少、无机化肥特别是硫基复合肥的大量使用，导致土壤有酸化趋势。

表 6-8　二级耕地土壤养分含量及水平

项目	有机质 (g/kg)	有效磷 (mg/kg)	速效钾 (mg/kg)	有效锌 (mg/kg)	有效硼 (mg/kg)	碱解氮 (mg/kg)	有效锰 (mg/kg)	pH	有效铜 (mg/kg)	有效铁 (mg/kg)	有效钼 (mg/kg)	有效硫 (mg/kg)	全氮 (g/kg)	缓效钾 (mg/kg)	交换性镁 (mg/kg)	交换性钙 (mg/kg)
平均值	9.2	36.8	110	2.88	0.28	70	44.76	5.8	12.37	46.27	0.10	48.3	0.71	1227	324	1924
最小值	6.4	6.4	24	0.28	0.06	34	11.6	4.8	1.05	4.2	0.03	28	0.27	442	96	40
最大值	15.8	96.5	202	8.63	0.72	138	102.41	7.9	22.96	94.1	0.25	281.4	1.52	3612	622	5824
含量水平	5 级	4 级	5 级	2 级	4 级	5 级	1 级	4 级	1 级	1 级	5 级	4 级	4 级	1 级	3 级	6 级

表 6-9　二级果园土壤养分含量及水平

项目	有机质 (g/kg)	有效磷 (mg/kg)	速效钾 (mg/kg)	有效锌 (mg/kg)	有效硼 (mg/kg)	碱解氮 (mg/kg)	有效锰 (mg/kg)	pH	有效铜 (mg/kg)	有效铁 (mg/kg)	有效钼 (mg/kg)	有效硫 (mg/kg)	全氮 (g/kg)	缓效钾 (mg/kg)	交换性镁 (mg/kg)	交换性钙 (mg/kg)
平均值	11.6	64.7	156	5.35	0.44	88	57.57	5.8	15.29	56.7	0.14	148.3	0.76	1341	476	3264
最小值	5.3	10.2	40	0.27	0.10	38	17.8	4.5	2.12	20.7	0.01	28.2	0.34	445	72	40
最大值	24.7	154.7	433	45.8	1.42	176	187.02	7.5	78.01	124.6	2.87	387.4	1.79	4605	1920	17200
含量水平	4 级	3 级	3 级	1 级	4 级	4 级	1 级	4 级	1 级	1 级	4 级	1 级	4 级	1 级	2 级	3 级

(四)合理利用

合理利用的措施:增施有机肥料,实行秸秆直接还田或过腹还田,对部分 pH 偏低的地块,适量施用石灰或酸土改良剂改良,在提高土壤 pH 的同时增加钙、镁元素,坚持用养结合,不断培肥地力;对有障碍层次的地块采取深耕等措施,破除犁底层,改良土壤质地和构型,以利于作物根系伸展。同时与农田基础建设相结合,兴修水利,铺设地下固定管道,大力推广节水灌溉技术,增加灌溉保证率,扩大灌溉面积;平整土地,改良作物种植条件,适当发展蔬菜和果树;调整施肥浇水制度,坚持科学合理的配方施肥,因地制宜补施微肥。

三、三级地

(一)面积与分布

三级地的综合评价指数为 0.69～0.76,农地面积为 12567.42hm^2,占区域内农地总面积的 14.36%。其中园地面积为 6689.92hm^2,占三级地面积的 52.73%;旱地面积为 4883.88hm^2,占三级地面积的 39.28%;水浇地面积为 993.62hm^2,占三级地面积的 7.99%(见表 6-10)。

三级地主要分布在蛇窝泊镇、苏家店镇、松山街道办事处、杨础镇、臧家庄镇、亭口镇、桃村镇,其中以蛇窝泊镇分布面积最大,为 2168.53hm^2,占该镇农地面积的 21.36%,占三级地面积的 17.26%。寺口镇、观里镇、官道镇、经济开发区、西城镇、庙后镇、唐家泊镇、庄园街道办事处、翠屏街道办事处等有少量或零星分布。

三级地平均单产为 12543kg/hm^2,其中小麦产量为 4785kg/hm^2,玉米产量为 7758kg/hm^2,相当于全国耕地地力二级地产量水平。

表 6-10　　三级地各利用类型面积

利用类型	评价单元(个)	面积(hm^2)	占总农地面积比例(%)	占三级地面积比例(%)
水浇地	709	993.62	1.14	7.99
旱地	2263	4883.88	5.58	39.28
园地	2428	6689.92	7.64	52.73
合计	5400	12567.42	14.36	100

(二)主要属性分析

三级地土壤类型以典型棕壤为主,土壤表层质地主要是轻壤和沙壤,土体构型以中壤砂底、沙壤砂底、轻壤壤心为主。微地貌类型主要以岭地、河滩地、岭坡坡麓梯田、岭坡梯田为主,坡度为 3°～10°。地势较缓,整体上土层较厚,土壤理化性状良好,部分面积的地块存在夹砂层、浅黏层,近山阶地中有少面积的夹砾石层,总体上可耕性较强。农田水利设施较为完善,灌排条件良好,年灌溉次数以 3 水和 4 水为主,有少面积的 2 水和 1 水,灌溉保证率达到或接近 75%。土壤养分含量相对比较理想,与二级地类同,略低于二级地水平;相对于果园,耕地的有效硫、交换性钙、交换性镁、有效钼等中微量元素更为缺乏(见表 6-11 和表6-12)。

表 6-11 三级耕地土壤养分含量及水平

项目	有机质 (g/kg)	有效磷 (mg/kg)	速效钾 (mg/kg)	有效锌 (mg/kg)	有效硼 (mg/kg)	碱解氮 (mg/kg)	有效锰 (mg/kg)	pH	有效铜 (mg/kg)	有效铁 (mg/kg)	有效钼 (mg/kg)	有效硫 (mg/kg)	全氮 (g/kg)	缓效钾 (mg/kg)	交换性镁 (mg/kg)	交换性钙 (mg/kg)
平均值	8.8	35.2	106	2.27	0.33	70	45.44	5.8	11.91	48.42	0.13	42.3	0.73	1242	370	2026
最小值	5.4	4.8	63	0.28	0.14	46	11.1	4.6	3.13	4.2	0.03	30.1	0.37	453	96	40
最大值	16.1	97.3	204	8.63	0.72	126	103.02	7.8	22.96	93.82	0.25	283.9	1.57	4120	682	5840
含量水平	5级	4级	5级	2级	4级	5级	1级	4级	1级	1级	5级	5级	4级	1级	3级	5级

表 6-12 三级果园土壤养分含量及水平

项目	有机质 (g/kg)	有效磷 (mg/kg)	速效钾 (mg/kg)	有效锌 (mg/kg)	有效硼 (mg/kg)	碱解氮 (mg/kg)	有效锰 (mg/kg)	pH	有效铜 (mg/kg)	有效铁 (mg/kg)	有效钼 (mg/kg)	有效硫 (mg/kg)	全氮 (g/kg)	缓效钾 (mg/kg)	交换性镁 (mg/kg)	交换性钙 (mg/kg)
平均值	11.6	58.3	158	5.61	0.44	78	55.73	5.8	16.31	58.8	0.15	154.7	0.75	1368	540	3360
最小值	4.8	12	58	0.92	0.1	37	11.8	4.5	2.97	11.8	0.03	30.3	0.36	270	96	40
最大值	21	159.9	381	45.78	1.64	165	173.6	7.9	76.04	107.8	0.73	369.8	1.66	3762	966	14440
含量水平	4级	3级	3级	1级	4级	4级	1级	4级	1级	1级	3级	1级	4级	1级	2级	2级

（三）存在问题

三级地是平原向山区过渡的等级类型，各种属性均介于二者之间。一是障碍层所占比例较高，主要是20～60cm中位夹砂或夹砾。二是地形坡度相对较大，为3°～7°，农地大平小不平，地块微有倾斜；土体厚度较二级地差，部分地块土层为薄层，土体厚度为15～30cm，土壤质地以沙壤为主，砂黏比例较二级地大，保供性能相对较差。三是农田水利设施较为完善，灌排条件良好，年灌溉次数以3水和2水为主，灌溉保证率达到或接近60%；有少面积的4水但土壤砂性大，易旱易涝，部分农地灌溉条件受一定限制，年灌溉次数为1水。农地养分存在不平衡现象，有机质含量较低，部分农地缺锌。

（四）合理利用

合理改良利用的措施为：一是坡麓地带地形部位高，土体厚度相对于一、二级地稍薄，近河沿岸潮土以沙壤质为主，土壤质地粗，保水保肥力较弱，这就要通过平田整地，深翻改土，增施有机肥料，来增加土层厚度和有机质含量，改善土壤物理性状，不断培肥地力。二是大力搞好农田基本建设，维护和建设水利设施，大力推广节水灌溉，提高灌溉保证率。三是适当增施硼、锌、钼微肥。整体利用方向可向果园发展。

四、四级地

（一）面积与分布

四级地的综合评价指数为0.62～0.69，农地面积为14440.31hm²，占区域内农地总面积的16.5%。其中园地面积为6827.66hm²，占四级地面积的47.28%；旱地面积为7042.17hm²，占四级地面积的48.77%；水浇地面积为570.48hm²，占四级地面积的3.95%（见表6-13）。

四级地主要分布在蛇窝泊镇、苏家店镇、桃村镇、亭口镇、松山街道办事处、寺口镇、杨础镇、臧家庄镇、庙后镇，其中以蛇窝泊镇分布面积最大，为2013.24hm²，占该镇农地面积的19.83%，占四级地面积的13.94%。西城镇、庄园街道办事处、唐家泊镇、官道镇、经济开发区、观里镇、翠屏街道办事处等有少量或零星分布。

四级地平均单产为10547.51kg/hm²，其中小麦产量为4312.5kg/hm²，玉米产量为6235kg/hm²，相当于全国耕地地力三级地产量水平。

表6-13 四级地各利用类型面积

利用类型	评价单元（个）	面积（hm²）	占总农地面积比例（%）	占四级地面积比例（%）
水浇地	470	570.48	0.65	3.95
旱地	3146	7042.17	8.05	48.77
园地	2715	6827.66	7.8	47.28
合计	6331	14440.31	16.5	100

（二）主要属性分析

四级地土壤类型以典型棕壤、棕壤性土为主，主要分布在各镇（街道办事处、区）缓丘中上部，地形部位较高。土壤表层质地主要是中壤、轻壤和沙壤，土体构型以沙壤砂底、中壤砂底、轻壤砂腰为主。微地貌类型以岭地、河滩地、岭坡梯田为主，地形坡度为5°～15°。有一定面积的地块存在土层薄，近山阶地中有部分的夹砾石层，总体上可耕性较强。农田水利设施尚不完善，灌溉条件相对较差，年灌溉次数以1水和2水为主，部分地区为3水，灌溉保证率能达到50%，但土壤砂性大，保供性能差，易旱易涝。土壤有机质含量整体较低，部分地块中全氮、速效钾、有效硫、交换性钙、交换性镁及有效硼和有效钼含量偏低，其他养分处于中等以上水平，相对比较理想；也有部分耕地和果园土壤pH为4.5～5.5，酸化现象较严重（见表6-14和表6-15）。

（三）存在问题

四级地存在的问题：一是土体厚度小，部分地块土体厚度为薄层和中层，土体厚度为15～30cm；耕层中存在明显的障碍性层次，砾石较多，阻碍作物的正常发育；沿河两岸地带的少部分地块为均砂质，通体为沙壤。二是多数地块地形坡度较大，为3°～7°，容易引起水土流失和养分淋失，土壤钙、镁含量较低，土壤酸化现象较普遍。三是整体上农地灌溉水平较差，年灌溉次数为1水和2水，灌溉保证率低于50%，也有部分地块分布在无水区，农地靠天吃饭。四是养分不平衡，主要表现在有机质整体偏低，交换性钙、交换性镁、有效硼、有效钾、有效硫和有效钼含量偏低。

（四）改良利用

改良利用的措施为：一是东部和北部低山丘陵区地形部位高，地块坡度较大，土体厚度相对薄，多数地块存在障碍层次，整体上要修筑梯田，平整土地，增施有机肥，增加土体厚度，减少土体内的砾石，改善物理性状。同时，兴修水利，增挖塘坝和扬水站，或铺设地下输水管道，采用节水灌溉模式，提高雨水利用率和灌溉保证率。二是沿河两岸的均砂质潮土，保水保肥力差，要通过连年增施有机肥料来逐渐地增加土层厚度和有机质含量，同时加强农田基础配套设施，采用节水灌溉模式。三是针对养分不平衡状况，适当补施钙镁肥；对土壤pH低的地块要通过石灰或酸土改良剂来改良，改良的同时又增加了钙、镁元素的含量，起到既调酸又补充养分的作用，一举两得。四是调整种植业结构，大力发展旱作农业。利用山区环境好、无污染的特点，引导和鼓励农民向生产绿色品牌果品和生产专用优质商品粮油方向发展。

五、五级地

（一）面积与分布

五级地的综合评价指数为0.55～0.62，农地面积为15529.48hm²，占区域内农地总面积的17.74%。其中旱地面积为8558.96hm²，占五级地面积的55.59%；水浇地面积为246.73hm²，仅占五级地面积的1.8%；园地面积为6693.79hm²，占五级地面积的42.61%（见表6-16）。

表 6-14　四级耕地土壤养分含量及水平

项目	有机质 (g/kg)	有效磷 (mg/kg)	速效钾 (mg/kg)	有效锌 (mg/kg)	有效硼 (mg/kg)	碱解氮 (mg/kg)	有效锰 (mg/kg)	pH	有效铜 (mg/kg)	有效铁 (mg/kg)	有效钼 (mg/kg)	有效硫 (mg/kg)	全氮 (g/kg)	缓效钾 (mg/kg)	交换性镁 (mg/kg)	交换性钙 (mg/kg)
平均值	8.7	35.7	92	2.34	0.26	63	43.68	5.7	11.78	43.39	0.09	46.4	0.70	1229	354	2124
最小值	5	12.8	24	0.28	0.06	31	13.9	4.5	4.37	3.32	0.02	28.2	0.34	463	96	40
最大值	16.2	95.6	198	8.48	0.69	137	102.14	7.2	20.25	88.8	0.22	261.3	1.52	3617	696	5840
含量水平	5级	3级	6级	2级	4级	5级	1级	4级	1级	1级	5级	1级	4级	1级	3级	5级

表 6-15　四级果园土壤养分含量及水平

项目	有机质 (g/kg)	有效磷 (mg/kg)	速效钾 (mg/kg)	有效锌 (mg/kg)	有效硼 (mg/kg)	碱解氮 (mg/kg)	有效锰 (mg/kg)	pH	有效铜 (mg/kg)	有效铁 (mg/kg)	有效钼 (mg/kg)	有效硫 (mg/kg)	全氮 (g/kg)	缓效钾 (mg/kg)	交换性镁 (mg/kg)	交换性钙 (mg/kg)
平均值	11.7	57.4	147	4.56	0.42	81	55.68	5.6	16.14	61.09	0.16	159.2	0.72	1344	524	2988
最小值	5	6.2	32	1	0.12	56	10.2	4.3	2.12	24.7	0.03	30	0.36	482	72	40
最大值	23.7	167.1	368	43.57	1.65	176	172.7	7.1	64.22	138.02	1.46	372.4	1.52	3870	1780	9960
含量水平	4级	3级	3级	1级	4级	4级	1级	4级	1级	1级	3级	1级	4级	1级	2级	4级

表 6-16 五级地各利用类型面积

利用类型	评价单元(个)	面积(hm^2)	占总农地面积比例(%)	占五级地面积比例(%)
水浇地	277	276.73	0.32	1.8
旱地	3751	8558.96	9.78	55.59
园地	2699	6693.79	7.65	42.61
合计	6727	15529.48	17.74	100

五级地主要分布在寺口镇、西城镇、松山街道办事处、亭口镇、臧家庄镇、庄园街道办事处、苏家店镇、桃村镇，其中以寺口镇分布面积最大，为 2218.82hm^2，占该镇农地面积的 48.28%，占五级地面积的 14.29%。翠屏街道办事处、庙后镇、蛇窝泊镇、杨础镇、唐家泊镇、官道镇、观里镇、经济开发区有少量或零星分布。

五级地一年一作，主要是花生、玉米轮作，平均单产为 6945kg/hm^2，其中玉米产量为 5265kg/hm^2，花生产量为 4312.5kg/hm^2，相当于全国耕地地力六级地产量水平。

(二)主要属性分析

五级地土壤类型以棕壤性土为主，有少部分褐土性土；土壤表层质地以沙壤和中壤为主，有少量轻壤、沙土。整体看土体厚度小，部分地块土体厚度为薄层和中层，土体厚度为 15～30cm；土体构型以中壤砂底、沙壤砂底为主，还有少部分均砂质。微地貌类型以岭坡梯田、岭地、荒岭坡为主，海拔较高，地形坡度为 5°～15°，以 5°～7°的面积较大，还有部分地块分布在 7°～15°，总体上可耕性较差。农田水利设施不完善，灌溉条件相对较差，年灌溉次数以 0 水和 1 水为主，有少面积的 2 水和极少面积的 3 水区，整体灌溉保证率低于 50%，少部分地区灌溉保证率能达到 50%，有大量的无灌溉区。土壤有机质含量整体偏低，部分地块中全氮、有效硼、速效钾、有效硫和有效钼含量偏低，其他养分处于中等以上水平；部分园地 pH 为 4.5～5.5，酸化较明显(见表 6-17 和表 6-18)。

(三)存在问题

五级地主要分布在山丘地区中上部的荒山岭和坡麓梯田上，耕层中存在障碍性层次，地形坡度较大，土体厚度薄；灌溉水平低，农田基础配套设施不完善，不能保证作物的正常生长；土壤有机质偏低，部分地块缓效钾含量虽然丰富，但速效钾含量较低，有效硼含量偏低的面积相对较大。原因是：地面坡度大、土层浅、质地粗、土壤结构性差、养分易淋失。

表 6-17 五级耕地土壤养分含量及水平

项目	有机质 (g/kg)	有效磷 (mg/kg)	速效钾 (mg/kg)	有效锌 (mg/kg)	有效硼 (mg/kg)	碱解氮 (mg/kg)	有效锰 (mg/kg)	pH	有效铜 (mg/kg)	有效铁 (mg/kg)	有效钼 (mg/kg)	有效硫 (mg/kg)	全氮 (g/kg)	缓效钾 (mg/kg)	交换性镁 (mg/kg)	交换性钙 (mg/kg)
平均值	8.6	35.8	90	2.27	0.27	65	43.75	5.7	11.78	43.39	0.11	45.8	0.70	1230	458	1912
最小值	4.4	4.4	24	0.34	0.07	31	13.9	4.5	3.37	4.32	0.02	28	0.28	448	120	44
最大值	15.3	92.7	156	6.48	0.72	124	102.14	7	20.25	88.8	0.25	251.4	1.44	3210	648	5884
含量水平	5 级	3 级	6 级	2 级	4 级	5 级	1 级	4 级	1 级	1 级	4 级	4 级	5 级	1 级	2 级	6 级

表 6-18 五级果园土壤养分含量及水平

项目	有机质 (g/kg)	有效磷 (mg/kg)	速效钾 (mg/kg)	有效锌 (mg/kg)	有效硼 (mg/kg)	碱解氮 (mg/kg)	有效锰 (mg/kg)	pH	有效铜 (mg/kg)	有效铁 (mg/kg)	有效钼 (mg/kg)	有效硫 (mg/kg)	全氮 (g/kg)	缓效钾 (mg/kg)	交换性镁 (mg/kg)	交换性钙 (mg/kg)
平均值	11.3	57.7	146	4.73	0.39	77	54.94	5.7	16.41	61.38	0.13	150.8	0.71	1339	561	3104
最小值	4.5	6.4	54	0.42	0.17	38	22.03	4.6	2.59	27.1	0.02	29.6	0.38	468	72	80
最大值	19.6	166.4	395	44.02	1.12	152	108.82	7.8	52.75	116.9	1.58	371.5	1.73	3574	1889	15520
含量水平	4 级	3 级	4 级	1 级	4 级	4 级	1 级	4 级	1 级	1 级	4 级	1 级	5 级	1 级	2 级	3 级

(四)改良利用

近年来,这部分农地一直是栖霞市中低产田改造的重点。改良利用的措施为:应根据实际情况发展林果业,种植葡萄、苹果、板栗等果品。同时加大荒山治理力度,综合整治山水林田路。要复修加高地堰,挖好排水沟,防止水土流失;深耕加深、加厚土体,改善土壤结构和质地,提高土壤的保肥能力和抗旱能力;通过增施有机肥,提高土壤有机质,改善土壤团粒状况和理化性状,培肥地力。利用方向是:整修梯田,营造水土保持林,提高综合控制水能力;因地制宜调整种植业结构,发展耐旱耐贫瘠作物,利用环境好、无污染的特点,引导鼓励农民发展绿色无公害果品或发展经济林,实行多种经营,增加收入。

六、六级地

(一)面积与分布

六级地的综合评价指数小于 0.55,农地面积为 24948.61hm^2,占区域内农地总面积的 28.51%。其中园地面积为 9584.52hm^2,占六级地面积的 38.42%;旱地面积为 14877.32hm^2,占六级地面积的 59.63%;水浇地面积为 486.76hm^2,仅占六级地面积的 1.95%(见表 6-19)。

表 6-19 六级地各利用类型面积

利用类型	评价单元(个)	面积(hm^2)	占总农地面积比例(%)	占六级地面积比例(%)
水浇地	411	486.76	0.56	1.95
旱地	6111	14877.32	17	59.63
园地	3834	9584.52	10.95	38.42
合计	10356	24948.6	28.51	100

六级地主要分布在桃村镇、唐家泊镇、蛇窝泊镇、翠屏街道办事处、西城镇,其中以桃村镇分布面积最大,为 6304.39hm^2,占该镇农地面积的 60.66%,占六级地面积的 25.27%。庙后镇、庄园街道办事处、松山街道办事处、亭口镇、苏家店镇、臧家庄镇、寺口镇、杨础镇、官道镇、观里镇等有少量或零星分布,经济开发区没有六级地分布。

六级地平均单产为 6216kg/hm^2,其中一年一作玉米产量为 5382kg/hm^2,一年一作花生产量为 3525kg/hm^2,相当于全国耕地地力六级地产量水平。

(二)主要属性分析

六级地土壤类型以棕壤性土为主,表层质地以沙壤、沙土为主,有少量中壤、轻壤。土体构型为沙壤砂底或中壤砂底,土体厚度小,有相当一部分为 15~30cm。微地貌类型以岭地、荒岭坡、岭坡梯田、河滩地为主,有少量沿河阶地、倾斜平地、微斜平地,地形坡度大于 7°。灌溉保证率很低,有大量的无灌溉区。土壤养分含量与五级地持平(见表 6-20 和表 6-21)。

表 6-20　六级耕地土壤养分含量及水平

项目	有机质 (g/kg)	有效磷 (mg/kg)	速效钾 (mg/kg)	有效锌 (mg/kg)	有效硼 (mg/kg)	碱解氮 (mg/kg)	有效锰 (mg/kg)	pH	有效铜 (mg/kg)	有效铁 (mg/kg)	有效钼 (mg/kg)	有效硫 (mg/kg)	全氮 (g/kg)	缓效钾 (mg/kg)	交换性镁 (mg/kg)	交换性钙 (mg/kg)
平均值	8.6	35.4	92	2.24	0.27	66	43.88	5.7	11.64	43.61	0.11	45.2	0.72	1224	426	2008
最小值	4.7	3.2	24	0.36	0.08	35	11.46	4.5	1.27	4.58	0.04	28	0.3	440	108	44
最大值	14.3	72.7	176	7.17	0.69	94	98.25	7	21.38	88.8	0.22	256.4	1.47	3422	660	5848
含量水平	5 级	3 级	6 级	2 级	4 级	5 级	1 级	4 级	1 级	1 级	4 级	4 级	5 级	1 级	2 级	5 级

表 6-21　六级果园土壤养分含量及水平

项目	有机质 (g/kg)	有效磷 (mg/kg)	速效钾 (mg/kg)	有效锌 (mg/kg)	有效硼 (mg/kg)	碱解氮 (mg/kg)	有效锰 (mg/kg)	pH	有效铜 (mg/kg)	有效铁 (mg/kg)	有效钼 (mg/kg)	有效硫 (mg/kg)	全氮 (g/kg)	缓效钾 (mg/kg)	交换性镁 (mg/kg)	交换性钙 (mg/kg)
平均值	11	56.4	145	5.11	0.41	76	54.45	5.9	14.58	64.4	0.14	134	0.74	1324	530	3244
最小值	4.9	12	52	0.91	0.1	38	18.4	4.3	2.94	21.9	0.04	30	0.36	495	84	72
最大值	24.5	167.5	461	45.34	1.43	162	115	7.9	31.31	74.6	1.43	384.6	1.74	3626	1889	13364
含量水平	4 级	3 级	4 级	1 级	4 级	4 级	1 级	4 级	1 级	1 级	4 级	1 级	5 级	1 级	2 级	3 级

(三)存在问题

六级地大多处于山丘陵坡,土壤大多是粗骨土类,土层薄,质地粗,土层中夹杂的砾石比较多,土壤有机质含量普遍较低,土壤物理性状较差,并且较大的地形坡度使得土体淋溶强度大,养分易流失,再加上灌溉水平较低,大部分靠天吃饭。

(四)改良利用

六级地由于自身生产条件和外部生产环境都较差,所以要合理改良利用。一要平整土地,修筑高标准的梯田,减少水土及养分流失。二是增施有机肥,培肥土壤,增加保蓄肥水的能力。三是加强配套基础设施建设,充分利用山沟自然条件,因地制宜地修筑塘坝、蓄水池,拦截丰水期地表径流水,加强蓄水,提高灌溉能力,增加灌溉面积。利用方向是:调整种植业结构,适当发展经济林、用材林,实行多种经营。

第三节　耕地地力等级符合性检验

根据全国农技中心对测土配方施肥项目县耕地地力评价的要求,2011 年 10 月,在县域地力评价初步结果出来后,栖霞市地力评价技术小组对耕地地力评价结果与实际情况符合性进行了检验。检验采取综合数据分析与实地调查验证相结合的方式,具体如下:首先,技术小组根据地力分级图,将所有 1478 个地力评价点所在地块按照调查表中的面积和产量进行加权平均统计,结合试验示范结果,折算成相应的粮食产量,小麦、玉米按 1 折 1,油料按 1 折 2,蔬菜按 3 折 1,分别赋予一级到六级地不同地力的产量水平;再根据各级耕地的产量水平和分级面积,统计出区域内年耕地农作物总产量(折粮食)为 43.2467 万吨(见表 6-22)。

表 6-22　　耕地地力评价结果面积与产量统计表

等级	一级地	二级地	三级地	四级地	五级地	六级地	总计
(平均)面积(hm^2)	2712.35	6421.72	5877.5	7612.65	8835.7	15364.09	46824
单产(kg/hm^2)	17244	14335	12543	10547.5	6945	6216	9100.66
总产(kg/hm^2)	29527763	92056360	73721483	80294426	61363937	89165496	432467152

根据栖霞市统计年鉴提供的统计数字,2008～2010 年主要农作物的总产及折粮情况如下:2008 年农作物总产量(折粮食)为 43.5825 万吨,2009 年农作物总产量(折粮食)为 43.8408 万吨,2010 年农作物总产量(折粮食)为 43.6430 万吨,三年平均总产量(折粮食)为 43.6887 万吨(见表 6-23)。

表 6-23　　2008～2010 年农作物总产量统计表

年份	小麦(吨)	玉米(吨)	油料(吨)	蔬菜(吨)	折粮食合计(吨)
2008	73694	141357	68307	252482	435825
2009	73153	147689	73734	210296	438408
2010	72740	147612	67416	243737	436430
三年平均					436887

由表6-22和表6-23可以看出，根据地力评价结果折算的粮食总产量与统计部门每年及三年平均总产量基本相符，这说明本次耕地地力评价的结果符合栖霞市农业生产实际情况。

在对每个地力分级赋予相应的粮食产量水平后，技术小组对每级地赋予的粮食产量进行了符合性检验。根据不同地力水平的行政区域分布状况，按照随机、均匀分布的原则，在2008年的所有耕地地力评价点位中选取150个耕地地力点作为符合性检验调查点，每个等级23～25个(见表6-24)。

调查点位确定后，技术小组分成四个小组，每个小组负责4个镇(街道办事处、区)，与镇(街道办事处、区)农技骨干一起按照调查点名单进村入户，调查核实三年粮食平均产量，并选择当地有丰富经验的农民座谈，对与调查地块基本情况相同的平均单产进行校正，然后按照粮田1折1，油料1折2，蔬菜3折1折算粮食产量，再对全市各地力等级的调查点位的面积和产量进行加权平均，调查结果见表6-25。

表6-24 耕地地力等级符合性检验调查点位分布情况

镇(街道办事处、开发区)	一级地(个)	二级地(个)	三级地(个)	四级地(个)	五级地(个)	六级地(个)	合计(个)
翠屏	—	—	—	—	4	4	8
庄园	—	—	—	2	—	4	6
松山	—	—	4	4	—	—	8
苏家店	—	2	4	—	3	—	9
寺口	—	—	—	4	4	—	8
西城	—	—	—	—	4	4	8
官道	6	3	—	—	2	—	11
观里	5	3	—	—	—	—	8
杨础	—	4	3	3	—	—	10
蛇窝泊	3	4	4	2	—	2	15
桃村	—	—	3	3	—	4	10
唐家泊	—	—	—	2	2	4	8
庙后	—	—	—	3	4	3	10
亭口	—	—	4	4	—	—	8
臧家庄	6	3	3	—	2	—	14
开发区	5	4	—	—	—	—	9
合计	25	23	25	27	25	25	150

表 6-25　　不同地力分级基础情况符合性检验调查表

地力级别	调查点数	产量范围（kg/hm^2）	平均粮食产量（kg/hm^2）	地形部位	农田基础设施	灌溉水源	排灌能力	表层质地
1	25	15750～18750	17257	缓丘平原、河滩地	基本配套	井水	较好	中壤、轻壤
2	23	13500～14625	14318	河滩地、缓丘平原、缓平坡地	基本配套	井水	较好	轻壤、中壤、沙壤
3	25	12000～13350	12574	缓平坡地、河滩地	基本配套	水库、井水	中等	沙壤、轻壤、壤质土
4	27	10500～11700	10545	丘陵缓坡、缓平坡地、河滩地	基本配套	水库、井水	中等	壤质土、沙壤、轻壤、
5	25	6375～7500	6973	丘陵中下部的缓坡地段	不配套	水库或无水源	较差	壤质土、石碴土、薄层中壤土
6	25	5250～6350	6240	山地丘陵中上部，海拔较高，坡度较大	不配套	水库或无水源	较差	石碴土、壤质土、粗沙土
合计	150	—	—	—	—	—	—	—

由表 6-25 可以看出，通过对 150 户不同地力点进行实地调查，统计结果表明，全市一至六级地的调查产量水平与对应地力评价点赋予的产量水平基本吻合。其中一级地25个符合性检验调查点中，最低单产为 15750kg/hm^2，最高单产为 18750kg/hm^2，平均单产为 17257kg/hm^2；与其对应的地力评价点赋予的产量水平为 17244kg/hm^2，略低于复核的平均单产，是一级地复核平均单产的 99.92%。

二级地 23 个符合性检验调查点中，最低单产为 13500kg/hm^2，最高单产为 14625kg/hm^2，平均单产为 14318kg/hm^2；与其对应的地力评价点赋予的产量水平为 14335kg/hm^2，略高于复核的平均单产，是二级地复核平均单产的 100.12%。

三级地 25 个符合性检验调查点中，最低单产为 12000kg/hm^2，最高单产为 13350kg/hm^2，平均单产为 12574kg/hm^2；与其对应的地力评价点赋予的产量水平为 12543kg/hm^2，略低于复核的平均单产，是三级地复核平均单产的 99.75%。

四级地 27 个符合性检验调查点中，最低单产为 10500kg/hm^2，最高单产为7500kg/hm^2，平均单产为 6953kg/hm^2；与其对应的地力评价点赋予的产量水平为 10547.5kg/hm^2，与复核的平均单产基本相同，是四级地复核平均单产的 100.02%。

五级地 25 个符合性检验调查点中，最低单产为 6375kg/hm^2，最高单产为 18750kg/hm^2，平均单产为 6973kg/hm^2；与其对应的地力评价点赋予的产量水平为 6945kg/hm^2，略低于复核的平均单产，是五级地复核平均单产的 99.59%。

六级地 25 个符合性检验调查点中，最低单产为 5250kg/hm²，最高单产为 6350kg/hm²，平均单产为 6240kg/hm²；与其对应的地力评价点赋予的产量水平为 6216kg/hm²，略低于复核的平均单产，是一级地复核平均单产的 99.62%。

技术小组对 150 个符合性检验调查点的主要物理性状，按照分级进行了统计分析，与对应的等级耕地地力评价结果基本一致(见表 6-26)。

表 6-26　　不同地力分级理化性状符合性检验调查表

地力级别	容重(g/cm^3)	有机质平均(g/kg)	全氮平均(g/kg)	有效磷平均(mg/kg)	速效钾平均(mg/kg)
1	1.27	9.4	0.74	37.6	118
2	1.32	9.2	0.73	36.2	106
3	1.34	8.9	0.72	35.7	110
4	1.38	9	0.69	36.1	94
5	1.47	8.7	0.71	35.8	96
6	1.47	8.5	0.68	35.8	90

结合各级地的立地条件、理化性状(见表 6-24 和表 6-25)来分析，一级和二级地主要分布在缓丘平原等山间泊地、河滩地，表层质地以中壤和轻壤为主，土层深厚，耕层容重平均为 1.27～1.32g/cm³，土壤有机质含量较高，物理性状良好，保肥保水力较强，有效养分丰富，农田基础设施基本配套，灌溉保证率高，是理想的高产田。按照一、二级地的产量水平，相当于农业部一级地标准。

三级地主要分布在河滩地、缓平坡地、缓丘平原前缘，表层质地以轻壤和沙壤为主，土体厚度以中层为主，耕层容重平均为 1.34g/cm³，土壤有机质含量较高，物理性状较好，基础设施基本配套，灌溉保证率较高。按照三级地的产量水平，相当于农业部二级地标准。

四级地主要分布在丘陵缓坡、缓平坡地，部分为河滩地，表层质地以沙壤、壤质地和轻壤为主，土壤容重为 1.38g/cm³，质地较粗，土体厚度较薄，土壤通透性较好，但保肥保水能力相对较差。土壤有机质含量中等，有效养分较低。农田基础设施基本配套，但灌溉保证率较低，不能完全满足作物生长发育的需要，一定程度上影响了作物产量。按照四级地的产量水平，相当于农业部三级地标准。

五级和六级地主要分布在山地丘陵中上部的缓坡地段，部分分布在丘陵上部，海拔较高，坡度相对较大，表层质地以壤质土、粗沙土和石碴土为主，土壤容重为 1.47g/cm³，质地较粗，土体厚度较薄，土壤通透性较好，但保肥保水能力差。土壤有机质和有效养分含量低。农田基础设施不配套，灌溉水源是周边的小水库或靠天吃饭，灌溉保证率低，直接影响了作物产量。按照五、六级地的产量水平，相当于农业部六级地标准。

通过实地产量调查和生产环境综合来看，全市耕地地力评级客观地反映了相应耕地的地力水平，评价结果符合区域内的农业生产实际情况。

第三篇　农地改良与可持续利用

第七章　农地资源的合理利用与改良

第一节　利用与改良的农地资源现状与特征

一、农地地貌、微地貌类型分布

栖霞市地处胶东半岛腹地，总面积为 2017.7km²，属山区丘陵地形，素有“六山一水三分田”之说，又有“胶东屋脊”之称。境内地势较高，山岭脉脉相连，迂回曲折，横贯市境，中部成为南北分水岭。两侧余脉多呈南北走向，形成低山丘陵，夹杂部分河谷冲积平原。全境农地分山、丘、泊三大地貌类型、十个微地貌单元，其中山地占 12.68%，丘陵占 73.13%，平原占 14.19%（见表 7-1）。

表 7-1　　地貌、微地貌类型农地面积表

地貌类型	微地貌名称	农地面积	
		面积（hm²）	占总农地面积比例（%）
山地	石质山岭	—	—
	荒坡岭	245.06	0.28
	岭坡梯田	10791.59	12.33
	沟谷梯田	61.27	0.07
	小计	11097.92	12.68
丘陵地	岭地	57677.66	65.9
	倾斜平地	5111.34	5.84
	微斜平地	936.5	1.07
	沿河阶地	280.07	0.32
	小计	64005.57	73.13

续表

<table>
<tr><th rowspan="2">地貌类型</th><th rowspan="2">微地貌名称</th><th colspan="2">农地面积</th></tr>
<tr><th>面积(hm²)</th><th>占总农地面积比例(%)</th></tr>
<tr><td rowspan="3">泊地</td><td>泊地</td><td>962.75</td><td>1.1</td></tr>
<tr><td>河滩地</td><td>11456.76</td><td>13.09</td></tr>
<tr><td>小计</td><td>12419.51</td><td>14.19</td></tr>
<tr><td colspan="2">合计</td><td>87523</td><td>100</td></tr>
</table>

二、农地土壤类型分布

区域内农地土壤分为3个土类、7个亚类、16个土属、148个土种。其中棕壤土类农地面积为73134.22hm^2，占总农地面积的83.56%；褐土土类农地面积为2485.66hm^2，占总农地面积的2.84%；潮土土类农地面积为11903.13hm^2，占总农地面积的13.6%(见表7-2)。

表7-2　　农地不同土壤类型分布表

<table>
<tr><th colspan="2">土类</th><th colspan="2">亚类</th><th colspan="5">土属</th></tr>
<tr><th rowspan="2">学名</th><th rowspan="2">俗名</th><th rowspan="2">学名</th><th rowspan="2">俗名</th><th rowspan="2">编号</th><th colspan="2">土地面积</th><th colspan="2">耕地面积</th></tr>
<tr><th>面积(hm²)</th><th>占土地面积比例(%)</th><th>面积(hm²)</th><th>占耕地面积比例(%)</th></tr>
<tr><td rowspan="15">棕壤A</td><td rowspan="15">黄堰土</td><td rowspan="6">棕壤性土Aa</td><td rowspan="6">山岭土</td><td>Aa1</td><td>112874.03</td><td>55.9</td><td>39061.47</td><td>44.63</td></tr>
<tr><td>Aa2</td><td>5382.66</td><td>2.7</td><td>2100.55</td><td>2.4</td></tr>
<tr><td>Aa4</td><td>5935.29</td><td>2.9</td><td>2625.69</td><td>3.0</td></tr>
<tr><td>Aa6</td><td>2535.71</td><td>1.3</td><td>962.75</td><td>1.1</td></tr>
<tr><td>Aa7</td><td>2514.46</td><td>1.2</td><td>1400.37</td><td>1.6</td></tr>
<tr><td>小计</td><td>129242.16</td><td>64.1</td><td>46150.83</td><td>52.73</td></tr>
<tr><td rowspan="3">棕壤Ac</td><td rowspan="3">黄堰土</td><td>Ac3</td><td>23221.97</td><td>11.5</td><td>14178.73</td><td>16.2</td></tr>
<tr><td>Ac7</td><td>13972.17</td><td>6.9</td><td>8139.64</td><td>9.3</td></tr>
<tr><td>小计</td><td>37194.15</td><td>18.4</td><td>22318.37</td><td>25.5</td></tr>
<tr><td rowspan="2">潮棕壤Ae</td><td rowspan="2">泊地土</td><td>Ae3</td><td>6775.07</td><td>3.4</td><td>4638.72</td><td>5.3</td></tr>
<tr><td>小计</td><td>6775.07</td><td>3.4</td><td>4638.72</td><td>5.3</td></tr>
<tr><td rowspan="2">白浆化棕壤Af</td><td rowspan="2">白汤土
澥涝黄</td><td>Af2</td><td>96.4</td><td>0.05</td><td>26.3</td><td>0.03</td></tr>
<tr><td>小计</td><td>96.4</td><td>0.05</td><td>26.3</td><td>0.03</td></tr>
<tr><td colspan="3">合计</td><td>173307.78</td><td>85.9</td><td>73134.22</td><td>83.56</td></tr>
</table>

续表

土类		亚类		土属				
学名	俗名	学名	俗名	编号	土地面积		耕地面积	
					面积(hm^2)	占土地面积比例(%)	面积(hm^2)	占耕地面积比例(%)
褐土B	灰堰土	褐土性土 Ba	石灰性土	Ba3	2718.57	1.4	962.75	1.1
				Ba4	1210.72	0.6	612.66	0.7
				Ba7	665.86	0.3	437.62	0.5
				小计	4595.15	2.3	2013.03	2.3
		褐土 Bd	灰堰土	Bd3	604	0.3	437.62	0.5
				Bd9	45.8	0.02	35.01	0.04
				小计	649.8	0.3	472.63	0.54
		合计			5244.95	2.6	2485.66	2.84
潮土C	淤土	潮土 Cb	淤土	Cb4	22812.46	11.3	11640.56	13.3
				Cb4′	407.48	0.2	262.57	0.3
				小计	23219.94	11.5	11903.13	13.6
		合计			23219.94	11.5	11903.13	13.6
总合计					201772.67	100	87523.01	100

三、农地耕层质地类型分布

土壤耕层质地是土壤的一个重要的物理性质，它反映了土壤的农业生产特点。质地划分以砂黏两种粒级所占百分比为依据。依据土壤质地分类标准，土壤耕层质地分为中壤、轻壤、沙壤、沙土四种类型。不同利用类型耕层质地面积分布情况见表 7-3。由表可以看出，区域内农地耕层质地以沙壤为主，占农地总面积的 42.1%，其次是轻壤，占 31.5%，总体状况较好，物理性状较差的沙土面积很少，仅占总面积的 2.06%。

表 7-3　农地耕层质地面积分布表

利用类型	中壤		轻壤		沙壤		沙土	
	面积(hm^2)	比例(%)	面积(hm^2)	比例(%)	面积(hm^2)	比例(%)	面积(hm^2)	比例(%)
耕地	11728.02	25.05	13316.25	28.44	20818.81	44.46	960.92	2.05
园地	9583.49	23.55	14249.58	35.01	16025.37	39.38	840.57	2.07
农地	21311.51	24.35	27565.83	31.50	36844.18	42.1	1801.49	2.06

四、土壤养分状况

2008 年至 2011 年，辖区内取土样 5762 个，经化验分析监测，耕层有机质平均含量为 10.7g/kg，属于中等偏低水平，变幅为 4.4～24.7g/kg；土壤碱解氮平均含量为71mg/kg，属于中等偏低水平，变幅为 31～184mg/kg；土壤有效磷平均含量为53.3mg/kg，属于较高水平，变幅为 3.2～173.4mg/kg；土壤速效钾平均含量为145mg/kg，属于中等偏上水平，变幅为 24～484mg/kg；土壤 pH 为 4.3～8.3，大部分为微酸性至中性，相对于 1983 年的普查结果，土壤趋于酸化。总体来看，区域内农地养分状况中等偏上，个别养分如土壤速效磷普遍丰富。

五、农地的主要障碍因素

区域内农地存在的主要障碍因素有以下几个方面：

(1)旱：主要是水资源不足。栖霞年降水量平均为 774.0mm，而年蒸发量平均为 2013.4mm，蒸发量约是降水量的 3 倍，加之降水时间分布不均，常出现季节性干旱。辖区内低产土壤类型多数为棕壤性土、褐土性土和粗骨土，这些土壤由于土层薄，砂性大，容易出现干旱。

(2)涝：年降水不均是造成季节性涝灾的重要原因。栖霞年降水量多集中在夏季(6～8 月)，降水量为 501.2mm，占全年平均降水量的 65.0%，常形成涝灾。低平地的棕壤土，由于质地黏重，水分下渗困难，地下水位浅，一遇大雨，常造成地表积水，影响作物正常生长，降低产量。

(3)薄：不仅土层薄，而且地力薄。从土体厚度看，栖霞大部分地区为丘陵地，土体较薄，土层薄则保肥水性能差，养分储量低，不利于作物生长，难以形成高产田。土壤中典型棕壤亚类、褐土亚类、潮褐土亚类心土层容重偏大，结构紧密，影响作物根系下扎，应加以改良。

六、农地改良利用类型区划

根据农业部和山东省农地改良利用原则，结合区域内实际情况，将影响农地利用的各类限制因素归纳为农地自然环境要素、农地土壤养分要素和农地土壤物理要素。全区农地改良利用划分为 3 个改良利用类型区，即农地自然环境条件改良利用区、农地土壤培肥改良利用区、农地土体整治改良利用区。

(一)农地土壤培肥类型

需要培肥改良的农地分布比较广泛，非改良农地面积为 5015.29hm^2，仅占农地总面积的 5.73%。西部相对比较平坦的地区和东部丘陵区农地均需要进行不同程度的培肥改良。总体上，区域内土壤养分的特点是农地中单一养分缺乏较普遍，主要是有机质、有效硼和速效钾在不同地区不同程度的缺乏。其中主要是有机质缺乏，占农地总面积的 72.74%；其次是硼素缺乏，农地面积为 75456.84hm^2，占农地总面积的 86.22%。缺乏单一养分的农地面积为 24730hm^2，占农地总面积的 28.26%；同时缺乏两种养分的农地面积为 55036.53hm^2，占农地总面积的 62.88%；同时缺乏三种养分的农地面积为 2741.17hm^2，占农地总面积的 3.14%。

(二)农地自然环境条件改良类型

区域内农地自然环境条件相对较好，由于自然环境条件受地势影响较大，因此西部地形坡度较小的地区明显好于东部山区。全区农地自然环境条件非改良农地面积为

31370.95hm²,占农地总面积的35.84%,需要改良的农地主要分布在东部地区。农地自然环境条件改良利用的主要方向为有效增加土层厚度,防止水土流失,保护农层土壤;其次是改善农地灌溉条件,尤其是东部山区的灌溉条件,提高灌溉保证率。

(三)农地土体整治改良类型

区域内农地土体结构整体一般,不需改良的农地面积为9695.26hm²,占农地总面积的11.08%;需要改良的面积分布比较广泛,耕层为沙壤、沙土或者耕层中含有石碴土、粗骨土等障碍性层次。其中耕层质地较差的农地面积为38667.87hm²,占农地总面积的44.18%;土体构型较差的农地面积为77150.21hm²,占农地总面积的88.15%。单一条件较差的农地面积为39837.4hm²,占农地总面积的45.51%;两种条件都较差的农地面积为37990.34hm²,占农地总面积的43.41%。总之,对于西部地区,宜采取秸秆还田、增施有机肥料等措施,来改善偏砂的土壤表层质地;对于东部山区,除采取上述措施外,还应采取深耕等措施来改善不良的土体结构,这将是栖霞农地土体整治改良的主要方向。

第二节 农地改良的实践与效果

土壤是农业生产的基础,肥力是生产率的基础。改良和培肥土壤,建设高产稳产田,是发展农业生产的基本建设。土壤的改良与培肥应做到三个结合,即农林牧结合,工程措施与生物措施结合,改良利用与培肥地力结合。按照我国走有机农业的道路,培肥土壤要因地制宜,搞好间、套、轮作,发展畜牧业,广积农家肥,秸秆还田,不断增加土壤有机质含量,促进土壤养分积累。最近几年,我们在测土配方施肥的同时,做了以下几个方面耕地改良的实践与探索工作:一是中低产田改造模式;二是缓丘平原农区可持续高效农业模式;三是旱作小麦高产高效模式;四是山丘岭地苹果园水肥一体化微喷灌节水灌溉模式。

一、中低产田改造模式

栖霞结合农业综合开发项目,陆续在部分镇(街道办事处、区)实施了中低产田改造。2008～2011年间,分别对西城镇西南仓上村、初家村、三宿夼村、苗家沟村、蔡家沟村等的1665hm²农田,对观里镇大山口村、小山口村、辛庄村、郭格庄荆村的667hm²农田,对官道镇程家庄村、霞泊村、逍遥庄、驼山、栾格庄的1333hm²农田进行了中低产田改造。

(一)采取的主要措施(以2008年西城镇的1665hm²中低产田改造为例)

1.水利工程

新上风力扬水设备50台套,管灌733hm²,管道总长为65km;新建拦水闸6处;新建扬水站6座,泵站5座;新建主排水沟桥涵和田间涵洞310座;新建蓄水池11个。

2.农业措施

整修沥青道路36km,路面宽5m,压砂石厚度10cm;测土配方施肥面积1665hm²;大犁深耕面积667hm²;建立标准葡萄园667hm²。

3.农业科技

利用农闲季节组织农民进行培训,年培训6000人次,发放"明白纸"30000份。

4. 林业措施

按方田建设规划出田间林网，生产主路两侧各一行树，株距 2m，共植速生杨 30000 株。

(二)效果

实现了地连片，田成方，井渠配套，沟相通，路相连，林成网。土壤活土层平均增加 5cm，土壤有机质增加 0.5g/kg。新增粮食生产能力 825kg/hm^2，年新增农业产值 2895 元/hm^2，农民人均纯收入增加 200 元。带动周边的粮食生产向规模化、标准化方向发展，经济、社会效益显著。

二、缓丘平原农区可持续高效农业模式

近几年，栖霞市农业局在官道镇、杨础镇、松山街道办事处等缓丘泊地农区进行了大量试验示范，探讨有效的作物间作、轮作方式，设施种植，高效合理地利用耕地资源、水资源、光资源、热资源。

(一)主要措施

1. 四茬菠菜一季玉米间大豆高产高效栽培模式

8 月中旬春玉米间大豆收获后，抢种第一茬菠菜，播种量为 30～37.5kg/hm^2，生长期为 40 天，产量为 30000kg/hm^2。第二茬菠菜“十一”前后播种，播种量为 7.5～15kg/hm^2，生长期为 50～60 天，产量为 60000kg/hm^2。第三茬越冬菠菜 11 月下旬播种，播种量为 15kg/hm^2，2 月中下旬覆膜，3 月中下旬收获，并抢种春菠菜，4 月下旬至 5 月上旬收获第四茬菠菜。“五一”前后播种玉米，大行间种大豆。菠菜品种以日本“急先锋”为主，其他品种有适合春播的托莱、北海道，适合越冬的秋绿，适合秋播的美佳顿。

此耕作模式下，菠菜的产量高低取决于有机肥的投入和氮、磷、钾的投入量和投入比例。一是加大有机肥投入：每公顷投入 37500kg 鸡粪，高浓度三元复合肥 750kg 做基肥，用旋耕犁均匀地将肥料旋入耕层内。二是科学配方施肥：菠菜四片真叶至团棵期，结合浇水 2～3 次，追施尿素 450～750kg/hm^2。如果追施尿素超过 750kg/hm^2，则植株氮营养超过 5.2%，有氮过头现象；如果追施尿素少于 450kg/hm^2，则植株氮营养少于 4.7%，则多出现总体脱肥、黄瘦现象，产量低，不适于加工出口。全生育期适宜的氮、磷、钾比例为5∶1∶2。

2. 设施草莓—玉米间平菇高产高效栽培模式

8 月上旬草莓育苗，9 月下旬大棚移栽。5 月上旬，大棚揭棚，玉米间作平菇，充分利用玉米茎叶的遮阳作用，创造食用菌生长的适宜环境，粮菌互利，经济效益高。玉米间作平菇，每公顷可产鲜菇 37500kg、玉米 9750kg，比玉米纯作增值 10 倍以上。

种植方式：玉米采用大小行种植，大行距为 80～90cm，小行距为 50cm。结合玉米中耕、追肥和培土，使大行间形成一条深约 20cm、宽 50～60cm 的栽培床。采用这一耕作模式时：一是要施足基肥。施用优质禽畜粪便 4500kg/hm^2，高浓度复合肥 1500kg/hm^2，耕深耙透。二是实行起垄高畦覆膜栽培。三是增施磷钾肥。草莓全生育期施纯 N 150kg/hm^2，P_2O_5 277.5～375kg/hm^2，K_2O 150～225kg/hm^2，即 N∶P_2O_5∶K_2O=1∶(1.85～2.5)∶(1～1.5)为宜。施氮量过大，易引起徒长倒伏，提高磷钾肥施用量，茎叶生长壮而不旺，结实膨大快，

产量高，质量好。

(二)效果

(1)大量的有机肥投入，土壤有机质含量得到有效提升。

(2)改良效果可观。四茬菠菜产量分别为 30000kg/hm^2、60000kg/hm^2、30000kg/hm^2、30000kg/hm^2，总产为 150000kg/hm^2，玉米产量为 12000kg/hm^2，大豆产量为 3750kg/hm^2，总产值为 243000 元/hm^2。草莓—玉米间平菇模式草莓产量为 18000kg/hm^2，玉米产量为 9750kg/hm^2，平菇产量为 37500kg/hm^2，总产值为 423500 元/hm^2。

三、旱作小麦高产高效栽培模式

旱作小麦高产高效栽培模式的代表是桃村镇，平均产量为 7575kg/hm^2。

(一)主要技术措施

(1)改善土壤条件、培育发达的根系是旱地小麦高产栽培的基础。

一是深耕加厚活土层，增强旱地蓄水保墒能力，改善土壤物理性状，促进根系活力。采取深耕与浅耕相结合，深耕一年，浅耕一至三年。在秋旱年份，优质旱地变深耕为浅耕，旱薄地或一般薄地可用旋耕犁、圆盘耙灭茬，松而不翻，做到上松下实，保持底墒充足。随收、随耕、随耙，播后镇压，以及冬前、早春划锄等都有良好的蓄水保墒增产作用。

二是多渠道秸秆还田，增施有机肥，培肥地力，是培育根系、增强根系活力的又一项有效措施。采取小麦收获时高留茬 20～25cm；用联合收割机收获，小麦麦糠还田；播种前每公顷投入有机肥 1000～1500kg，有效促进土壤肥力的提高。

(2)科学合理施肥，以肥调水。多渠道增施有机肥，培肥地力，有机肥和无机肥配合施用；根据目标产量，配方施肥，高产地块在播种时每亩投入纯 N 18kg，P_2O_5 10kg，K_2O 18kg，同时加施硼肥；施肥时将全部磷钾肥料做底肥一次施足，60%氮肥做追肥，于拔节期结合灌水追施。

(3)建造合理的群体结构，选用适宜的抗旱优良品种。

(4)实施以保水为中心的田间管理技术。

(二)效果

一是桃村镇 1667hm^{2}旱地小麦整建制过 7500kg/hm^2。二是 1.4hm^{2}高产攻关田，经省专家组实打验收，平均单产为 10275.6kg/hm^2。

四、山丘岭地苹果园水肥一体化微喷灌节水灌溉模式

农业是用水、用肥大户，其用水量占社会总用水量的 70%以上，用肥量则高达 90%。栖霞区域内水资源严重短缺：一是自然降水偏少，二是可利用水资源不足，三是自然降水、地下水及地表水等水资源呈逐年下降趋势。干旱缺水已成为制约生产发展的主要因素。传统的灌溉与施肥方式存在很多缺点，水的利用率仅为 40%左右，肥料利用率平均为 30%左右，造成资源严重浪费。为了切实解决农业节水、节肥问题，创建节约型农业发展模式，栖霞市土壤肥料站承担了农业部、全国农技推广中心下达的《果园水肥一体化节水灌溉技术集成》项目。通过对观里镇、桃村镇的多年试验示范，摸清了主要技术参数，组装完善了一套苹果园水肥一体化应用技术，为苹果园水肥一体化节水灌溉技术的推广提供

了科学依据。

(一)主要技术措施

1.选择水肥一体化系统形式

水肥一体化系统形式是根据种植作物品种、面积、水源、经营管理体制等情况确定的。根据当地苹果生产的实际情况，选择微喷灌溉施肥系统，施肥装置选择活塞注肥泵、配肥容器。

2.确定微喷灌溉制度

根据果树的需水量、生育期的降水量和土壤条件(土壤容重、田间持水量、土体厚度等)确定灌水定额，一般应比大水漫灌减少50%。灌溉定额确定后，依据果树的需水规律、降水情况及土壤墒情确定灌水时期、次数和每次的灌水量。

3.确定微喷灌溉施肥制度

微喷灌溉施肥技术和传统施肥技术存在显著的差别。首先，根据果树的需肥规律、地块的土壤条件(土壤养分、土壤质地、构型等)及目标产量确定总施肥量，氮、磷、钾比例及底、追肥的比例，再根据不同生长期的需肥特性，按照少量多次的原则，确定追肥次数和每次数量。其次，微喷灌溉施肥肥料的选择也有特殊要求，底肥与传统施肥相同，但追肥的肥料品种必须是纯度较高、杂质较少、溶于水后不会产生沉淀的可溶性肥料，或者选用适宜的优质微灌专用配方肥，防止堵塞喷头。

4.规范水肥耦合操作程序

通过调节注肥泵压力、调整微喷控制区域、控制加肥速率、规范操作程序等措施，保证肥料全部施于果园土壤，并下渗到要求深度，提高水肥耦合率。

5.完善配套技术

实施苹果园水肥一体化技术应该配套应用病虫害防治和田间管理技术，还可因地制宜，采用地膜覆盖、果园生(覆)草等技术，充分发挥节水节肥优势，提高产量，改善品质，达到提高效益的目的。

(二)效果

通过大面积示范的调查研究，水肥一体化技术与常规灌溉施肥相比较：

1.提高肥料利用率效果明显

氮素利用率在48.4%～66.7%的范围内，平均为55.3%，与常规施肥相比，氮素利用率提高了15%～30%；磷素利用率在26%～41%的范围内，平均为33.2%，与常规施肥相比，磷素利用率提高了10%～20%；钾素利用率在38%～76%的范围内，平均为54.7%，与常规施肥相比，钾素利用率提高了20%～40%。

2.提高水分利用率效果明显

节水幅度可达30%～50%，水分利用率提高45%以上。实施水肥一体化技术可以使浇灌面积增加一倍左右，达到资源高效利用的目的，实现农业的可持续发展。

3.节支增收效果显著

水肥一体化技术每亩节约肥料投入100元左右，减少了灌溉、施肥劳力投入，每亩节省劳力10～15个；提高果品产量20%以上，果品质量也有明显提高，平均每亩年增加收益2000元左右。

第三节 农地资源合理利用的对策

近几年，栖霞市立足自身实际，大力推进农业的产业化、国际化和标准化“三化”进程，以国际化、产业化带动标准化，以标准化促进国际化和产业化，不断推进其向纵深发展，促进了农业经济的快速发展。栖霞市耕地资源的合理利用也遵循产业化、国际化、标准化的原则，结合土壤类型、地力水平、水利条件、种植资源，因地制宜，合理有序、可持续发展。

根据区域内的自然条件，全境共划分3个改良区、6个改良片。现将耕地资源合理利用的对策分区叙述如下：

一、山丘、岭地水土保持区及对策

本区分布在山丘岭地的中上部，坡度较大，土壤类型为棕壤性土、粗骨土，虽然排水条件好，但影响生产发展的主要问题较多。土层浅，质地差，肥力低，水土流失重，无水浇条件，受旱涝威胁较多。本区共有农地48163.06hm^2，占全部农地的55.03%。因障碍因素类型和障碍程度不同，本区可分为三个改良片：

(一)薄中层酥石底改良片

本片主要分布在各镇(街道办事处、区)丘陵中部，主要障碍因素是土体浅，15～60cm土体下为酥石底。本片共有农地41109.55hm^2，占全部农地的46.97%。因此，应在增施有机肥的基础上，深耕深翻，加厚土层，增强土壤抗逆性，同时搞好三沟配套，解除半边涝。

(二)薄中层硬石底改良片

本片分布于各镇(街道办事处、区)丘陵中上部，以桃村、松山、亭口、蛇窝泊面积最大，主要障碍因素是土体浅，15～60cm土体下为硬石底。本片共有农地4358.65hm^2，占全部农地的4.98%。改良措施是：在搞好三沟配套的基础上，整修地堰，防止土壤侵蚀和流失。

(三)极薄层封山育林片

本片广泛分布于各镇(街道办事处、区)的山地丘陵上部，主要障碍因素是水土流失严重、土层浅薄、质地差、砾石含量多。本片共有农地656.42hm^2，占全部农地的0.75%。因此，要植树造林、养草护坡，努力增加覆盖度；闸山沟、修拦水坝、搞好水土保持，对已垦殖耕地应退耕还林或者种植干杂果等经济林。

二、岭地棕壤改良区

本区主要分布在观里、官道两镇的缓丘以及其他镇(街道办事处、区)的倾斜平地。本区共有农地22318.37hm^2，占全部农地的25.5%。其主要障碍因素是20～60cm的土体内夹有较厚的黏土层，通气性不良，影响根系发育和肥水运转，排灌系统差，受季节性的旱涝害威胁。改良措施是：深耕深翻，增施有机肥，加厚活土层，改良土壤，同时完善排灌设施，扩大灌溉面积。

三、潮棕壤、河潮土精种高产区

本区分布于倾斜平地、微斜平地、山间泊地及河流沿岸，土壤类型主要为潮棕壤、河潮土，土体较深，土壤肥力较好，地下水位浅，水储量丰实，适种性广。本区共有农地16541.85hm²，占全部农地的18.9%。影响本区的主要问题是：养分比例不协调，部分土体内夹有障碍层，地势低洼，有涝害威胁。因障碍因素类型和障碍程度不同，本区可分为两个改良片：

(一)中位夹黏夹砾改良片

本片主要分布于白洋河、山东河、清水河、漩河、清阳河流域的倾斜平地、微斜平地以及部分山间泊地。本片共有农地4638.72hm²，占全部农地的5.3%。该片土体深厚，质地适中，保供性能较好，地下水较丰富，水质好，水浇条件良好。小麦、玉米一年两作，产量较高。影响本片生产发展的主要障碍因素是：部分养分不协调，排灌设施不完善，灌溉周期长，短期内有旱涝威胁。因此，应通过秸秆还田，增施有机肥，提高土壤有机质含量，注重测土配方施肥。同时要整平地面，进一步完善水利设施，搞好排灌系统，缩短灌溉周期。有条件的地区可发展微喷、微滴灌、水肥一体化技术。

(二)河潮土浅位夹砾改良片

本片主要分布于山间小河两岸，以及五大水系上游及支流沿河滩地。本片共有农地11903.13hm²，占全部农地的13.6%。其障碍因素是土层较薄，20～60cm土体内夹砾石，易干旱，漏水漏肥，排灌设施不完善。改良措施是：深翻、去砾、压土，加厚土层，提高土壤保水保肥能力，完善水利设施，搞好排灌系统，缩短灌溉周期。有条件的地区可发展微喷、微滴灌、水肥一体化技术。

专　题

专题一　栖霞市农地改良利用分区研究

耕地是农业生产和农业可持续发展的重要基础。耕地维持着作物生产力、影响着环境的质量和动物、植物甚至人类的健康。自1979～1985年第二次土壤普查以来，随着农村经营体制、耕作制度、作物品种、种植结构、产量水平和肥料使用等方面的显著变化，农地利用状况也发生了明显改变。近年来，虽然对部分农地实施了地力监测，但至今对区域中低产农地状况及其障碍因素等缺乏系统性、实用性的调查分析，使农地利用与改良难以适应新形势下农业生产发展的要求。因此，开展区域农地地力调查评价，摸清区域中低产农地状况及其障碍因素，有的放矢地开展中低产农地的科学改良利用，挖掘区域农地的生产潜力，对于栖霞市农地资源的可持续利用具有十分重要的意义。

一、农地改良利用的分区原则与分区系统

(一)农地改良利用的分区原则

农地改良利用区划的基本原则是:从农地自然条件出发，主导性、综合性、实用性和可操作性相结合。按照因地制宜、因土适用、合理利用和配置农地资源，充分发挥各类农地的生产潜力，坚持用地与养地相结合，近期与长远相结合的原则进行。以土壤组合类型、肥力水平、改良方向和主要改良措施的一致性为主要依据。同时，考虑地貌、气候、水文和生态等条件以及植被类型，参照历史与现状等因素综合考虑进行分区。

(二)农地改良利用的分区系统

根据农地改良利用原则，将影响农地利用的各类限制因素归纳为农地自然环境要素、农地土壤养分要素和农地土壤物理要素，将全区农地改良利用划分为3个改良利用类型区，即农地自然环境条件改良利用区、农地土壤培肥改良利用区、农地土体整治改良利用区，并分别用大写字母E、N和P表示。各改良利用类型区内，再根据相应的限制性主导因子，续分为相应的具体改良利用亚类。

二、农地改良利用的分区方法

(一)农地改良利用分区因子的确定

农地改良利用分区因子是指参与评定改良利用分区类型的农地诸属性。由于影响因

素很多，我们根据农地地力评价，遵循主要因素原则、差异性原则、稳定性原则、敏感性原则，进行了限制主导因素的选取。考虑与农地地力评价中评价因素的一致性，考虑各土壤养分的丰缺状况及其相关要素的变异情况，选取农地土壤有机质含量、农地土壤有效磷含量、农地土壤速效钾含量、农地土壤有效锌含量和农地土壤有效硼含量因素作为农地土壤养分状况的限制性主导因子；选取灌溉保证率、坡度和有效土层厚度作为农地自然环境状况的限制性主导因子；选取耕层质地条件和土体构型作为农地土壤物理状况的限制性主导因子。

（二）农地改良利用的分区标准

依据农业部《全国中低产田类型划分与改良技术规范》，根据山东省各市区农地地力评价资料，综合分析目前全省各农地改良利用因素的现状水平，同时针对影响栖霞市农地利用水平的主要因素，邀请具有土壤管理经验的相关专家进行分析，制定了农地改良利用各主导因子的分区及其农地改良利用类型的确定标准。具体分级标准见表1。

表1　　农地改良利用主导因子的分区标准

农地改良利用区划	限制因子	代号	分区标准
	有机质（o,g/kg）	No	＜12
	有效磷（p,mg/kg）	Np	＜15
农地土壤培肥改良利用区（N）	速效钾（k,mg/kg）	Nk	＜100
	有效锌（zn,mg/kg）	Nzn	＜0.5
	有效硼（b,mg/kg）	Nb	＜0.5
	灌溉保证（i,%）	Ei	灌溉保障率低于50%
农地自然环境条件改良利用区（E）	坡度[s,(°)]	Es	＞10°
	有效土层（d,cm）	Ed	＜60cm
农地土体整治改良利用区（P）	耕层质地（t）	Pt	沙土、沙壤、粗骨土
	土体构型（c）	Pc	土体中有障碍层次

（三）农地改良利用的分区方法

在GIS支持下，利用农地地力评价单元图，根据农地改良利用各主导因子分区标准在其相应的属性库中进行检索分析，确定各单元相应的农地改良利用类型，通过图面编辑生成农地改良利用分区图，并统计各类型面积比例。

三、农地改良利用分区专题图的生成

（一）农地土壤培肥改良利用分区图的生成

根据农地土壤养分限制因素分区标准，把栖霞市农地有机质分为两类，即有机质改良利用区和有机质非改良利用区。有机质改良利用区以代号No标注，有效磷改良利用区用代号Np标注，速效钾改良利用区用代号Nk标注，有效锌改良利用区用符号Nzn标注，有效硼改良利用区用代号Nb表示。编辑生成农地土壤培肥改良利用分区图（见图1）。

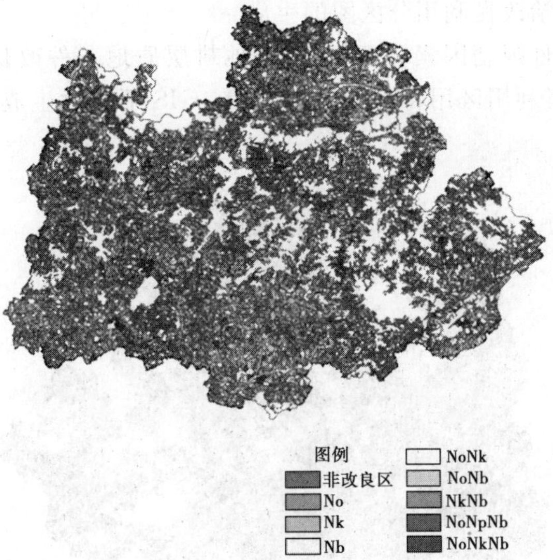

图 1　农地土壤培肥改良利用分区图

（二）农地自然环境条件改良利用分区图的生成

根据农地自然环境条件限制因素分区标准进行栖霞市农地改良利用分区。灌溉保证条件分为灌溉保证条件改良利用区和灌溉保证条件非改良利用区，改良利用区用代号 Ei 标注；坡度条件分为坡度条件改良利用区和坡度条件非改良利用区，坡度条件改良利用区用代号 Es 标注；有效土层厚度分为有效土层改良利用区和有效土层非改良利用区，有效土层改良利用区用代号 Ed 标注。标注结果如图 2 所示。

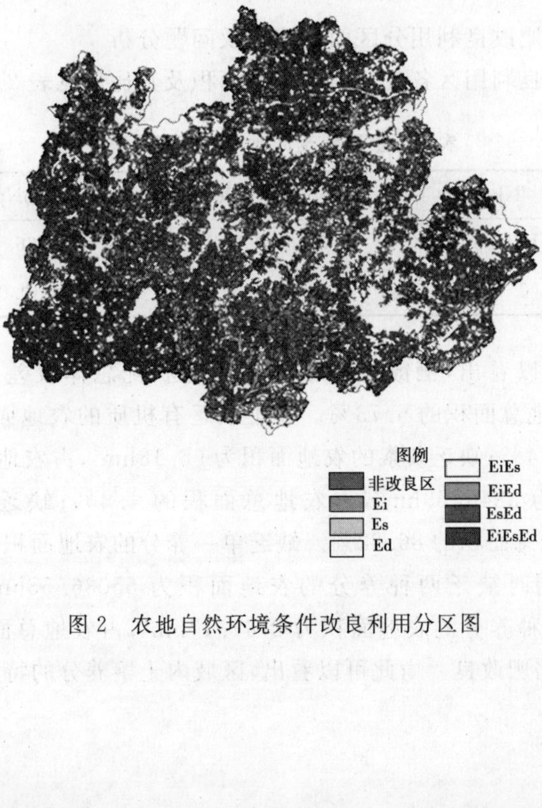

图 2　农地自然环境条件改良利用分区图

（三）农地土体整治改良利用分区图的生成

根据农地土体条件限制因素分区标准，农地耕层质地条件改良利用区用符号 Pt 标注，农地土体构型改良利用区用符号 Pc 标注。在 GIS 下检索生成农地土体整治改良利用分区图（见图 3）。

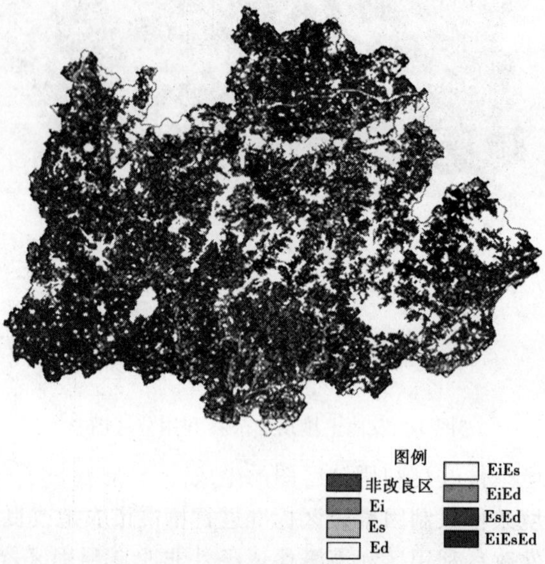

图 3　农地土体整治改良利用专题图

四、农地改良利用分区结果分析

（一）农地土壤培肥改良利用分区面积统计及问题分析

农地土壤培肥改良利用区各改良利用类型面积及其比例见表 2。

表 2　农地土壤培肥改良利用分区面积统计表

改良利用分区	No	Nk	Nb	NoNk	NoNb	NkNb	NoNpNb	NoNkNb	非改良区
面积(hm^2)	6412.85	110.65	18206.5	527.36	53975.58	533.59	66.18	2674.99	5015.29
百分比(%)	7.33	0.13	20.8	0.6	61.67	0.61	0.08	3.06	5.73

由图 1 和表 2 可以看出，栖霞市土壤主要养分状况总体较差，非改良农地面积为 5015.29hm^2，仅占农地总面积的 5.73%。其中缺乏有机质的农地面积为 63656.96hm^2，占农地总面积的 72.74%；缺乏磷素的农地面积为 66.18hm^2，占农地总面积的 0.08%；缺乏钾素的农地面积为 3846.59hm^2，占农地总面积的 4.4%；缺乏硼素的农地面积为 75456.84hm^2，占农地总面积的 86.22%。缺乏单一养分的农地面积为 24730hm^2，占农地总面积的 28.26%；同时缺乏两种养分的农地面积为 55036.53hm^2，占农地总面积的 62.88%；同时缺乏三种养分的农地面积为 2741.17hm^2，占农地总面积的 3.14%。全区锌素含量较高，不需培肥改良。由此可以看出，区域内土壤养分的特点是农地中单一养分

缺乏较普遍，主要是有机质、有效硼和速效钾在不同地区不同程度的缺乏。需要培肥改良的农地分布比较广泛，西部相对比较平坦的地区和东部丘陵区农地均需要进行不同程度的培肥改良。

从各类型面积比例看出，栖霞市农地土壤培肥改良的主要方向为增施钾肥和微肥，同时应注重有机肥料的施用，逐步提高土壤有机质和钾素含量。

（二）农地自然环境条件改良利用分区面积统计及问题分析

农地自然环境条件改良利用区各改良利用类型面积及其比例见表3。

表3　农地自然环境条件改良利用分区面积统计表

改良利用分区	Ei	Es	Ed	EiEs	EiEd	EsEd	EiEsEd	非改良区
面积（hm^2）	11629.12	1984.6	20897.68	624.81	13261.53	3611.98	4142.34	31370.95
百分比（%）	13.29	2.27	23.88	0.71	15.15	4.13	4.73	35.84

由图2和表3可以看出，栖霞市农地自然环境条件相对较好，由于自然环境条件受地势影响较大，因此西南部地形坡度较小的地区明显好于东北部山区。在对栖霞市农地自然环境条件分析的基础上，得出35.84%的农地面积不需改良，需要改良的农地主要分布在栖霞市的东部地区。其中灌溉保证水平需要提高的农地面积为29657.8hm^2，占农地总面积的33.88%；有效土层厚度需要改善的农地面积为41913.53hm^2，占农地总面积的47.89%；坡度条件需要改善的农地面积为10363.73hm^2，占农地总面积的11.84%。单一自然条件需要改善的农地面积为34511.4hm^2，占农地总面积的39.44%；两种自然条件需要改善的农地面积为17498.32hm^2，占农地总面积的19.99%；三种自然条件需要改善的农地面积为4142.34hm^2，占农地总面积的4.73%。可见，栖霞市农地自然环境条件改良利用的主要方向为有效增加土层厚度，防止水土流失，保护农层土壤；改善农地灌溉条件，尤其是东部山区的灌溉条件，提高灌溉保证率。

（三）农地土体整治改良利用分区面积统计及问题分析

农地土体整治改良利用区各改良利用类型面积及其比例见表4。

表4　农地土体整治改良利用分区面积统计表

改良利用分区	Pt	Pc	PtPc	非改良区
面积（hm^2）	677.53	39159.87	37990.34	9695.26
百分比（%）	0.77	44.74	43.41	11.08

由图3和表4可以看出，区域内农地土体结构整体一般，不需改良的农地面积为9695.26hm^2，占农地总面积的11.08%，需要改良的面积在栖霞市分布比较广泛，耕层为沙壤、沙土或者耕层中含有石碴土、粗骨土等障碍性层次。其中耕层质地较差的农地面积为38667.87hm^2，占总农地面积的44.18%；土体构型较差的农地面积为77150.21hm^2，占总农地面积的88.15%。单一条件较差的农地面积为39837.4hm^2，占农地总面积的45.51%；两种条件都较差的农地面积为37990.34hm^2，占农地总面积的43.41%。

总之，对于西部地区，宜采取秸秆还田、增施有机肥料等措施，来改善偏砂的土壤表层质地；对于东部山区，除采取上述措施外，还应采取深耕等措施来改善不良的土体结构，这将是栖霞市农地土体整治改良的主要方向。

五、农地改良利用对策及措施

(一)增加经济投入，加大农地保护力度

农业是既要承担自然风险又有市场风险的弱质产业，保护农业是国民经济发展中面临的重大问题。由于调控体制不健全，受比较利益驱使，各层次资金投入重点向非农业倾斜，资金投入不足已成为农业生产发展的主要制约因素。要达到农业增产的途径就要增加农地投入，加强中低产田改造，不断提高农地的质量，从而提高农地利用的经济效益。栖霞市宜进一步加强对农地改良利用的投入，通过对农地的改良逐步消除制约农地生产力的限制因素，培肥地力，改善农业生产条件和农田生态环境。

(二)平衡施肥，用养结合，增施有机肥料，培肥地力

长期以来，栖霞市在农地开发利用上重利用，轻培肥，重化肥，轻有机肥，虽然全区化肥的施用量逐年增加，但有机肥投入量却整体不高，且投入的化肥以氮磷肥为主，引起土壤养分特别是速效钾、微量元素含量的下降和矿质养分的失衡，导致农地肥力下降。全区普遍存在速效钾含量偏低和微量元素特别是有效硼含量偏低等限制性因素。因此，栖霞市要持续提高中低产农地的基础地力，为农作物生长创造高产基础，必须将用土与养土妥善结合起来，广辟有机肥源，重视有机肥的施用，提倡冬种绿肥和使用有机—无机复混肥。同时应利用中低产农地调查评价成果，科学指导化肥的调配，采用科学优化平衡施肥，重视合理增施钾肥和微肥，不断培肥地力，实现中低产农地资源的永续利用。

(三)加强水利建设，改善灌溉条件，注重农田基本设施建设

水是作物生长的必要条件，灌排条件与农地的基础地力有着密切的关系。因而可以通过采取以下措施，实现自然降水的空间聚集，改善区域农田的土壤水分状况，推广节水灌溉技术，改善和扩大灌溉面积。

(1)健全灌溉工程，改善灌区输水、配水设备，加强灌溉作业管理，改进地面灌溉技术，采用增产、增值的节水灌溉方法和灌溉技术。加强水利建设，修筑田埂，防止水土冲刷；安排好水利规划，修好水渠，制止渗漏，加强管理，提高引灌水的利用率。

(2)人工富集天然降水，建造大、中、小型蓄水池、塘等蓄水体系，将集纳雨水、拦截径流和蓄水有效结合起来，在作物需水的关键时期进行灌溉，解决作物的需求和降水错位的矛盾，以充分发挥水分的增产效果。

(3)改善土壤理化性状，提高土壤的保供性能，通过对土壤增施有机物料(如施用有机肥、秸秆还田等)和应用土壤改良剂，改良土壤结构，提高土壤对降水的入渗速率和持水量；调节土壤酸碱度，提高土壤供肥性能和养分利用率。

(四)采用农业措施改良土壤质地、改善土体结构

栖霞市东部山区农地土壤限制性因素主要为土层薄，水土流失严重，要从调整土地利用结构和建设基本农田起步，改广种薄收为集约经营，改单一经营为农、林、牧、副全面发展，因地制宜，全面规划，综合治理，连续治理，实行生物措施与工程措施相结合，坡地治理

与沟道治理相结合，田间工程和蓄水保土农作相结合。在不宜种粮的粗骨土和棕壤性土、褐土性土上，因地制宜地大力发展果、药土特产；在土层较厚的地方，可以发展果粮间作，以尽快提高经济效益；在交通不便的山区选种板栗、银杏等；在土层薄、水土流失严重的地方，应先种草、养畜，发展牧业生产。

（五）集约化利用农地资源，发展生态型可持续农业，改善生态环境

农地生态环境质量的高低是保证农作物持续稳产、高产、优产、高效的重要前提。根据栖霞市资源优势以及生态环境的特点，因地制宜地利用农地资源，通过合理轮作、科学间套种等措施，增加复种指数，努力提高农地资源的利用率；注重多物种、多层次、多时序、多级质能、多种产业的有机结合，农、林、牧、副、渔并举，建立生态型可持续农业系统，达到经济、生态和社会效益的高度统一。此外，应重新审视农地承包到户政策所致的农地经营权分散在新形势下出现的不利农地资源规模集约经营的缺点，努力探讨建立“公司＋农户”或各种专业化合作组织等农地规模集约经营模式，提高全区农地资源的集约经营和经济效益。

专题二　栖霞市土壤微量元素现状及改良措施

随着农业复种指数的不断提高和氮磷钾化肥的大量应用，土壤微量元素已成为作物产量提高的主要限制因子，是农业可持续发展的主要障碍因素之一。土壤中微量元素虽然含量低、作物需求量少，但却对作物的生长发育相当重要，如许多植物缺锌时表现出小叶病，缺硼时表现出叶片厚薄不均，易黄化脱落。微量营养元素主要从土壤矿物质中获得，其有效性常受土壤 pH、有机质、氧化还原条件及吸附固定作用等因素影响而发生变化。

为了了解栖霞市土壤微量元素的含量及分布状况，栖霞市农业局从 2008 年开始，对全市果树和大田作物进行取样检测，共化验土壤样品 700 多个，发现土壤中有效硼、有效钼、有效锌含量为缺乏水平，有效铁、有效铜、有效锰含量为丰富水平。为了有效布局，指导广大农户科学施肥，我们对 635 个典型土样中的有效硼、有效钼、有效锌、有效铁、有效铜和有效锰 6 种微量元素的含量和分布情况进行了详细分析，提出了合理利用与改良建议。

一、概况

栖霞市是历史悠久的农业县，地处胶东半岛中部，位于东经 120°33′～121°15′、北纬 37°05′～37°32′，北临蓬莱、福山，南靠莱阳，西与龙口、招远相连，东与牟平、海阳接壤。市境南北长 51km，东西宽 63km，总面积为 2017.7km^2。栖霞因以“日晓辄有丹霞流宕，照耀城头，霞光万道”而得名，公元 1131 年置县，1995 年 11 月经国务院批准撤县设市。其辖苏家店镇、寺口镇、西城镇、官道镇、观里镇、杨础镇、蛇窝泊镇、唐家泊镇、桃村镇、亭口镇、庙后镇、臧家庄镇 12 个镇，松山街道办事处、庄园街道办事处、翠屏街道办事处 3 个街道办事处和 1 个省级经济开发区，共 953 个行政村、966 个自然村，总户数为 23.5 万户，总人口为 66 万人。辖区内有耕地面积 46824hm^2，其中小麦总产量为 7.37 万吨，玉米总产量为14.14万吨，花生总产量为 6.83 万吨；果园面积 40699hm^2，果品总产量为 135 万吨。

二、耕层土壤微量元素养分含量状况

（一）耕层土壤微量元素含量与分布

耕层土壤有效铁含量平均为 59.90mg/kg，属于 1 级极高水平，变幅为 4.2～138.02mg/kg，变异系数为 35.67%。耕层土壤有效锰含量平均为 54.18mg/kg，属于 1 级极高水平，变幅为 10.2～187.03mg/kg，变异系数为 38.13%。耕层土壤有效铜含量平均为15.38mg/kg，属于1级极高水平，变幅为1.05～78.8mg/kg，变异系数为55.54%。耕层土壤有效硼含量平均为0.41mg/kg，属于4级较低水平，变幅为0.06～1.73mg/kg，变异系数为41.21%。耕层土壤有效锌含量平均为4.78mg/kg，属于1级极高水平，变幅为0.28～45.8mg/kg，变异系数为63.37%。耕层土壤有效钼含量平均为0.14mg/kg，属于4级较低水平，变幅为0.01～2.87mg/kg，变异系数为131.51%(见表1)。

表1　　耕层土壤微量元素含量情况表　　单位:mg/kg

项目	全市平均	分级水平	变幅	变异系数(%)
有效铁	59.9	1级	4.2～138.02	35.67
有效锰	54.18	1级	10.2～187.03	38.13
有效锌	4.78	1级	0.28～45.8	63.37
有效硼	0.41	4级	0.06～1.73	41.21
有效钼	0.14	4级	0.01～2.87	131.51
有效铜	15.37	1级	1.05～78.8	55.54

1.土壤有效铁含量及分布

耕层土壤有效铁含量平均为59.90mg/kg，属于1级水平，变幅为4.2～138.02mg/kg，变异系数为35.67%。

由表2可看出，区域内有效铁含量1级(＞20mg/kg)水平的农地面积为86420.21hm^2，占全部农地面积的98.74%。2级(10～20mg/kg)水平的农地面积为831.47hm^2，占全部农地面积的0.95%；3级(4.5～10mg/kg)水平的农地面积为271.32hm^2，占全部农地面积的0.31%，2～3级主要分布在桃村牙山、松山街道办事处艾山等山脉中上部岭地。没有4级(＜2.5mg/kg)水平的土地。

表2　　土壤有效铁含量分级表

等级	分级标准(mg/kg)	等级面积(hm^2)	占总面积比例(%)
1	＞20	86420.21	98.74
2	10～20	831.47	0.95
3	4.5～10	271.32	0.31
4	2.5～4.5	0	0

2.土壤有效锰含量及分布

耕层土壤有效锰含量平均为54.18mg/kg，属于1级水平，变幅为10.2～187.03mg/kg，变异系数为38.13%。

由表3可看出，区域内1级(＞30mg/kg)水平的农地面积为80354.87hm^2，占全部农地面积的91.81%，广泛分布于各镇(街道办事处、区)区绝大部分农地。2级(15～30mg/kg)水平的农地面积为7028.1hm^2，占全部农地面积的8.03%；3级(5～15mg/kg)水平的农地面积为 822.72hm²，占全部农地面积的 0.94%，2～3 级水平的农地零星分布在庙后栾家庄、前罗坡、观里古村、松山街道办事处公山后、唐家泊榆山后等区域。

表 3　　土壤有效锰含量分级表

等级	分级标准(mg/kg)	等级面积(hm^2)	占总面积比例(%)
1	＞30	80354.87	91.81
2	15～30	7028.1	8.03
3	5～15	822.72	0.94

3. 土壤有效铜含量及分布

耕层土壤有效铜含量平均为 15.37mg/kg，属于 1 级水平，变幅为 1.05～78.8mg/kg，变异系数为 55.54%。

由表 4 可看出，区域内有效铜 1 级(＞1.8mg/kg)水平的农地面积为 87251.68hm²，占全部农地面积的 99.69%，广泛分布在各镇(街道办事处、区)各种土壤类型。2 级(1～1.8mg/kg)水平的农地面积为 271.32hm²，仅占全部农地面积的 0.31%，零星分布在臧家庄、桃村、观里等镇山丘岭地中上部。无 3 级(0.2～1mg/kg)水平的农地。

表 4　　土壤有效铜含量分级表

等级	分级标准(mg/kg)	等级面积(hm^2)	占总面积比例(%)
1	＞1.8	87251.68	99.69
2	1～1.8	271.32	0.31
3	0.2～1	0	0

4. 土壤有效硼含量及分布

耕层土壤有效硼含量平均为 0.41mg/kg，属于 4 级水平，变幅为 0.06～1.73mg/kg，变异系数为 41.21%。

由表 5 可看出，辖区内没有 1 级(＞2mg/kg)水平的农地。2 级(1～2mg/kg)水平的农地面积为 682.68hm²，占全部农地面积的 0.78%，主要分布在庙后镇前罗坡、后罗坡、黑夼一带。3 级(0.5～1mg/kg)水平的农地面积为 21504.4hm²，占全部农地面积的 24.57%，主要分布在苏家店、翠屏、庄园、观里、庙后、亭口以及桃村等洼区、平泊地。4 级(0.2～0.5mg/kg)水平的农地面积为 58719.18hm²，占全部农地面积的 67.09%，广泛分布在全市大部分镇(街道办事处、区)。5 级(＜0.2mg/kg)水平的农地面积为 6616.74hm²，占全部农地面积的 7.56%，零星分布在臧家庄、杨础西北、观里、唐家泊等镇(街道办事处、区)的丘陵中下部。

表 5　　土壤有效硼含量分级表

等级	分级标准(mg/kg)	等级面积(hm^2)	占总面积比例(%)
1	>2	0	0
2	1～2	682.68	0.78
3	0.5～1	21504.40	24.57
4	0.2～0.5	58719.18	67.09
5	<0.2	6616.74	7.56

5. 土壤有效锌含量及分布

耕层土壤有效锌含量平均为 4.78mg/kg，属于 1 级水平，变幅为 0.28～45.8mg/kg，变异系数为 63.37%。

由表 6 可看出，区域内 1 级(>3mg/kg)水平的农地面积为 63672.98hm^2，占全部农地面积的 72.75%，广泛分布在各镇(街道办事处、区)大部分农地。2 级(1～3mg/kg)水平的农地面积为 20672.93hm^2，占全部农地面积的 23.62%，主要分布在庙后北部、开发区、寺口南部。3 级(0.5～1mg/kg)水平的农地面积为 2756.97hm^2，占全部农地面积的 3.15%；4 级(0.3～0.5mg/kg)水平的农地面积为 280.08hm^2，占全部农地面积的 0.32%；5 级(<0.3mg/kg)水平的农地面积为 140.04hm^2，占全部农地面积的 0.16%，3 级以下水平的农地零星分布在庙后李博士夼、开发区东杏山、寺口塔山一带。

表 6　　土壤有效锌含量分级表

等级	分级标准(mg/kg)	等级面积(hm^2)	占总面积比例(%)
1	>3	63672.98	72.75
2	1～3	20672.93	23.62
3	0.5～1	2756.97	3.15
4	0.3～0.5	280.08	0.32
5	<0.3	140.04	0.16

6. 土壤有效钼含量及分布

耕层土壤有效钼含量平均为 0.14mg/kg，属于 4 级水平，变幅为 0.01～2.87mg/kg，变异系数为 131.51%。

由表 7 可看出，区域内 1 级(>0.3mg/kg)水平的农地面积为 140.04hm^2，占全部农地面积的 0.16%，主要分布在官道北部、桃村十字线。2 级(0.2～0.3mg/kg)水平的农地面积为 7580.73hm^2，占全部农地面积的 8.66%，主要分布在苏家店东部、开发区西北、官道北园艺场、桃村灵山夼、接官亭一带。3 级(0.15～0.2mg/kg)水平的土地面积为 14196.64hm^2，占全部农地面积的 16.22%，主要分布在苏家店北部、臧家庄南部、观里东部、北部、蛇窝泊东部、亭口驻地以南。4 级(0.1～0.15mg/kg)水平的农地面积为 35144.83hm^2，占全部农地面积的 40.16%，广泛分布于全市各镇(街道办事处、区)丘陵地中下部农地。5 级

(＜0.1mg/kg)水平的农地面积为30460.76hm²，占全部农地面积的34.8%，主要分布在寺口镇东南、西城镇、杨础北部、庄园街道办事处东北部、庙后镇驻地以南、蛇窝泊南部、桃村镇西部及北部。

表7 土壤有效钼含量分级表

等级	分级标准(mg/kg)	等级面积(hm²)	占总面积比例(%)
1	＞0.3	140.04	0.16
2	0.2～0.3	7580.73	8.66
3	0.15～0.2	14196.64	16.22
4	0.1～0.15	35144.83	40.16
5	＜0.1	30460.76	34.80

(二)不同作物类型耕层土壤微量元素养分含量状况

不同作物类型耕层土壤微量元素含量评价标准及分析结果分别见表8和表9。

表8 土壤微量元素丰缺等级表 单位:mg/kg

项目	土壤微量元素含量等级				
	很低	低	中等	高	很高
水溶性硼	＜0.25	0.25～0.5	0.51～1	1.01～2	＞2
有效钼	＜0.1	0.1～0.15	0.16～0.2	0.21～0.3	＞0.3
有效锰	＜3	3～5	5～10	10～15	＞15
有效铁	—	＜2.5	2.5～4.5	＞4.5	—
有效锌	＜0.5	0.5～1	1～1.5	1.5～2	＞2
有效铜	＜0.1	0.1～0.2	0.2～1	1～1.8	＞1.8

区域内粮田土壤有效铁含量平均为45.58mg/kg，变幅为4.2～94.1mg/kg，标准差为21.75mg/kg；果园土壤有效铁含量平均为61.66mg/kg，变幅为11.8～138.02mg/kg，标准差为20.77mg/kg，差异相当悬殊。

粮田土壤有效锰含量平均为43.85mg/kg，变幅为11.1～103.06mg/kg，变异系数为45.82%；果园土壤有效锰含量平均为55.74mg/kg，变幅为10.20～187.03mg/kg，变异系数为36.38%。

粮田土壤有效铜含量平均为11.99mg/kg，变幅为1.05～22.96mg/kg，变异系数为57.38%；果园耕层土壤有效铜含量平均为15.88mg/kg，变幅为2.12～78.8mg/kg，变异系数为54.41%。

粮田土壤有效硼含量平均为0.3mg/kg，变幅为0.06～0.72mg/kg，变异系数为53.33%；果园土壤有效硼含量平均为0.42mg/kg，变幅为0.1～1.73mg/kg，变异系数为38.09%。

粮田土壤有效锌含量平均为 2.36mg/kg，变幅为 0.28～8.63mg/kg，变异系数为 52.54%；果园土壤有效锌含量平均为 5.15mg/kg，变幅为 0.42～45.8mg/kg，变异系数为 59.22%。

粮田土壤有效钼含量平均为 0.11mg/kg，变幅为 0.03～0.25mg/kg，变异系数为 36.36%；果园土壤有效钼含量平均为 0.15mg/kg，变幅为 0.01～2.87mg/kg，变异系数为 133.33%。

表 9　　不同作物类型土壤微量元素有效态含量统计特征　　单位：mg/kg

项目		有效铁	有效锰	有效铜	有效锌	有效硼	有效钼
粮田	均值	45.58	43.85	11.99	2.36	0.3	0.11
	范围	4.2～94.1	11.1～103.06	1.05～22.96	0.28～8.63	0.06～0.72	0.03～0.25
	样品数(个)	81	81	81	81	81	81
果园	均值	61.66	55.74	15.88	5.15	0.42	0.15
	范围	11.8～138.02	10.2～187.03	2.12～78.8	0.42～45.8	0.1～1.73	0.01～2.87
	样品数(个)	554	554	554	554	554	554

（三）不同土壤类型耕层土壤微量元素养分含量状况

通过对 635 个样品按照不同土壤类型分类分析（其中棕壤样品 485 个，潮土样品 117 个，褐土样品 33 个），可以看出，区域内不同土壤类型各种微量元素分布规律基本一致，由高到低顺序依次为：棕壤、潮土、褐土（见表 10）。

表 10　　不同土壤类型微量元素有效态含量统计特征

土类		项目							
		pH	有机质 (g/kg)	有效锌 (mg/kg)	水溶态硼 (mg/kg)	有效钼 (mg/kg)	有效铜 (mg/kg)	有效锰 (mg/kg)	有效铁 (mg/kg)
棕壤	平均值	5.72	11.20	2.47	0.39	0.17	17.79	55.44	30.72
	标准差	0.71	2.14	1.26	0.16	0.08	6.78	21.09	21.74
褐土	平均值	5.61	9.78	1.74	0.31	0.14	15.26	36.74	57.78
	标准差	0.68	3.37	2.14	0.15	0.16	7.46	23.82	20.35
潮土	平均值	5.87	9.46	2.07	0.32	0.16	16.13	43.31	58.52
	标准差	0.78	2.74	1.73	0.17	0.11	8.25	22.98	20.79

棕壤土中，有效锌平均值为 2.47mg/kg，变幅为 0.32～45.8mg/kg；水溶态硼平均值为 0.39mg/kg，变幅为 0.06～1.73mg/kg；有效钼平均值为 0.17mg/kg，变幅为 0.01～2.87mg/kg；有效铜平均值为 17.79mg/kg，变幅为 1.05～78.8mg/kg；有效锰平均值为 55.44mg/kg，变幅为 10.29～177.24mg/kg；有效铁平均值为 30.72mg/kg，变幅为 4.31～138mg/kg。

褐土中，有效锌平均值为1.74mg/kg，变幅为0.21～27.48mg/kg；水溶态硼平均值为0.31mg/kg，变幅为0.06～1.32mg/kg；有效钼平均值为0.14mg/kg，变幅为0.01～2.53mg/kg；有效铜平均值为15.26mg/kg，变幅为1.07～67.32mg/kg；有效锰平均值为36.74mg/kg，变幅为17.9～61.51mg/kg；有效铁平均值为57.78mg/kg，变幅为4.2～83.57mg/kg。

潮土中，有效锌平均值为2.07mg/kg，变幅为0.26～42.18mg/kg；水溶态硼平均值为0.32mg/kg，变幅为0.07～1.69mg/kg；有效钼平均值为0.16mg/kg，变幅为0.01～2.72mg/kg；有效铜平均值为16.13mg/kg，变幅为1.06～73.41mg/kg；有效锰平均值为43.31mg/kg，变幅为10.2～67.5mg/kg；有效铁平均值为58.52mg/kg，变幅为4.2～137.75mg/kg。

（四）耕层土壤微量元素含量总体评价

当土壤中有效锌含量小于1mg/kg时，说明土壤十分缺乏锌。区域内土壤有效锌含量处于丰富水平。其中67.91%的粮田和94.05%的果园处于大于2mg/kg的水平，含量丰富；仅有1.23%的粮田处于0.4mg/kg以下水平，没有处于0.4mg/kg以下水平的果园。

当土壤中有效硼含量低于0.5mg/kg时，说明土壤十分缺乏硼肥，应该施用硼肥。一旦施用硼肥，作物产量与品质将得到明显提高与改善。从总体来看，区域内土壤有效硼含量处于低缺水平。其中59.26%的粮田和25.81%的果园处于低于0.3mg/kg的水平；大于0.8mg/kg水平的果园仅有1.62%，没有大于0.8mg/kg水平的粮田。

当土壤有效钼含量低于0.2mg/kg时，说明土壤缺乏钼。从总体来看，区域内土壤有效钼含量处于中等偏低水平。仅有1.81%的果园处于0.3mg/kg以上丰富水平，没有处于0.4mg/kg以上水平的耕地；仅有9.88%的粮田和6.14%的果园处于低于0.05mg/kg的低缺水平。

当土壤有效铜含量低于0.2mg/kg时，说明土壤缺乏铜。从总体来看，区域内土壤有效铜含量处于丰富水平。其中87.66%的粮田和85.59%的果园处于大于4mg/kg的极丰富水平，没有少于1mg/kg水平的粮田和果园。

当土壤有效锰含量低于15mg/kg时，说明土壤缺乏锰。从总体来看，区域内土壤有效锰含量处于丰富水平。其中19.75%的粮田和37.87%的果园处于大于60mg/kg的水平；仅有1.23%的粮田和0.55%的果园处于少于15mg/kg的水平。

当土壤有效铁含量低于4.5mg/kg时，说明土壤缺乏铁。从总体来看，区域内土壤有效铁含量处于丰富水平。其中56.8%的粮田和85.9%的果园处于60mg/kg以上水平。

图1为耕层土壤各种微量元素有效态含量分布图。

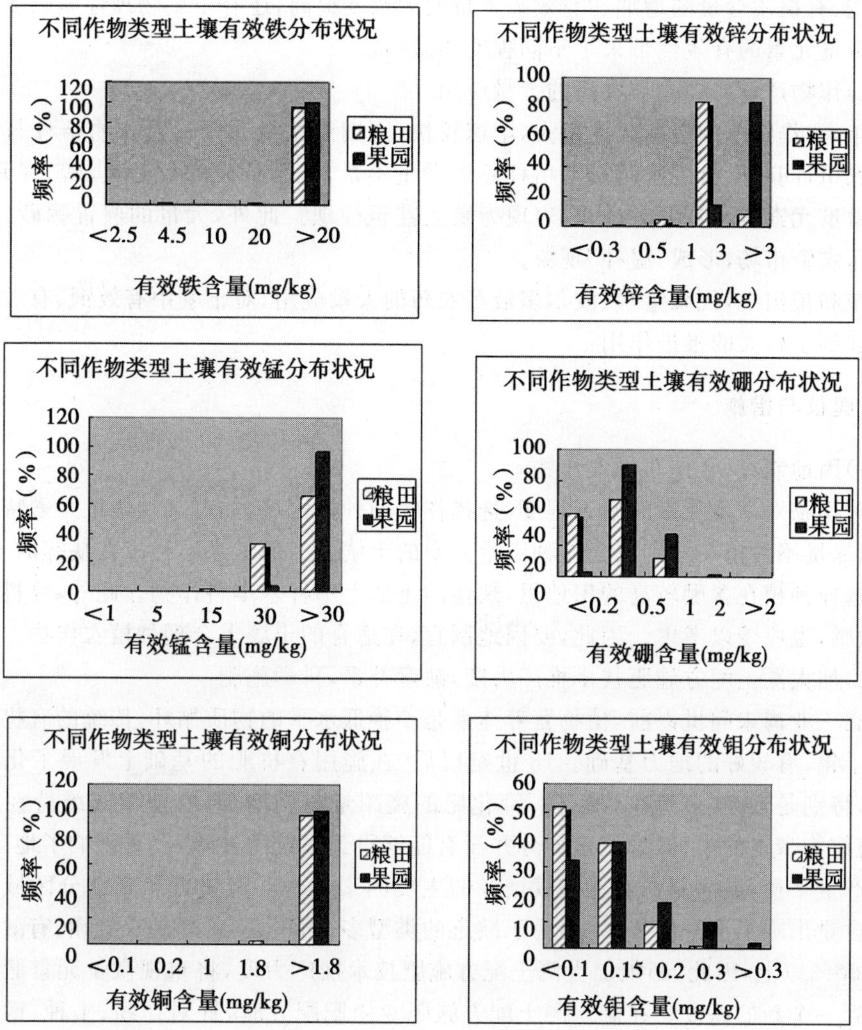

图 1　耕层土壤各种微量元素有效态含量状况分布图

三、土壤微量元素有效性变化原因分析

栖霞市土壤中有效态微量元素的变化较大，有效铜、有效锰、有效铁极其丰富，有效锌局部缺乏，有效钼和有效硼则表现为普遍匮乏，其原因主要有：

（一）单纯重视化学肥料的施用

改革开放后，由于实行家庭联产承包责任制，土地的经营权分散到了各个农户，极大地提高了农民种植的积极性。为了提高土地收益，单纯重视氮、磷、钾肥的投入而忽视微量元素的施用，致使果园、粮田缺锌、缺硼情况频繁发生。

（二）土壤性质的变化

土壤性质的变化是土壤中有效态微量元素变化的一个不可忽视的原因。土壤中酸碱度的改变、有机质含量的增加和有效磷含量的大幅度提高，还有土壤物理性质的变化都对土壤中微量元素的有效性带来了不同程度的影响。

(三)作物产量的提高与农药的大量应用

近年来，作物单产提高幅度很大，增速较快，土壤中微量元素通过作物秸秆与籽粒大量带出农田，同时有机肥施用量与秸秆还田严重不足，施肥补充的仅是氮、磷、钾元素，造成部分微量元素得不到及时补充，表现为缺乏甚至极缺。此外，大量的假冒硼砂、假冒锌肥等充斥农资市场，形成“虚补”现象。

果园和粮田中，代森锰锌、波尔多液等农药的大量应用，对土壤中有效铜、有效锰的含量变化起到了极大的推进作用。

四、建议与措施

(一)因地制宜，合理布局农作物

针对作物对微量元素的敏感程度，选择作物的种植区域，如对某种微量元素特别敏感的作物，尽量不种植在特别缺乏这种微量元素的土壤上。像玉米不种植在缺锌的土壤上，蔬菜可选择种植在含硼较高的田地里，缺锰的土地上不种禾本科作物。此外，豆科作物对钼、硼敏感，也应予以考虑。因此，要因地制宜，在适合的土壤上合理种植农作物。

(二)加大测土配方施肥技术推广力度，缺素补素，科学施肥

化肥工业尚未问世以前，植物营养体系是一种低水平的物质循环，传统的有机农业延续了几千年，有较好的地力基础。18 世纪以后，在施用有机肥的基础上发展了化学肥料的施用，特别是近 20 多年来，氮、磷、钾化肥的施用量急剧增加，农业生产维持在高位运行，而随作物带走的中、微量元素养分并没有能够得到系统的补给，严重影响了地区间、作物间的产量平衡，成为制约农业持续增产的主要因素之一。虽然近年来部分区域土壤微量元素含量出现了上升的势头，但由于缺乏的类型多，面积大，尤其是有效硼、有效钼缺乏面积达 80%以上，因此，必须加大测土配方施肥技术推广力度，将重视微量元素肥料的施用提高到一个新的高度。在制定测土配方施肥专用肥配方时，针对作物、土种、区域的不同，要考虑微量元素的添加，以保证养分的平衡。

常用的硼肥主要是硼砂、硼酸，钼肥主要是钼酸铵，此外还有一些氨基酸态、络合态叶面肥。硫酸锌、硼砂、硼酸和钼酸铵可用来基施、追肥、浸种、蘸根和叶面喷施，以叶面喷施效果最佳，作物吸收利用率高，简便易行。硫酸锌基施用量为 22～45kg/hm^2，硼砂基施用量为 15～30kg/hm^2，钼酸铵基施用量为 2kg/hm^2。上述肥料叶面喷施浓度为 0.2%～0.5%。

(三)开展微量元素监测与研究

各种微量元素从缺乏到过量临界范围很窄，缺乏或过量都可能对农作物造成严重的危害，甚至会对人畜产生毒害，因此，探索测土配方施肥的长效机制，掌握土壤有效微量元素的动态变化，不断更新对土壤的认识评价对于农业生产，特别是作物的种植就显得尤为重要。同时，对耕地土壤微量元素的养分状况进行调查，对养分动态情况进行监控，对历年土壤资料收集汇总，逐步建立较为全面的土壤养分档案，也将为微量元素的施用提供有效数据。因此，根据不同土壤类型、不同作物、不同区域，选取具有代表性的田地进行定期

植株营养诊断，对比分析，找出影响作物生长的限制因素，并进行微肥肥效试验示范，逐步校正施肥方案，是获得高产的主要措施之一。

（四）增施有机肥，培肥地力

有机肥料作为维持土壤微量元素肥力的一个重要养分补给源，不可忽视。有机肥中含有多种微量元素，不仅直接供给土壤微量元素养分，促进农业的可持续发展，同时还可以改变土壤环境，增加微量元素的有效性。因此，要继续增施有机肥，大力推广秸秆还田，大力推广应用有机—无机复混肥。

（五）注意改善土壤环境

土壤微量元素供应不足，往往是由于土壤环境条件的影响。土壤的酸碱性是影响微量元素有效性的首要因素，其他的还有土壤质地、土壤水分多少、土壤氧化还原状况等因素。为彻底解决微量元素缺乏问题，在补充微量元素养分的同时，还要注意改善土壤环境条件，消除缺乏微量元素的土壤因素，为根部吸收创造一个良好的环境。

专题三　栖霞市酸化土壤普查与改良培肥模式

众所周知，土壤是人类赖以生存的基础，是发展经济和农业最重要的资源，而农地，特别是耕地更是其中的精华。耕地是不可替代、不可再生、最基本而又最重要的农业生产资料，是确保国家粮食安全的前提条件。我国耕地资源紧缺是不争的事实，不仅人均耕地面积少（仅 0.095hm²，即 1.43 亩），而且耕地土壤整体质量偏低。据有关统计资料显示：目前我国人均耕地不到 0.1hm²，不到世界平均水平的 1/2，不到发达国家的 1/4，只有美国的 1/6、阿根廷的 1/9、加拿大的 1/14。国土资源部 2009 年 12 月 24 日发布的第一份《中国耕地质量等级调查与评定》也显示，由于我国人口众多，很多不适宜耕种的土地被开垦为农田，整体质量偏低，低产耕地土壤占 65%。

耕地数量和质量是不可分割的一体，耕地保护既要重数量，又要重质量。虽然我国很早就提出了严格的耕地保护制度和耕地总量动态平衡制度，但未来耕地面积的减少将是不可避免的长期趋势，18 亿亩耕地红线面临严峻考验，而人口增长和消费增加的趋势都是不可逆转的。既要保证 16 亿人口的粮食安全，又要实现生态安全、环境安全和可持续发展，难度相当巨大。因此，国土资源部耕地保护司司长严之尧指出："耕地的数量保护固然重要，但没有质量的数量是不可靠的，仅保住 18 亿亩耕地数量是不够的，必须从数量管护转向数量、质量并重管护，通过各种有效措施，提高耕地质量等级，确保耕地生产能力稳步提升。"

栖霞市地处胶东半岛腹地，位于东经 120°33′～121°15′、北纬 37°05′～37°32′，是典型的农业县，苹果栽培历史悠久。辖区总面积为 2017.7km²，共 953 个行政村、23.5 万户，总人口为 66 万人。共有耕地面积 46824hm²，人均 0.071hm²，仅占全国平均水平的 74.74%，人多地少的矛盾尤为突出。共有苹果园面积 40699hm²，人均 0.062hm²，苹果栽培的常年生长性和较长周期性等特点，凸显出加强农地质量建设和保护的重要性。如何在较短时期内，全面进行土壤改良培肥，从整体上提升区域内农地的质量是栖霞市面临的一个严峻问题。几年来，我们从酸化土壤改良培肥模式的角度进行了多方的探索，主要包括技术模式和工作运行模式两个方面。

一、土壤存在的问题

栖霞市 2008 年开始承担农业部测土配方施肥资金补贴项目，根据项目实施方案要求，针对辖区苹果园面积较大这一实际情况和特点，农业局从 2008 年 10 月开始，以果园为主，在全市开展了土壤样品采集及土壤检测工作。土样采集时间为 2008 年 9～11 月，延续到 2009 年、2010 年，共采集土样 5762 个，用于地力评价的样本为 1478 个，1125 个为果园土壤,大田作物仅353个,其中花生田157个,小麦田98个,玉米田98个。与1983年相比,本次地力评价土壤样品化验分析结果显示,栖霞市土壤总体状况较差,主要表现在:

一是有机质含量普遍低。根据山东省果园养分分级标准,果园土壤有机质的适宜范围为15～20g/kg,10～15g/kg属于中等范围。而栖霞市农田有机质的平均含量为10.7g/kg,属于4级偏低水平,变化范围为4.4～24.7g/kg,变异系数为31.16%;处于适宜以上水平的农地面积为10485.2hm^2,仅仅占全部农地面积的11.98%;大多数土壤有机质的含量为8～15g/kg,农地面积为50285.9hm^2,占农地总面积的68.88%;处在低于8g/kg水平的农地面积为16751.9hm^2,占农地总面积的19.14%,近五分之一。

二是土壤板结、酸化较明显。栖霞市pH最低值为4.2,明显呈酸性,已经或即将对作物的生长发育产生障碍。通过对栖霞市不同作物的土壤样品化验分析知,辖区农地土壤酸化明显,大部分为微酸至中酸性。粮田pH的众数为5.6,标准差为0.71,变异系数为11.83%;果园pH的众数为5.3,标准差为0.79,变异系数为13.62%。对1478个土样分析表明,土壤pH大多集中在5.5～6.5的范围内,占样品总数的76.44%,小于4.5和大于7.5的样品数仅占4.42%左右。

土壤酸化导致土壤理化性状的恶化,抑制作物根系的生长发育及正常的生理活动,不仅直接影响作物对土壤养分的吸收,降低肥料利用率,而且将造成作物营养失衡,产生各种生理性病害并逐年加剧,甚至引起作物死亡。同时,土壤酸化降低了肥料利用率,农民的化肥投入进一步加大,而大量施用化肥,不仅浪费肥料,又导致土壤酸化、板结愈演愈烈,形成恶性循环。大量养分流失,不仅造成投入成本增加,还导致土壤、地下水等环境污染。

总之,农地土壤这一严峻现状,特别是果园土壤酸化,已经导致苹果生产中各种生理病害发生普遍严重,明显影响到了果品的产量和质量。如果不及时、彻底地解决,势必会降低栖霞苹果的对外声誉和市场竞争力,严重制约苹果产业的优质高效和持续健康发展,甚至产生深远的不利影响,应引起各级政府和广大果农的高度重视。

二、土壤酸化的危害

当土壤的酸碱度即pH小于6或大于7.5时,大多数作物的生长会受到伤害,导致产量降低,品质下降;与此同时,肥料利用率会显著降低,造成肥料浪费,成本增加。随着酸碱度超出范围的增加,作物受害程度也逐渐增大。

(1)抑制作物根系发育。酸化的土壤中根系伸展困难,发根力弱,缓苗困难,易形成老小树,老僵苗,根系发育不良使吸收功能降低,作物长势弱,产量降低,甚至不能正常生长或死亡。

(2)养分吸收障碍出现缺素症。土壤酸化后,钙、镁、钼及氮、磷、钾等养分的吸收率降低,作物因这些养分吸收不良容易产生缺素症等。例如,花生空壳,玉米籽粒少、不饱满,苹果苦痘病、坐果不良、烂根烂果严重、果品色泽表光不好、糖度降低等。

(3)部分微量元素被活化,吸收过剩产生中毒。在酸化的土壤中,锰、硼、锌、铁、铜等微量元素的溶解度增加,作物吸收量过大而产生毒害,致使果树坐果不良,产生老粗皮、果品表光粗糙、易发黄等。

(4)造成肥料浪费，成本增加。酸化土壤中的氮、磷、钾养分和钙、镁、钼等中微量元素的吸收率低于30%，不了解情况的果农只是一味儿地加大化肥施用量，增加了投入，浪费了肥料，造成了养分流失和土壤板结。

(5)造成果品口感风味变差，品质下降。因为土壤酸化后，农作物各种养分吸收失调，营养不平衡。

(6)加重农药浪费，加速环境污染。酸化土壤中果树长势减弱，抗病能力降低，易被病害浸染，农药喷洒的次数多但效果很差。浪费的农药致使土壤和地下水残留过大，污染生态环境，影响农产品质量安全，危害身体健康。

三、主要原因分析

果园土壤呈现出明显的酸化趋势，除去自然因素，主要原因是施肥不科学，重用轻养现象普遍。归根结底是由于长期大量施用化肥，有机肥投入严重不足，土壤有机质含量低且活性不高，导致土壤酸化、地力下降。

果树为多年生的深根作物，生长周期长，鉴于这一特点，苹果园不可能像一般大田那样耕翻、轮作，从种植后土壤即鲜少被翻犁，且施肥量要高出数倍。自从20世纪80年代发展苹果产业以来，广大果农对果园一直是重用轻养，为追求较高收益，片面迷信化肥投入而忽略了土壤改良培肥。30多年来，经过日积月累，一些问题日益突出。

(一)轻视有机肥或施用不当

由于化肥显著的增产潜力且用量少肥效快，加上有机肥运输使用过程中的诸多不便，从20世纪90年代初期，人们逐渐忽视有机肥，或者有机肥施用不腐熟，甚至根本不施，完全以化肥当家。这就造成土壤中有机质日渐贫乏且土壤活性降低，导致土壤理化性状恶化，保水保肥性能及缓冲调节能力变差，地力下降，影响了各养分的有效性，使平衡施肥失去基础。

(二)盲目施用化肥

首先是化肥用量过大，一般为3000～6000kg/hm^2，甚至更多；其次是品种选择不合理且长期单一使用，各养分间的消耗与积累矛盾日益突出，比例严重失调。另外，施用氮、磷、钾比例不合理，不能综合发挥各营养元素的增产效果，肥料利用率低。通过对2008年农户施肥情况调查统计得知，栖霞市大田蔬菜季施高浓度复合肥2463kg/hm^2；果园年施有机—无机复混肥3180kg/hm^2；小麦—玉米一年两作区平均年施高浓度复合肥2270kg/hm^2，小麦—玉米—花生两年三作区平均年施高浓度复合肥1525kg/hm^2。

(三)农药施用过滥，生物肥投入不足

长期施用杀菌、杀虫药剂和大量化学除草剂，而又不能及时补充生物肥，或者是生物肥施用方法不当，致使土壤中有益微生物等菌落严重枯竭，有害菌却大量滋生繁殖，导致土壤环境恶化，各种病害加重，化学药剂使用量增加，由此引发恶性循环。

(四)滥用微肥

20世纪90年代后期，大量微肥产品涌上市场，生产者、经销商夸大其词地宣传，农民难以辨别。他们不是根据土壤的丰缺状况及作物需求，有针对性地施用微肥，而是乱用滥用。这样既增加了成本，又造成了土壤污染甚至中毒，导致果树生理性病害发生严重。如栖霞市曾出现个别果树硼砂中毒现象，果树锰中毒现象更是普遍。

(五)施肥方法不科学

有机肥不腐熟。生粪(不腐熟的粪肥)中含有许多病菌、杂菌、虫卵和有害物质，施入土壤中引发各种病虫害；生粪在土壤中还要完成腐熟过程，吸收大量水分，放出高热，造成烧根、烂根。另外，农民们不是根据土壤中养分的丰缺状况和作物的需肥规律特点而定，大多是集中"一炮轰"，表层撒施、冲施，或者施肥后大水漫灌，施肥深度、部位不合理，这些做法导致肥水有效结合率低，养分挥发、流失、淋失严重，造成肥料利用率不高。不合理的水肥施用方法不但造成了水、肥资源的过度消耗与浪费，投入产出效益降低，还导致地表水和地下水污染严重。

四、改良培肥技术模式

(一)改良培肥技术环节

土壤酸化直接抑制作物根系的生长发育，影响作物对各种养分的吸收利用，影响作物产量和质量。由此，土壤的改良培肥首先要以酸化土壤改良为切入点，再配合增施有机肥、测土配方优化施肥技术，加强和巩固改良效果，只有这样才能稳步培肥地力，提高土地的生产力。

1.实施酸化土壤普查与改良工作

通过施用酸化土壤改良剂，调节土壤溶液的酸碱平衡，一年使土壤 pH 提高 0.3～0.5，连续施用 2～3 年，使土壤 pH 稳定在 6 左右，达到作物适宜范围。

2.实施测土配方施肥和土壤有机质提升工程

配合开沟聚垄、深耕深翻、地膜覆盖等措施，加深活土层，使土壤耕层达到 30cm 以上，土壤有机质达到 10g/kg 以上，提高土壤的缓冲调节能力及保蓄能力，肥料利用率提高 5 个百分点，作物产量提高 30%～50%，整体提升一个地力等级。

3.研究推广适宜的果园生草技术，开辟长效培肥途径

结合区域特点，以试验示范为基础，研究、筛选不同的绿肥品种，广辟肥源，充分考虑持久效果和可操作性强的要求。

(二)主要措施及方法

土壤肥力涉及土壤的水、肥、气、热等诸多因素，因此，酸化土壤改良培肥必须充分统筹其中各项因素之间的平衡和协调，考虑土壤的团粒结构、通透性等诸项理化性状。

1.因地制宜，对症下药

酸化土壤改良剂是特殊的田间投入品，必须经过三年以上的试验示范，通过农业部登记认证后方可推广应用。又由于其在施用过程中有着特殊的适用范围和使用方法，施用不当反而会对土壤造成危害，因此必须合理使用。首先对农地进行一次土壤酸碱度普查，根据不同地块的 pH，确定酸土改良剂的施用数量和次数。再根据不同作物，配套增施有机肥、优化施肥等技术措施，巩固和稳定改良效果，一般可以持续 3～5 年。

2.正确选择和施用改良剂

选择经过农业部登记认证的"阔立"酸土改良剂，并严格遵照适用范围合理使用。具

体的使用方法是:施用时期是在作物收获后至下一季作物播种前,在果树等多年生作物上施用时,要选择休眠期(秋冬季或早春萌芽前)进行,同时注意与施肥和播种间隔10天左右。方法是:将适量改良剂均匀撒施在土壤表面,然后划锄或用旋耕犁翻耕3~5cm,与土壤充分混匀。

3.合理确定施用数量

经试验示范验证:土壤酸化严重时,调节土壤pH,最好不要一次调节到位,否则,可能因为土壤酸碱度变化过大影响土壤微生物的生存或影响微量元素的有效性。因此,要分次调理,每次理想的调节幅度为0.5~1。土壤pH在6以上的不需施用;5.5~6的每亩施用酸土改良剂25kg,一般1次即可;5~5.5的分为2次改良,第一次每亩施用酸土改良剂50kg,第二次每亩施用酸土改良剂25kg;4.5~5的分为3次改良,第一次每亩施用酸土改良剂75kg,第二次每亩施用酸土改良剂50kg,第三次每亩施用酸土改良剂25kg;在4.5以下的分4次改良,第一次每亩施用酸土改良剂100kg,第二次每亩施用酸土改良剂75kg,第三次每亩施用酸土改良剂50kg,第四次每亩施用酸土改良剂25kg。另外,根据苹果树的生长特点,分春秋两季一年2次改良效果更显著。

4.实施有机质提升工程,配套优化各项技术措施

土壤酸化后,随着土壤pH的降低,酸性增强,土壤溶液对各种矿质元素的溶解度逐渐增强,所以土壤酸化后往往伴随着盐渍化,而这一切后果往往又与前期施肥习惯息息相关。因此,酸化土壤改良培肥在改善土壤酸碱度的基础上,还需配合增施有机肥、测土配方优化施肥,从而从根本上遏制土壤理化性状的进一步恶化,有效提升耕地的综合生产能力。实施有机质提升工程就是政府招标确定有机肥供应企业,由农业技术部门监管,采取企业直供方式,通过镇、村两级协调直接到户,建立示范园,从而减少有机肥销售的中间环节,降低有机肥价格,鼓励农民增施有机肥,从根本上培肥土壤地力水平。

(三)运作模式及工作步骤

酸化土壤普查与改良培肥工作涉及面广,工作量大,社会影响深远,一旦出现偏差,危害后果不堪设想,因此必须做到科学严谨,合理有序。我们探索的具体的运作模式是结合测土配方施肥项目的实施,采取政府出政策搭台,农技推广部门参与免费检测,企业唱戏的方式,充分协调各相关部门,整合市、镇、村各级力量,广泛依托广播电视台、网络等各种传媒,加强技术培训和舆论宣传,强化试验示范和典型带动作用,以点带面。首先用两年时间实施酸化土壤普查与改良工作,再用五年时间实施有机质提升工程,夯实基础,有条不紊地深入开展酸化土壤普查与改良培肥工作。

1.加强组织领导,形成上下联动

2009年4月和2010年10月,栖霞市政府先后下发栖政办[2009]47号《关于在全市开展酸化土壤普查与改良工作的通知》和栖政办[2010]49号《关于在全市开展土壤有机质提升过程的通知》两个专题文件,由农业局牵头,成立市、镇两级酸化土壤普查与改良培肥领导小组和技术小组,市农业局制定出完善的实施方案,各镇、街道办事处安排分管领导专门负责,并指定1~2名技术人员配合市技术小组,巡回各镇(街道办事处、区),进村入户免费检测土壤pH,指导酸化土壤改良培肥。

2.依托试验示范，增强推广说服力

栖霞市土肥站根据不同土壤类型，筛选出各镇酸化严重的地块，进行了酸土改良培肥试验示范。2008～2011年间，共在全市设置酸土改良剂应用效果试验示范27处，及时观察、记录各生长季节的变化情况，分析汇总相关数据。从试验示范结果来看，改良效果十分显著，苹果平均增产10.27％，花生平均增产11.48％，玉米平均增产13.16％，小麦平均增产9.74％。试验示范为今后大面积推广工作提供了第一手的科学依据。

3.坚持以点带面，强化模范带头作用

对于酸化土壤改良培肥问题，广大果农的认识程度不尽相同。因此，务必要做好试验示范工作，让广大农民通过看得见的事实，证明“早一天改良，早一天受益”。各镇、街道办事处在统一检测土壤的基础上，首先在每村选择确定2～3户相信科学、易接受新技术的农户，及早进行土壤改良，用良好的效果和较高的收益来验证酸化土壤改良的好处，带动其他农户积极参与土壤改良。

4.加强技术培训和宣传，充分调动农民积极性

酸化土壤改良培肥技术最终的使用者、受益者是农民，一定要重视对广大农民群众的宣传培训。市技术指导小组集中举办一次全市技术人员培训班，同时各镇(街道办事处、区)组织、协助农业局专家小组，选择果树种植面积大、有代表性的村和农户进行巡回讲课，积极做好技术培训。同时及时发掘典型，充分利用报纸、广播、电视等新闻媒体，通过召开现场观摩会、电视报道等形式，多种渠道把配方施肥知识和酸化土壤改良培肥技术传递到千家万户，扩大社会影响力。

(四)改良培肥的效果

1.试验设计

筛选2008年果园取土户中不同镇(街道办事处、区)的pH分别为4.3、4.8和5.3的3个农户进行试验，选用烟台新华测土配肥有限公司生产的“阔立”专用酸土改良剂($CaO \geqslant 35\%$，$MgO \geqslant 15\%$，$N \geqslant 5\%$)，根据pH不同而施用不同量的改良剂。pH为4.3的地块每亩用改良剂100kg，pH为4.8的地块每亩用改良剂75kg，pH为5.3的地块每亩用改良剂50kg。

处理1每亩用改良剂100kg；处理2每亩用改良剂50kg；处理3每亩用改良剂50kg。每个农户的试验地块分为两部分：一半不用改良剂作为对照，一半用改良剂(见表1)。

表1　“阔立牌”酸土改良剂提高土壤pH的效果

处理	地点	面积(亩)	产量水平(kg/亩)	土壤有机质(％)	改良前pH	改良剂每亩用量(kg)
1	官道镇逍遥庄村	2	3500	10.5	4.3	100
2	杨础镇东刘家村	2	4000	9.7	4.8	75
3	蛇窝泊镇大埠后村	3	5000	12.2	5.3	50

2.试验材料

试验选用烟台新华测土配肥厂生产的“阔立牌”酸土改良剂，该改良剂的技术指标为

pH≥11.5，N≥5%，CaO≥35%，MgO≥15%，另外，还含有速效硼和可溶性腐殖酸等作物生长必需养分，有效总养分不低于60%。它不但能提高土壤pH，还能有效补充钙、镁、氮、硼、可溶性腐殖酸等有效养分。

3. 试验方法

试验于秋季根据测试的碱解氮、有效磷、速效钾等的含量及pH等，制定大量元素氮、磷、钾的施肥配方并于苹果收获后及时施用基肥并进行灌溉，10天后，将试验地块进行改良。方法是：在土壤表面湿润、天气无风的情况下将改良剂均匀撒施在土壤表面，划锄耕翻，使改良剂充分与土壤混匀，撒施时切忌沾到树体枝干和叶片上。改良剂施用后，分别于苹果春季花前和收获前取0～40cm土样，测试各处理的土壤pH。

4. 结果与分析

(1)施用改良剂对土壤pH及苹果产量的影响(见表2)。试验结果表明：酸化苹果园土壤施用改良剂能有效提高土壤的pH，幅度为0.4～0.6。根据土壤的酸化程度，改良剂施用不同的用量，pH为5～5.5的亩用量为50kg，pH每降低0.5个单位的范围，用量增加25kg，pH为4～4.5的亩用量为75kg。结果表明，到5月份，酸化程度不同的土壤pH都有不同程度的提高，原来pH为4.3、4.7、5.1的分别提高了1.1、1、0.6，达到了5.4、5.7和5.7，收获后土壤pH又有所降低，分别降低了0.7、0.4和0.2，达到了4.7、5.3和5.5。这说明施用改良剂的土壤，pH在果树生育期中有先升后降趋势，完整的生育期后，pH较对照均有提高，幅度在0.4～0.6个单位。

施用改良剂能不同程度地提高产量。酸化程度不同的地块，施用改良剂后能不同程度地提高产量，亩增产200～300kg，增幅为5%～10.2%。酸化严重的地块经过改良后增产幅度最大，亩增产300kg，增幅为8.6%。

表2　改良剂不同用量对土壤pH及苹果产量的变化影响

处理	用量(kg/亩)	施用前pH	花前pH	收获后pH	增减	对照产量(kg)	处理区产量(kg)	增产	
								kg	%
1	75	4.3	5.4	4.7	0.4	3500	3885	385	11
2	50	4.8	5.8	5.4	0.6	4000	4247	247	6.2
3	25	5.3	5.9	5.7	0.4	5000	5475	475	9.5

(2)施用改良剂对苹果质量的影响(见表3)。酸化程度不同的地块，施用改良剂后能不同程度地减少生理病害的发生，病果率降低45%～50%，而同时优质果率也相应增加，其中以土壤pH为4.3的地块优质果率增加幅度最大，较对照增加44%(优质果以无病斑，表光细致且着色70%以上为标准)。

表 3　　施用改良剂对苹果质量的影响

处理	施用前pH	改良剂用量(kg/亩)	调查果数(个)	苦痘病果数(个)	病果率(%)	比对照增减(%)	优质果(个)	优级果率(%)	比对照增减(%)
对照 1	4.3	—	100	20	20	—	54	54	—
处理 1	—	75	100	11	11	−45	78	78	44
对照 2	4.8	—	100	13	13	—	68	68	—
处理 2	—	50	100	7	7	−46	85	85	25
对照 3	5.3	—	100	8	8	—	73	73	—
处理 3	—	25	100	4	4	−50	89	89	22

5.结论

施用改良剂,可有效提高土壤的 pH,幅度为 0.4～0.6,增加果品产量,幅度为 6.2%～11%,平均为 8.9%。另外,施用改良剂可有效减少生理病害的发生,增加优质果率。原因是:一方面,施用改良剂,使土壤 pH 适当提高,生长周期内有一定时期更接近于适宜苹果生长的酸碱度,从而使树体能够很好地吸收各种养分,树体健壮了,从而减少了各类生理病害的发生,产量和质量均得到了提高;另一方面,由于 pH 的适当提高,土壤微生物的生活环境也得到改善,微生物的活性增强,土壤的物理性状得到改善,根系生长相对较好,也增强了根系吸收各种矿质养分的能力,有助于提高产量和品质。

五、改良培肥的效益分析

栖霞市实施的酸化土壤普查与改良培肥工作和有机质提升工程,主要依托国家测土配方施肥资金补贴项目,对农民实行免费进村入户化验,资金补贴化验。使用酸化土壤改良剂改良土壤,随着土壤酸化程度的加剧投资成本成几何倍数增加,每亩增加 120～1000 元不等,其中化验(仅 pH)费用平均为 10 元,下乡交通费用、人工餐饮补贴费用平均为 10 元,改良剂价格为 60～900 元,使用人工或机械费用为 40 元。在全市实施酸化土壤改良和测土配方施肥技术测土补助 120 万元,全面推广酸化土壤改良培肥技术,平均每亩投入酸土改良剂 50kg 计费 140 元,一般两年可改良完善,总共投入 280 元,可持续产生效果 5 年以上。按照全市 60.43%的酸化面积共 $2.27\times10^4 hm^2$,总投资为 1.1 亿元。推广实施两项技术,按照肥料利用率提高 3 个百分点计算,每亩每年节约肥料投入 50 元以上;土壤培肥改良后,可显著提高果品的产量和质量,全市平均单产为 3000kg,按平均增产 10%计算,每亩可增产 300kg,平均单价为 3.00 元,平均亩增收为 900 元;两项每亩共增收节支 950 元。按此计算,全市年均增收 6.2 亿元,五年可增收 31 亿元,投入产出比为 0.036。

改良后的土壤理化性状显著改善,作物长势旺盛,能有效降低肥料流失数量,减少病虫害发生和农药的投入,生态效益、社会效益显著。

六、问题及建议

(一)全民意识有待提高,宣传引导要到位

广大农民对酸化土壤改良的认知和接受能力普遍不高,"坐、等、看、靠"思想严重。这就要求我们从事一线的广大农技推广人员充分发挥自身优势,进一步加强宣传发动和教育培训工作,使测土配方施肥和酸化土壤改良技术真正深入民心,达到多数果农能够自觉学习接受的目的。同时要坚持把测土配方施肥和酸化土壤改良作为两项长期的工作继续深入地开展下去。要在继续做好试验示范的基础上,充分调查走访,做好信息反馈和交流。要及时挖掘更多、更好的典型用户和典型地块,及时总结先进经验和做法,并通过电视台、现场观摩会等形式及时发布。要让广大果农通过越来越多的、实实在在的事实受到教育和启发,提高自身投入酸化土壤改良和测土配方施肥的积极性,从而推动全市工作的快速开展。

(二)整合各方力量,短时间覆盖全面

要克服农业技术力量相对薄弱的不利局面,积极整合各方力量,防止一些不负责任的企业或个人借机跟风炒作,不经化验盲目改良、盲目补施碱性中微量肥料。在实际工作中我们发现,栖霞市一部分土壤呈碱性(pH 最高达 8.3),而且土壤正常的团粒结构被严重破坏,究其原因是受骗上当,盲目使用碱性物质,而一旦出现这种情况,改良将更加困难。建议实施酸化土壤改良一定要集中整合各方力量,短时间内覆盖全面,同时要加强市场监管,防止鱼目混珠,给农民和栖霞市农业生产造成无法估量的损失。

(三)加强技术合作,探讨果园培肥长效机制

栖霞市果园土壤的改良培肥,归根到底是要提升土壤中有机质的含量,有效遏止土壤酸化加剧并长效防止类似现象发生。土壤有机质提升单纯靠增施有机肥补充,不仅劳动强度大,投入成本高,而且必须持之以恒,运转周期长。为有效提高果园土壤有机质含量,改良土壤结构,解决土壤酸化危害,提高果品产量和品质,降低面源污染,2011 年 8 月开始,栖霞市农业局积极与山东省农科院资源与环境研究所合作,承担中国农科院"绿肥作物生产与利用技术集成研究及示范"项目,计划用五年时间,深入研究鼠茅草、毛叶苕子、二月兰等三种绿肥作物对提升果园土壤有机质、改善果园土壤及生态环境、提高果品品质的综合作用,筛选最适宜的品种推广应用,探讨果园培肥长效模式。

附　录　数据册

表 1　　**全市农地耕层土壤 pH 及养分状况**

项目	合计		粮田			果园		
	样品数(个)	平均值	样品数(个)	平均值	变化范围	样品数(个)	平均值	变化范围
全氮(g/kg)	4680	0.74	1117	0.65	0.11～1.52	3563	0.78	0.26～2.13
碱解氮(mg/kg)	4680	76.5	1117	65.1	25.8～138	3563	79.9	32～184
有效磷(mg/kg)	4680	53.9	1117	36.3	3.2～97.3	3563	59.5	6.2～173.4
速效钾(mg/kg)	4680	148	1117	110	24～206	3563	159	32～484
缓效钾(mg/kg)	4680	1333	1117	869	249～3690	3563	1478	388～4960
pH	4680	5.8	1117	6	4.5～7.9	3563	5.8	4.2～8.4
有机质(g/kg)	4680	10.9	1117	8.8	4.4～16.2	3563	11.5	4.8～25
有效铜(mg/kg)	637	15.26	81	11.99	1.05～22.96	554	15.88	2.12～78.8
有效锰(mg/kg)	637	54.2	81	43.85	11.1～103	554	55.74	10.2～187
有效铁(mg/kg)	637	59.9	81	45.58	4.2～94.1	554	61.66	11.8～138
有效锌(mg/kg)	637	4.71	81	2.36	0.28～8.63	554	5.15	0.42～45.8
有效硼(mg/kg)	637	0.41	81	0.3	0.06～0.72	554	0.42	0.1～1.73
交换性钙(mg/kg)	637	3073	81	1997	40～5840	554	3200	40～17200
交换性镁(mg/kg)	637	506	81	352	96～696	554	527	72～1944
有效钼(mg/kg)	637	0.13	81	0.11	0.03～0.25	554	0.5	0.01～2.87
有效硫(mg/kg)	637	112	81	47.1	28.0～283.9	554	155.5	28.2～387.4

表 2　各镇(街道办事处、区)农地土壤有机质及大量元素含量

镇(街道办事处、区)	有机质(g/kg)		全氮(g/kg)		碱解氮(mg/kg)		有效磷(mg/kg)		速效钾(mg/kg)		缓效钾(mg/kg)	
	平均	变幅	平均	变幅	平均	变幅	平均	变幅	平均	变幅	平均	变幅
翠屏街道办事处	12	5.7～24.8	0.88	0.43～2.13	85.9	42～184	68.8	13.6～173.4	164	50～468	1617	420～3884
观里镇	11.1	5～21.6	0.85	0.34～1.47	82.5	35～153	60.1	6.2～151.3	147	50～420	1235	404～2749
官道镇	10.8	5.6～20.1	0.69	0.26～1.23	73.9	26～165	55.1	6.2～116.8	155	24～475	1381	664～3979
开发区	10.6	5.1～20.3	0.74	0.30～1.44	74.2	32～161	65.3	10.2～119.5	160	42～484	1538	555～4644
庙后镇	11.6	5.3～22.7	0.7	0.30～1.26	75.1	32～138	50.7	3.5～145.8	140	54～371	1115	388～3111
蛇窝泊镇	9.3	5～19	0.74	0.34～1.48	74.3	36～123	62.3	6.2～139	160	51～470	1405	303～2965
寺口镇	9.7	4.4～19.1	0.65	0.33～1.22	71.5	31～125	62	12.1～122.4	155	51～292	1491	612～2834
松山街道办事处	11	5.8～22.1	0.67	0.27～1.4	71.9	27～139	47.9	3.2～144.7	147	52～384	1402	501～3913
苏家店镇	11.9	5.7～20.5	0.82	0.36～1.62	82.1	38～172	61	5.7～129.7	147	62～395	1310	647～2332
唐家泊镇	11.1	5～18.8	0.77	0.43～1.49	79	37～131	59.4	9.6～146.6	143	50～341	1356	280～3141
亭口镇	10.9	6～18.3	0.79	0.43～1.66	80.8	45～148	47.6	11.7～104.3	140	60～401	1193	566～2197
臧家庄镇	10.8	5.4～24	0.75	0.43～1.76	79.6	41～142	45.7	11～109.4	142	50～294	1241	642～2923
庄园街道办事处	9.9	5～20.8	0.68	0.39～1.33	74.2	32～130	56.3	7.3～152.2	149	52～424	1330	401～3133
杨础镇	11.1	5.7～24.4	0.67	0.29～1.12	73.2	32～152	50.9	6.6～129.6	172	52～472	1739	553～4960
西城镇	10.7	5.8～22.2	0.69	0.37～1.19	73.3	38～143	32.8	7.7～114.2	132	51～400	1098	566～3304
桃村镇	11.9	6～25	0.72	0.11～1.74	74.9	37～152	45.1	9.3～117.1	131	56～382	1138	249～3338

表 3　各镇(街道办事处、区)农地土壤微量元素含量

镇(街道办事处、区)	有效铁(mg/kg)		有效锰(mg/kg)		有效铜(mg/kg)		有效硼(mg/kg)		有效锌(mg/kg)		有效钼(mg/kg)	
	平均	变幅	平均	变幅	平均	变幅	平均	变幅	平均	变幅	平均	变幅
翠屏街道办事处	65.5	38.6～109	48.8	24.4～84.6	15.35	3.23～29.4	0.44	0.19～0.72	7.62	1.41～24.1	0.11	0.04～0.23
观里镇	54.7	4.2～138	51.2	20.7～88.7	12.04	2.09～25.29	0.39	0.12～0.72	5.02	1.15～45.8	0.14	0.03～0.34
官道镇	56.6	19.5～90.9	54.8	21.1～97.1	15.03	2.41～29.59	0.38	0.16～0.64	4.22	0.28～8.71	0.15	0.02～0.72
开发区	54.3	17.6～89.3	50.4	14.7～80.1	13.52	1.68～22.7	0.42	0.18～0.84	3.44	0.42～6.04	0.16	0.08～0.24
庙后镇	53.5	20.7～93.9	41.6	10.2～94.7	11.71	2.9～29.07	0.49	0.13～1.73	3.23	0.57～8.44	0.11	0.01～0.2
蛇窝泊镇	65.5	16.7～105	56.3	18.6～187	14.79	3.28～29.2	0.38	0.1～0.69	5.14	0.84～14.3	0.12	0.01～0.25
寺口镇	70.2	27.9～126	60	34.3～89.7	18.1	4.34～57.4	0.38	0.18～0.68	4.13	0.52～9.84	0.33	0.03～2.6
松山街道办事处	56.2	11.8～103	51.9	20.4～85.5	18.44	3.72～78.8	0.42	0.14～0.68	4.97	1.29～9.78	0.12	0.05～0.25
苏家店镇	58.8	34～112	53.4	11.1～104	16.7	4.25～47.3	0.49	0.24～0.92	5.24	1.59～11.8	0.27	0.05～2.87
唐家泊镇	67.9	21.5～126	53.1	18.1～91	13.86	3.36～27.64	0.36	0.09～0.76	5.27	1.45～14.3	0.12	0.04～0.25
亭口镇	56.4	22.7～93.8	53.7	23.8～75.9	18.34	3.84～29.84	0.41	0.16～0.68	5.09	1.5～9.88	0.13	0.05～0.23
臧家庄镇	48.9	20.5～79.7	53.2	22.6～122	15.33	2.05～63.2	0.38	0.09～0.68	4.17	0.95～12.1	0.14	0.04～0.28
庄园街道办事处	62.8	17.6～115	55.1	24.4～113	13.41	3.42～29.34	0.46	0.16～1.1	4.99	1.44～9.8	0.12	0.04～0.32
杨础镇	67	24.4～114	60.8	20.7～129	18.25	4.3～37.3	0.4	0.06～1	4.82	1.15～16.2	0.12	0.04～0.24
西城镇	56	29.3～88.4	60.3	28.2～104	15.29	1.05～50.7	0.4	0.15～0.67	3.50	1.34～8.88	0.12	0.03～0.25
桃村镇	61.7	22.5～127	56.4	25.2～131	13.26	3.02～36.6	0.42	0.16～1.06	4.56	1～10.7	0.13	0.05～0.5

表 4　　全市农地耕层土壤 pH 及养分状况

镇(街道办事处、区)	pH		交换性钙(mg/kg)		交换性镁(mg/kg)		有效硫(mg/kg)	
	平均	变幅	平均	变幅	平均	变幅	平均	变幅
翠屏街道办事处	5.9	4.2～7.5	2554	360～5280	429	96～729	156.5	29.3～369.7
观里镇	5.7	4.3～7.8	3007	840～5280	540	168～816	144.2	29.5～341.3
官道镇	5.7	4.3～7.9	3519	1960～6160	511	216～1032	179.7	29.4～365.7
开发区	5.9	4.2～8	4718	2320～8640	571	264～888	122.5	30.3～366.3
庙后镇	6	4.2～7.9	4623	1480～17200	486	96～960	151.3	33.9～346.8
蛇窝泊镇	5.7	4.2～7.9	2698	1280～6640	519	216～1128	123.1	28.1～383.5
寺口镇	5.5	4.3～7.6	2287	240～3800	617	168～1944	98.6	28.1～301.3
松山街道办事处	6.2	4.3～7.9	3191	1400～10560	517	192～1056	154.3	28.6～387
苏家店镇	5.8	4.2～7.5	2992	1480～5800	586	240～1368	135.1	30.3～383.1
唐家泊镇	5.9	4.2～8	2628	360～4160	511	216～816	125.7	29.3～370.1
亭口镇	5.7	4.4～8.4	2742	1120～3880	479	264～816	147.8	28～358.8
臧家庄镇	5.8	4.3～8.3	3091	920～11560	441	240～840	180.8	28.7～387.5
庄园街道办事处	5.8	4.2～8	3046	1040～9800	523	120～936	152.6	32.7～359
杨础镇	5.7	4.3～7.7	2803	1560～4040	470	192～792	111.4	40.8～310.7
西城镇	5.7	4.3～8	2920	1480～4200	458	72～936	147	34.1～362

附 图

栖霞市土地利用现状图

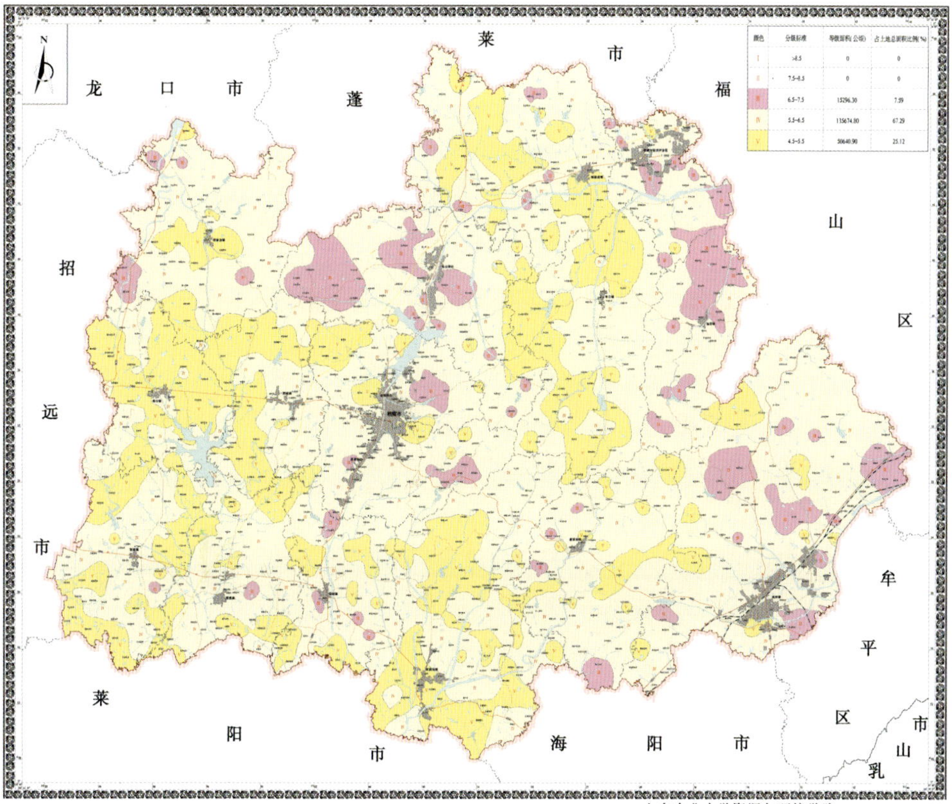

1954年北京坐标系 1956年黄海高程系

比例尺：1：50000

山东农业大学资源与环境学院
山东天地亚太国土遥感有限公司 二〇一一年十月

栖霞市地貌图

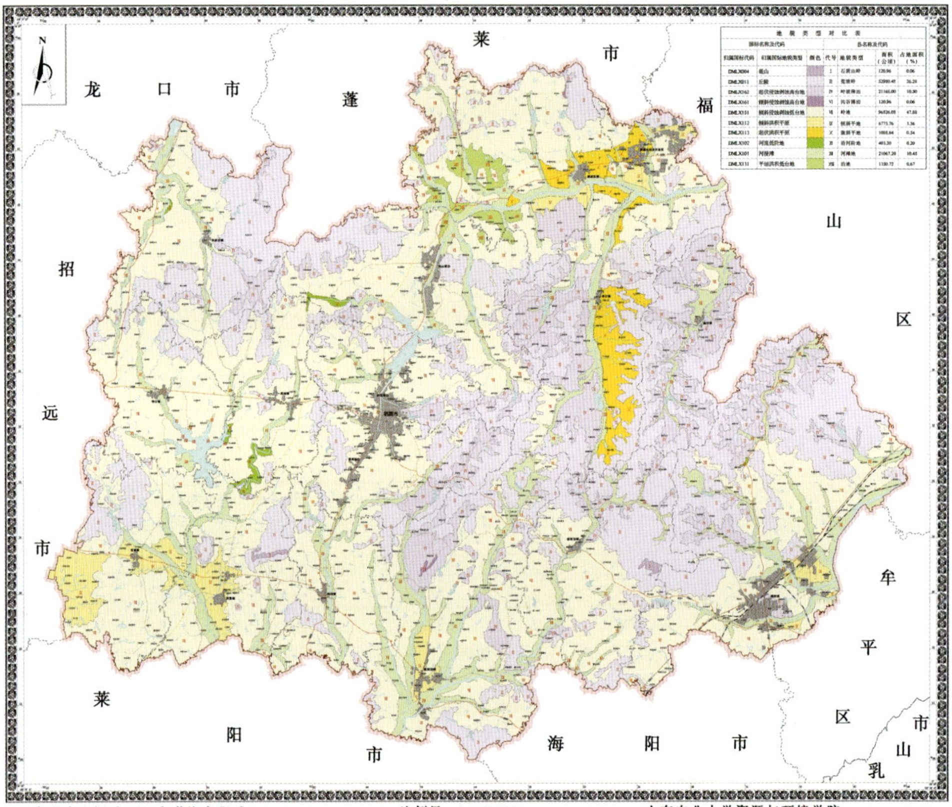

1954年北京坐标系 1956年黄海高程系

比例尺：1：50000

山东农业大学资源与环境学院
山东天地亚太国土遥感有限公司
二〇一一年十月

栖霞市耕地地力调查点点位图

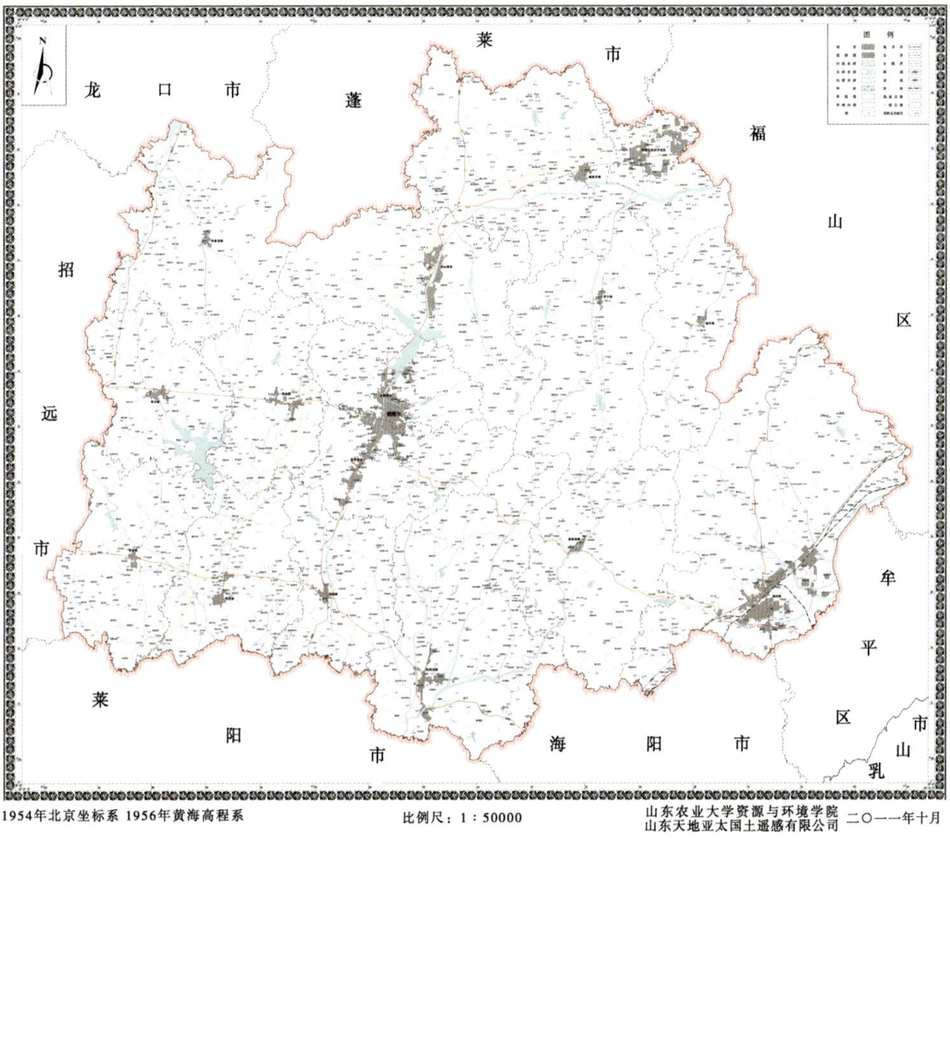

1954年北京坐标系 1956年黄海高程系

比例尺：1：50000

山东农业大学资源与环境学院
山东天地亚太国土遥感有限公司 二〇一一年十月

栖霞市耕地地力评价等级图（含园地）

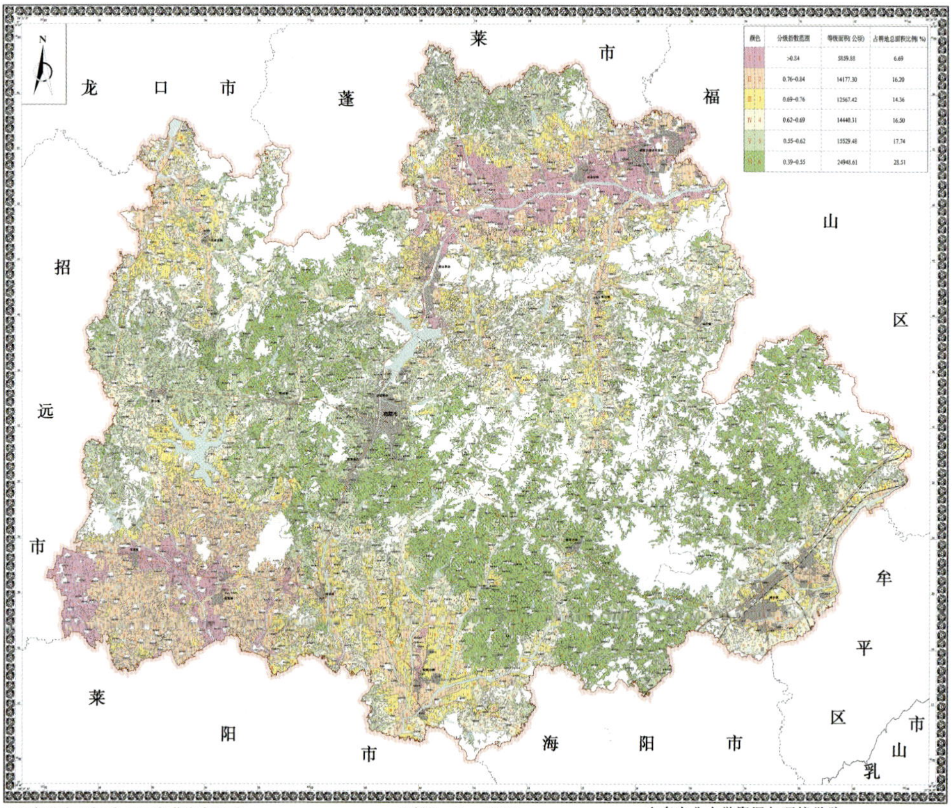

1954年北京坐标系 1956年黄海高程系　　比例尺：1：50000　　山东农业大学资源与环境学院 山东天地亚太国土遥感有限公司　二〇一一年十月

栖霞市灌溉分区图

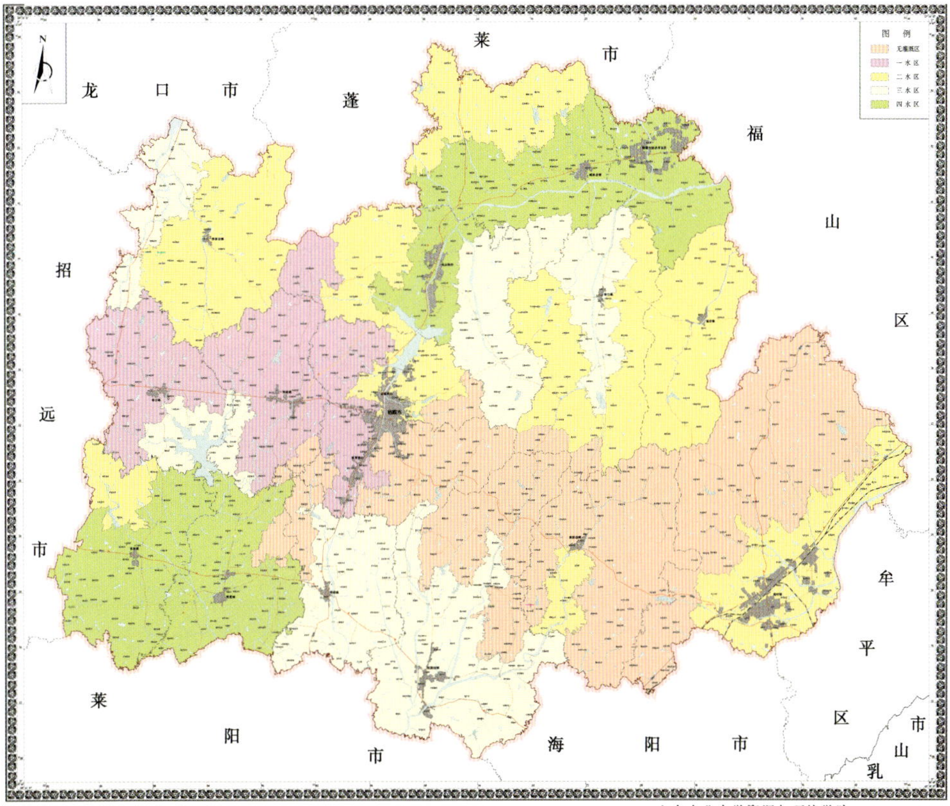

1954年北京坐标系 1956年黄海高程系　　比例尺：1：50000　　山东农业大学资源与环境学院
山东天地亚太国土遥感有限公司　二〇一一年十月

栖霞市土壤缓效钾含量分布图

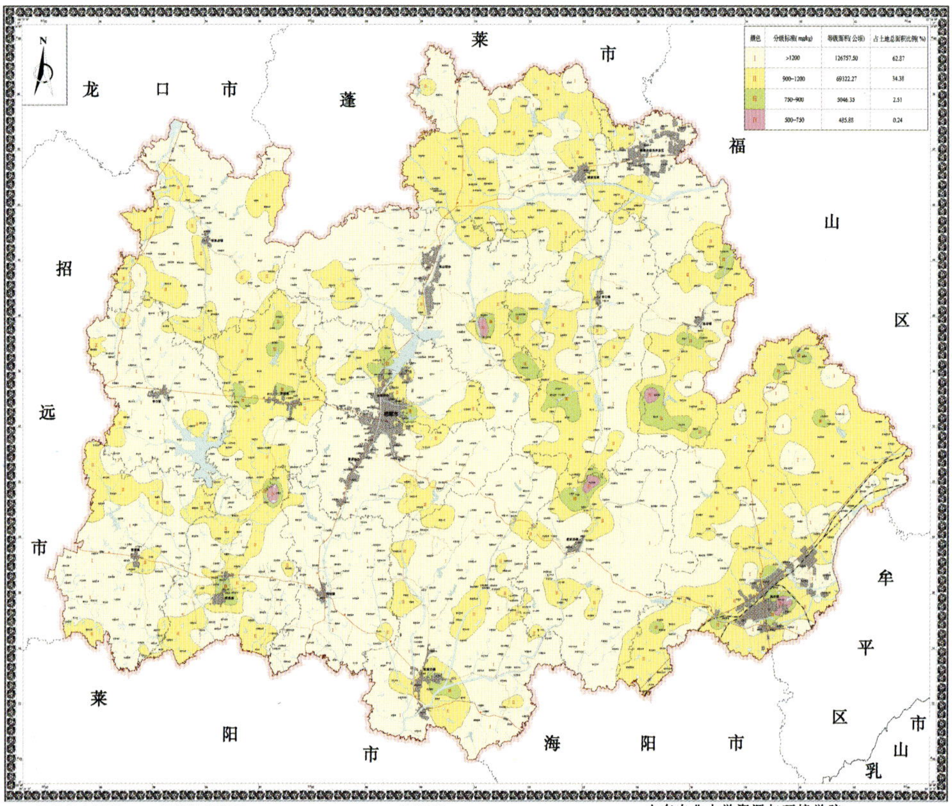

1954年北京坐标系 1956年黄海高程系　　比例尺：1：50000　　山东农业大学资源与环境学院 山东天地亚太国土遥感有限公司 二○一一年十月

栖霞市土壤碱解氮含量分布图

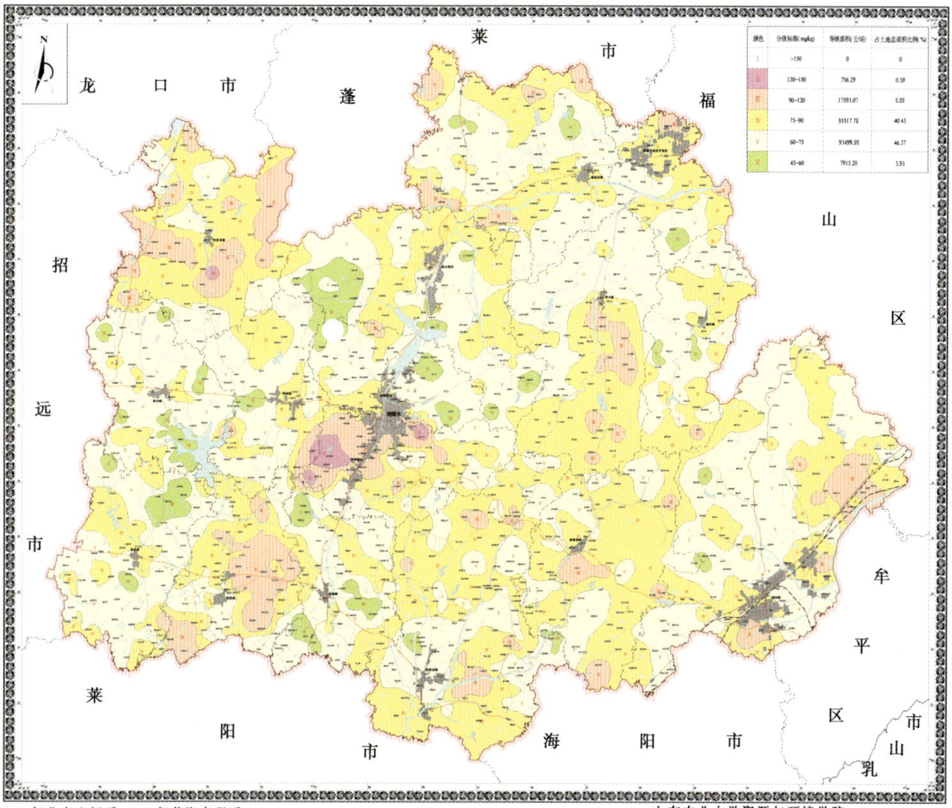

1954年北京坐标系 1956年黄海高程系

比例尺：1：50000

山东农业大学资源与环境学院
山东天地亚太国土遥感有限公司 二〇一一年十月

栖霞市土壤交换性钙含量分布图

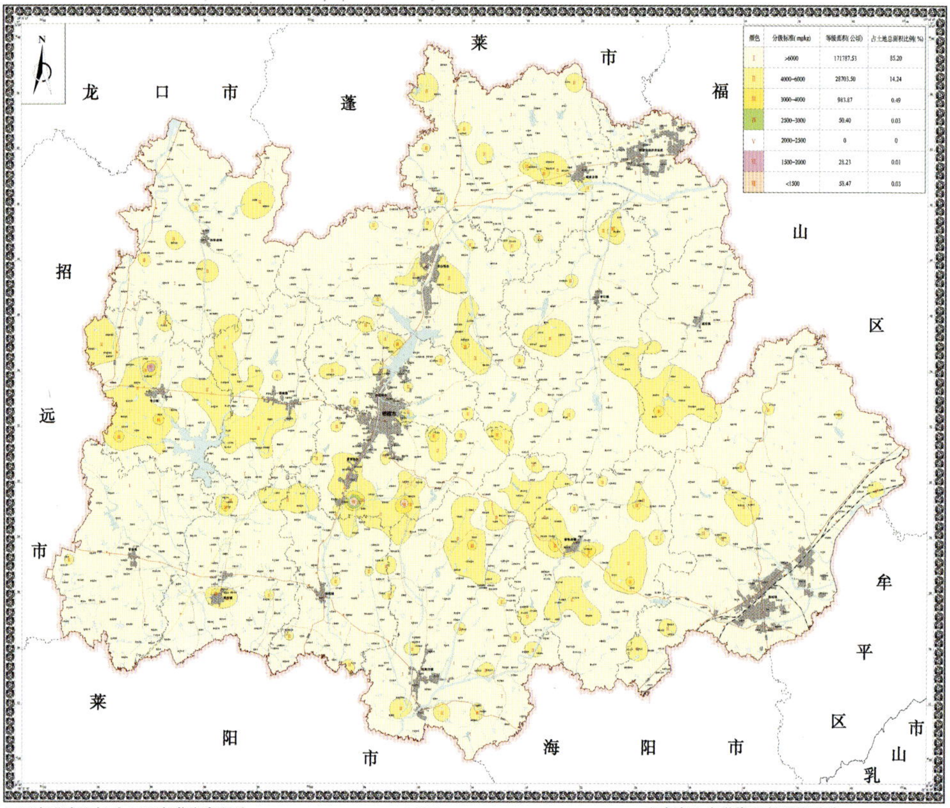

1954年北京坐标系 1956年黄海高程系

比例尺：1∶50000

山东农业大学资源与环境学院
山东天地亚太国土遥感有限公司 二〇一一年十月

栖霞市土壤交换性镁含量分布图

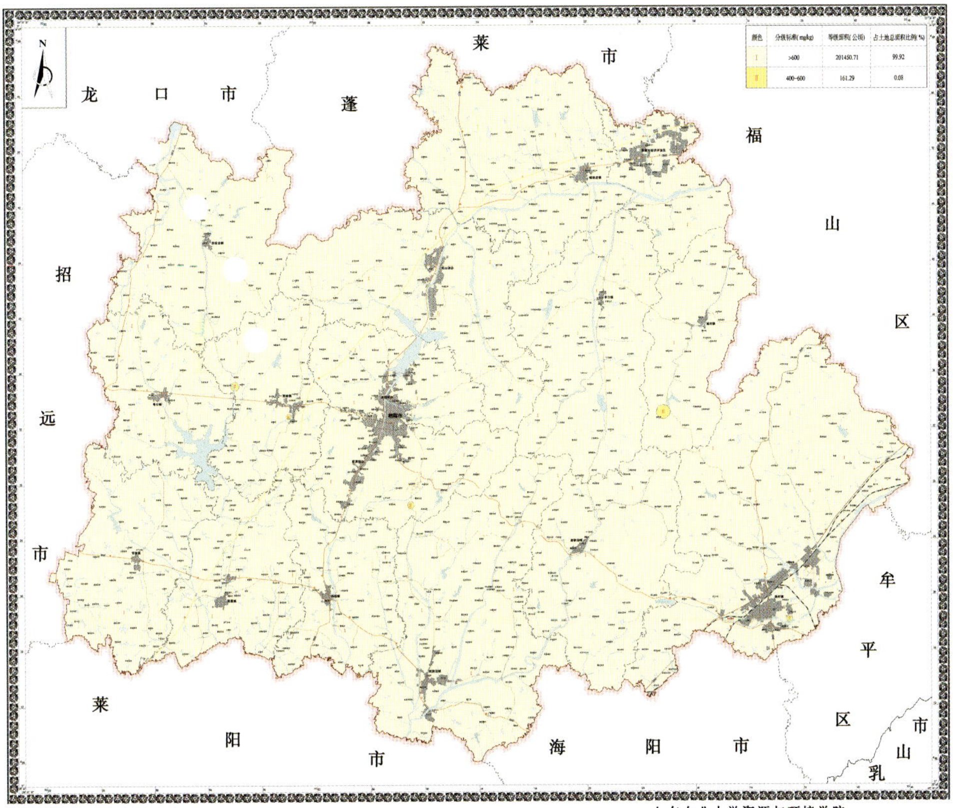

1954年北京坐标系 1956年黄海高程系　　比例尺：1：50000　　山东农业大学资源与环境学院 山东天地亚太国土遥感有限公司 二〇一一年十月

栖霞市坡度图

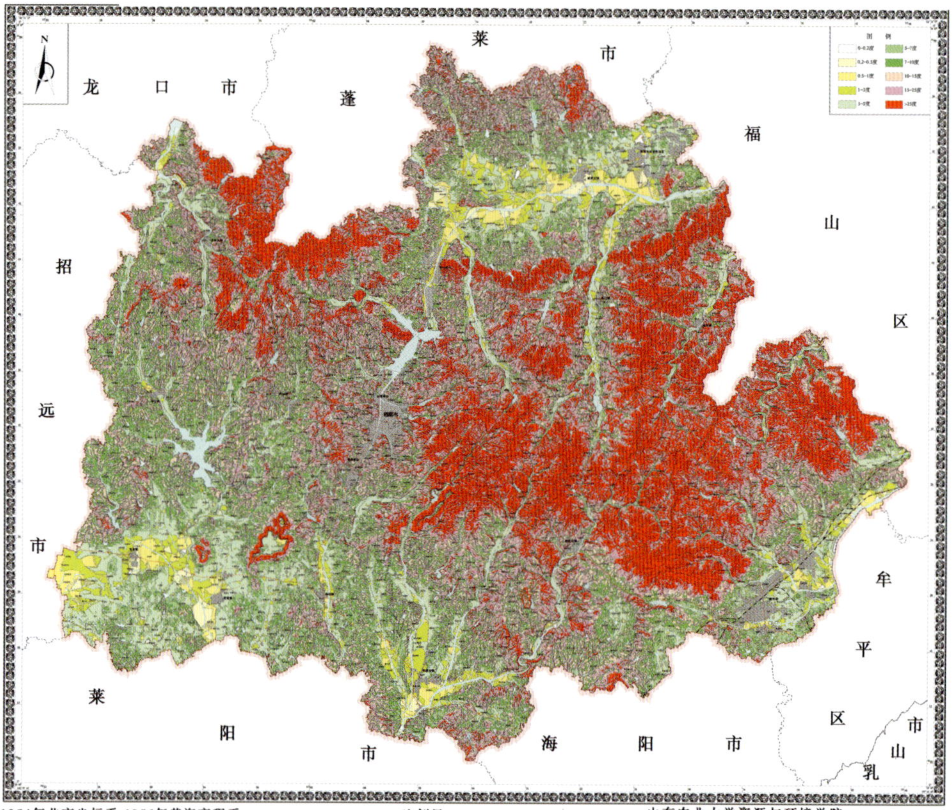

1954年北京坐标系 1956年黄海高程系　　比例尺：1：50000　　山东农业大学资源与环境学院
山东天地亚太国土遥感有限公司　二〇一一年十月

栖霞市土地利用现状图

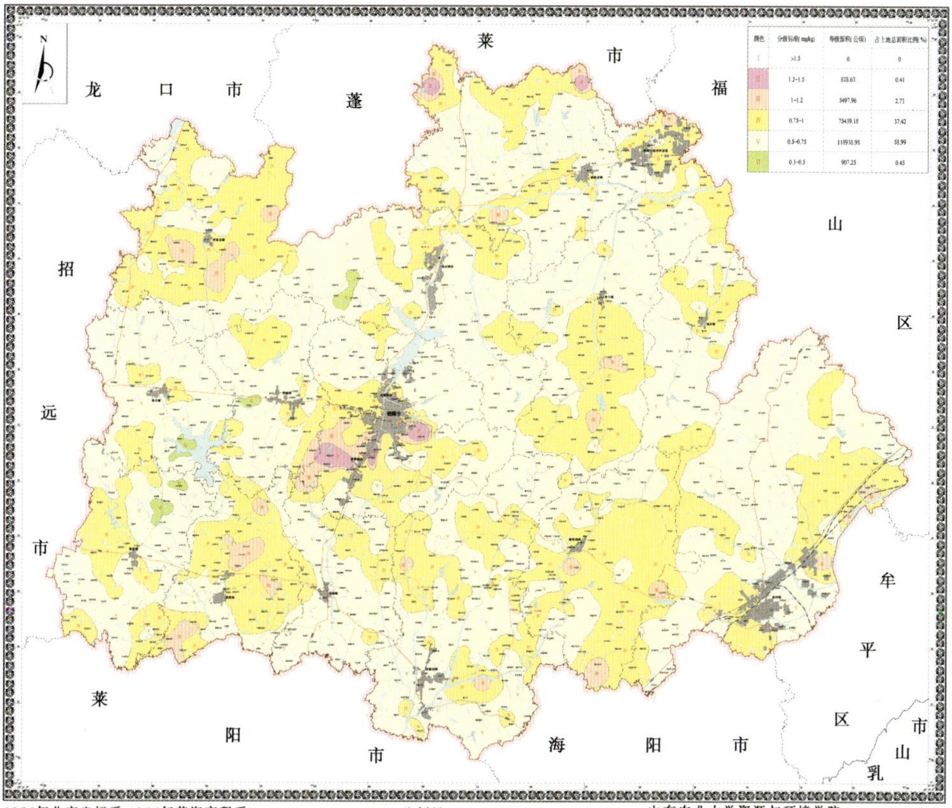

1954年北京坐标系 1956年黄海高程系　　比例尺：1：50000　　山东农业大学资源与环境学院 山东天地亚太国土遥感有限公司 二〇一一年十月

栖霞市土壤速效钾含量分布图

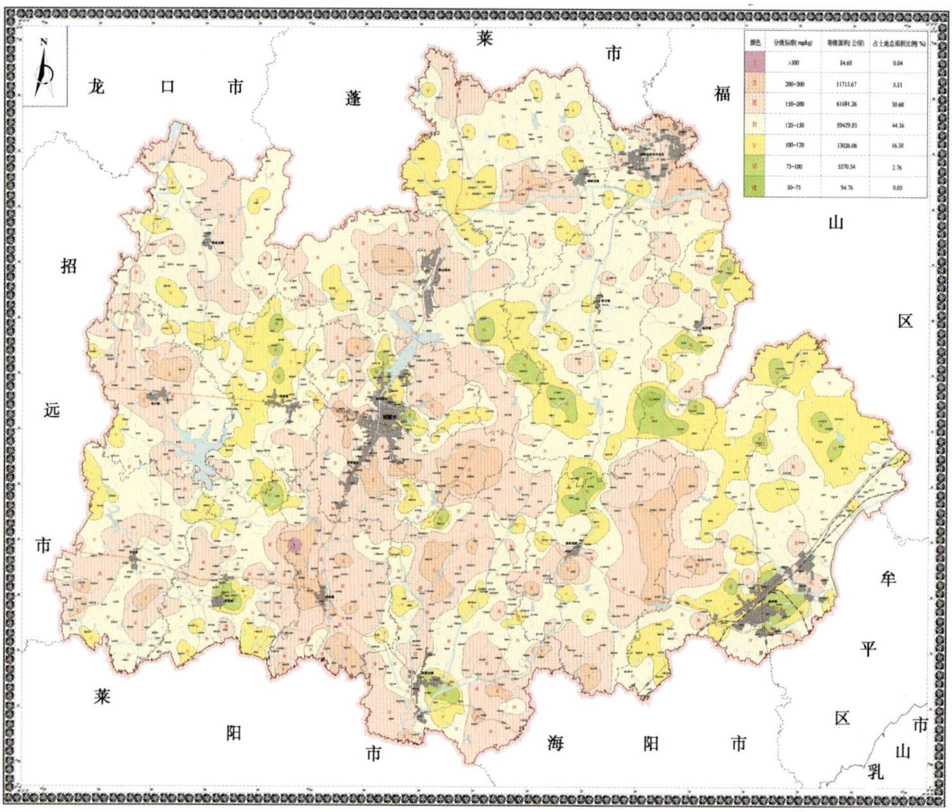

1954年北京坐标系 1956年黄海高程系　　比例尺：1：50000　　山东农业大学资源与环境学院 山东天地亚太国土遥感有限公司　二〇一一年十月

栖霞市土壤图

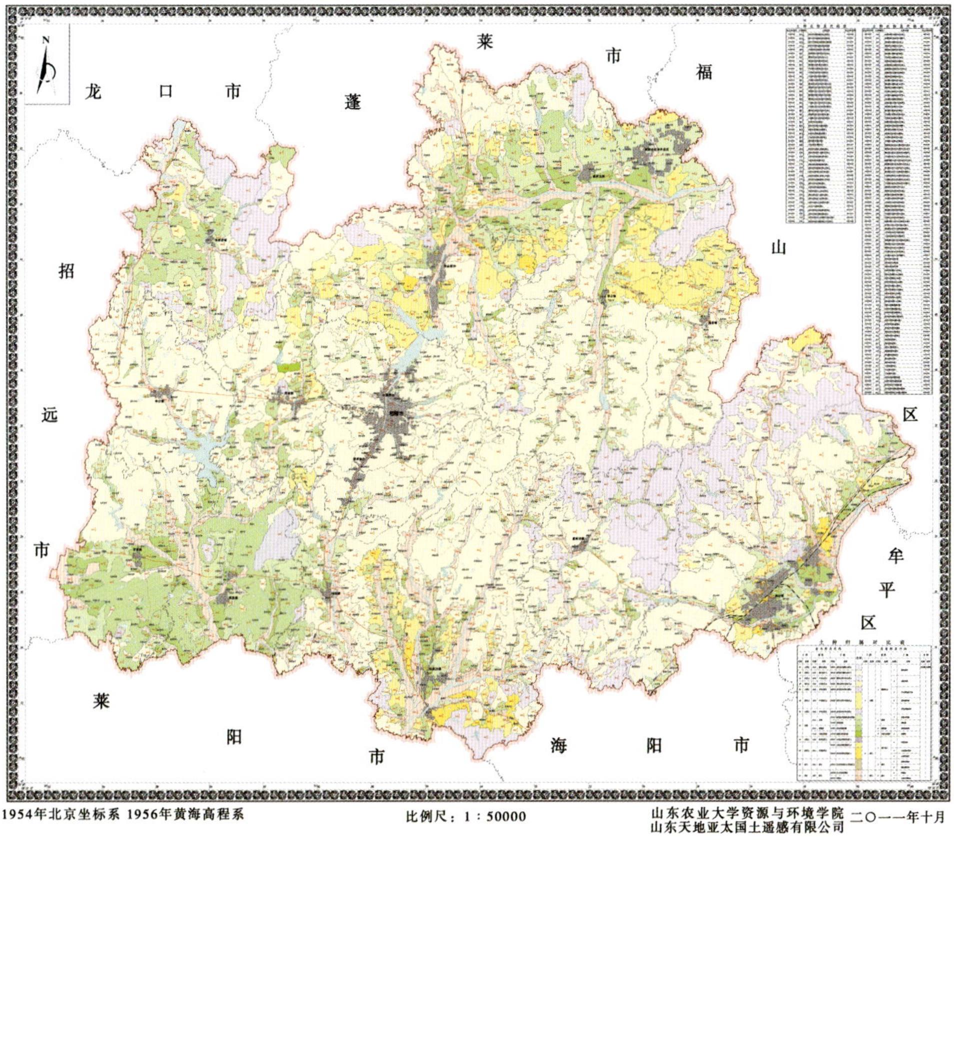

1954年北京坐标系 1956年黄海高程系

比例尺：1：50000

山东农业大学资源与环境学院
山东天地亚太国土遥感有限公司 二〇一一年十月

栖霞市土地利用现状图

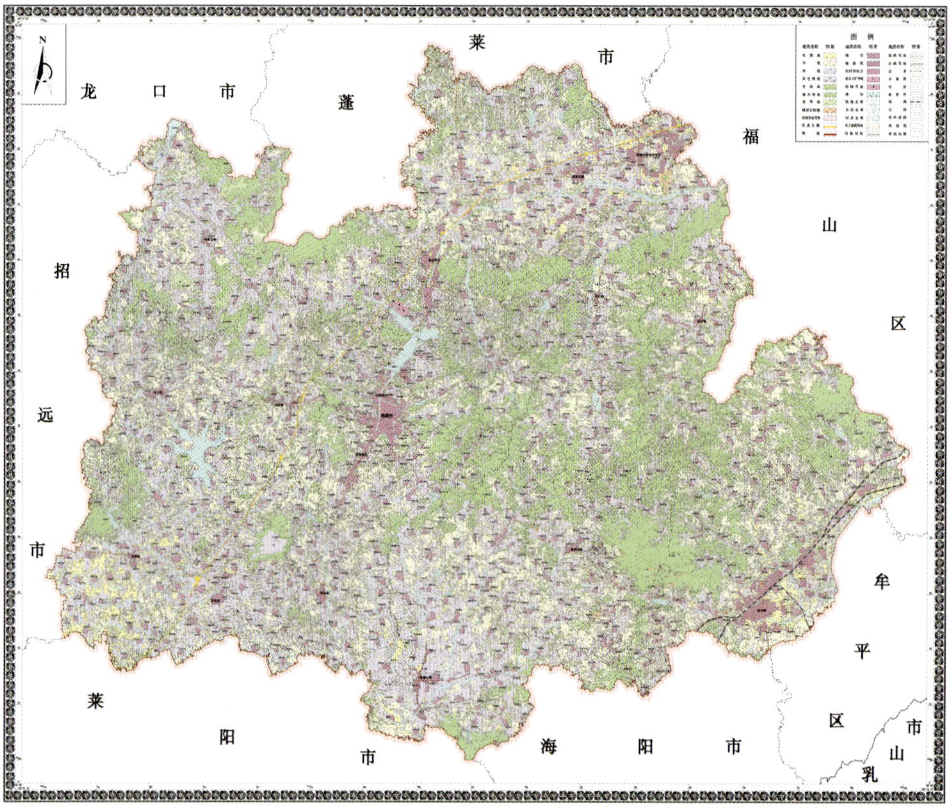

1954年北京坐标系 1956年黄海高程系　比例尺：1：50000　山东农业大学资源与环境学院 山东天地亚太国土遥感有限公司 二○一一年十月

栖霞市土地利用现状图

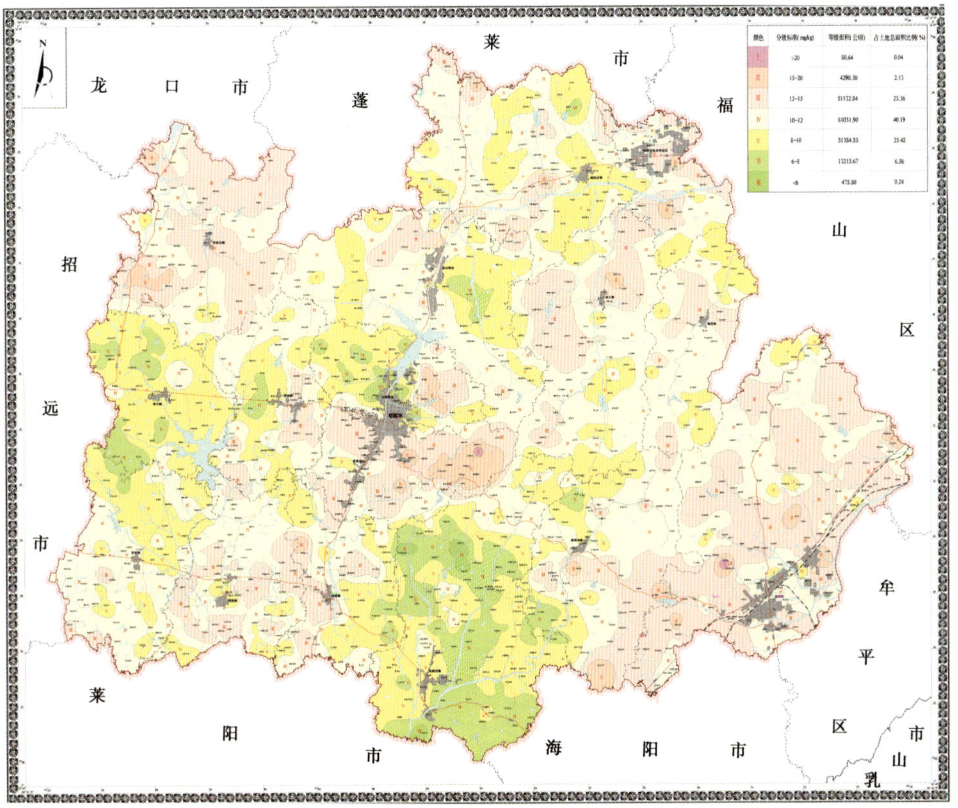

1954年北京坐标系 1956年黄海高程系

比例尺：1：50000

山东农业大学资源与环境学院
山东天地亚太国土遥感有限公司 二〇一一年十月

栖霞市土壤有效磷含量分布图

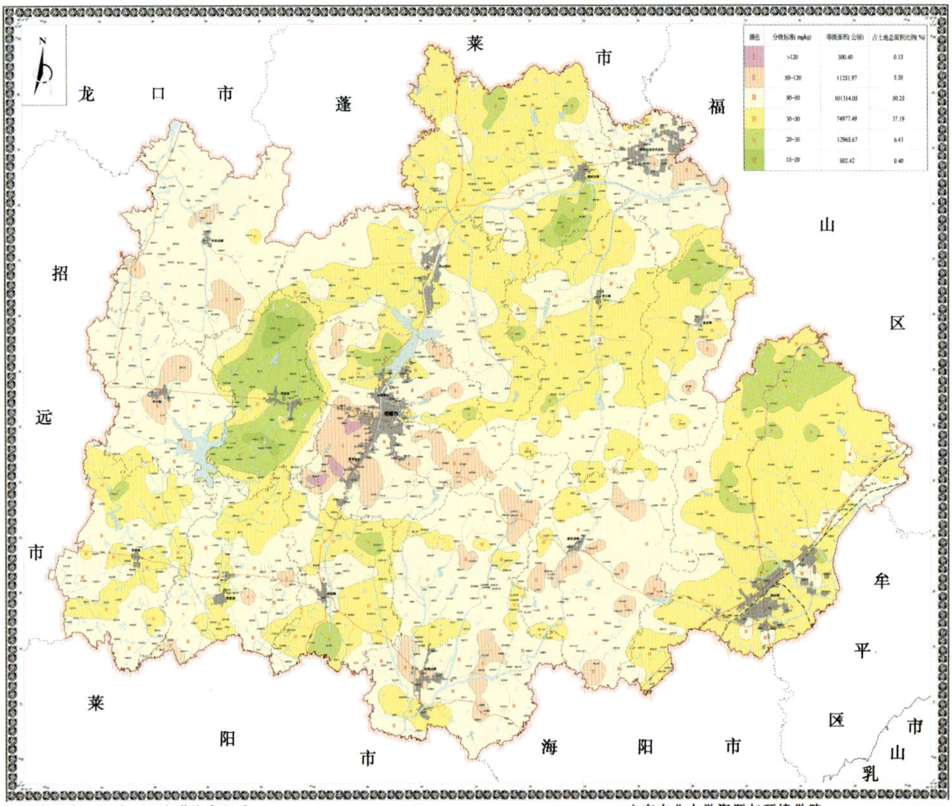

1954年北京坐标系 1956年黄海高程系　　比例尺：1：50000　　山东农业大学资源与环境学院 山东天地亚太国土遥感有限公司　　二〇一一年十月

栖霞市土壤有效硫含量分布图

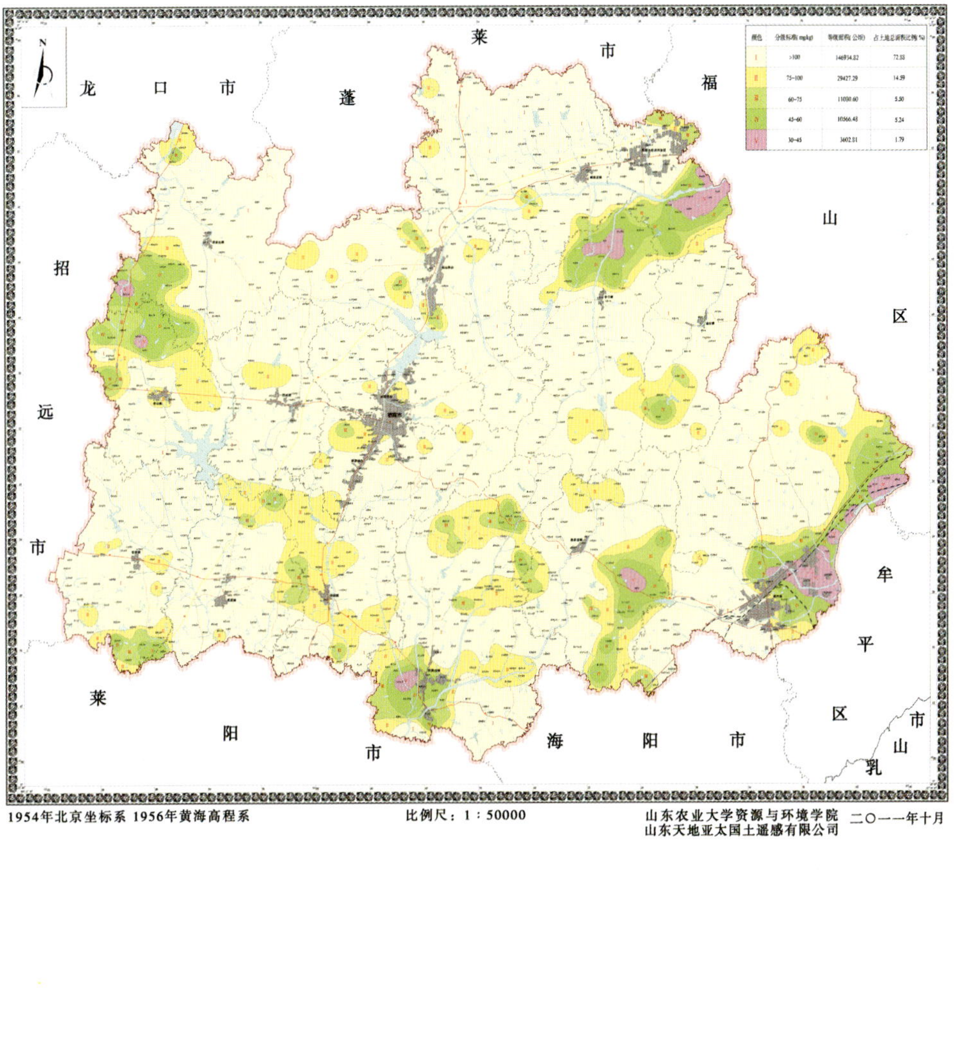

1954年北京坐标系 1956年黄海高程系　　比例尺：1：50000　　山东农业大学资源与环境学院　山东天地亚太国土遥感有限公司　二〇一一年十月

栖霞市土壤有效锰含量分布图

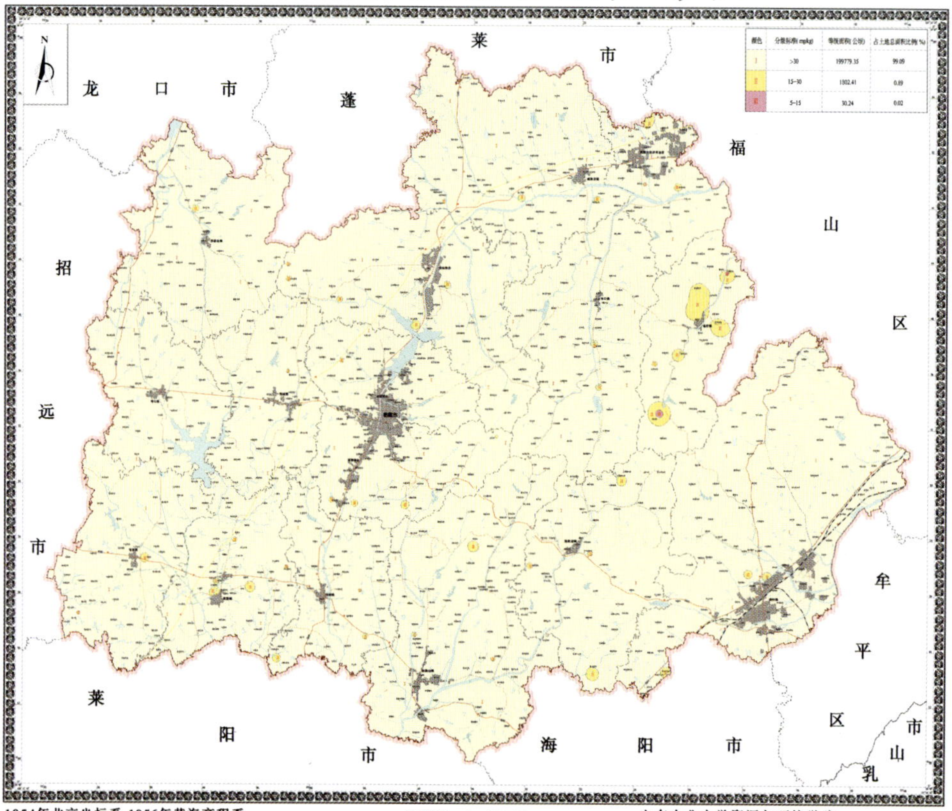

1954年北京坐标系 1956年黄海高程系　　比例尺：1：50000　　山东农业大学资源与环境学院 山东天地亚太国土遥感有限公司　二〇一一年十月

栖霞市土壤有效钼含量分布图

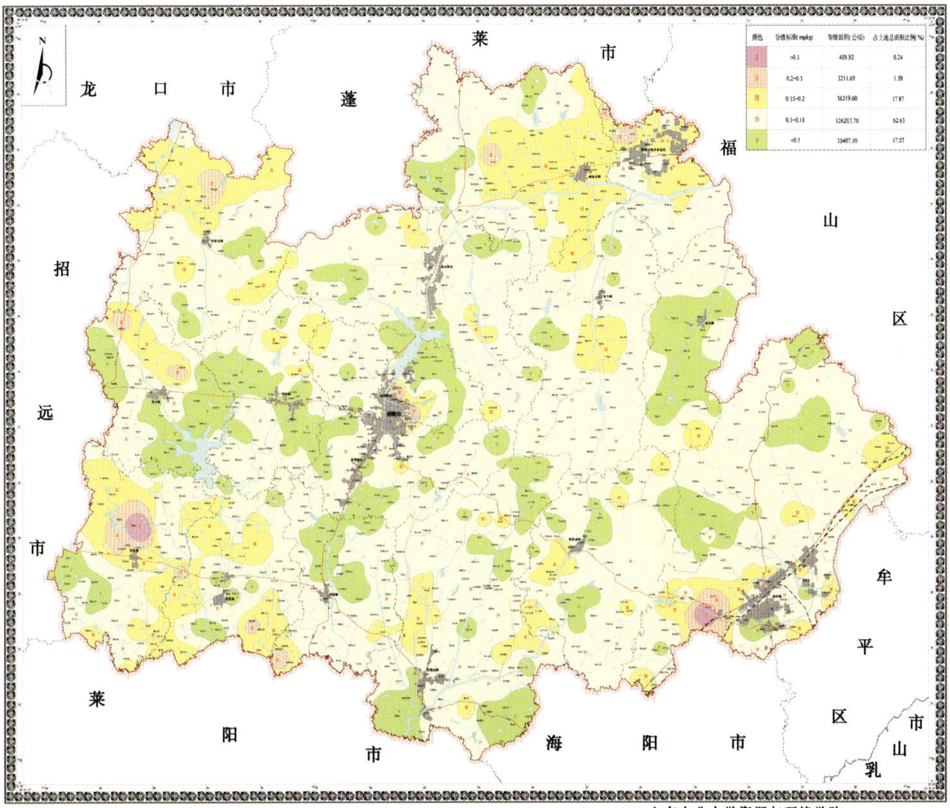

1954年北京坐标系 1956年黄海高程系　　比例尺：1：50000　　山东农业大学资源与环境学院 山东天地亚太国土遥感有限公司 二〇一一年十月

栖霞市土壤有效硼含量分布图

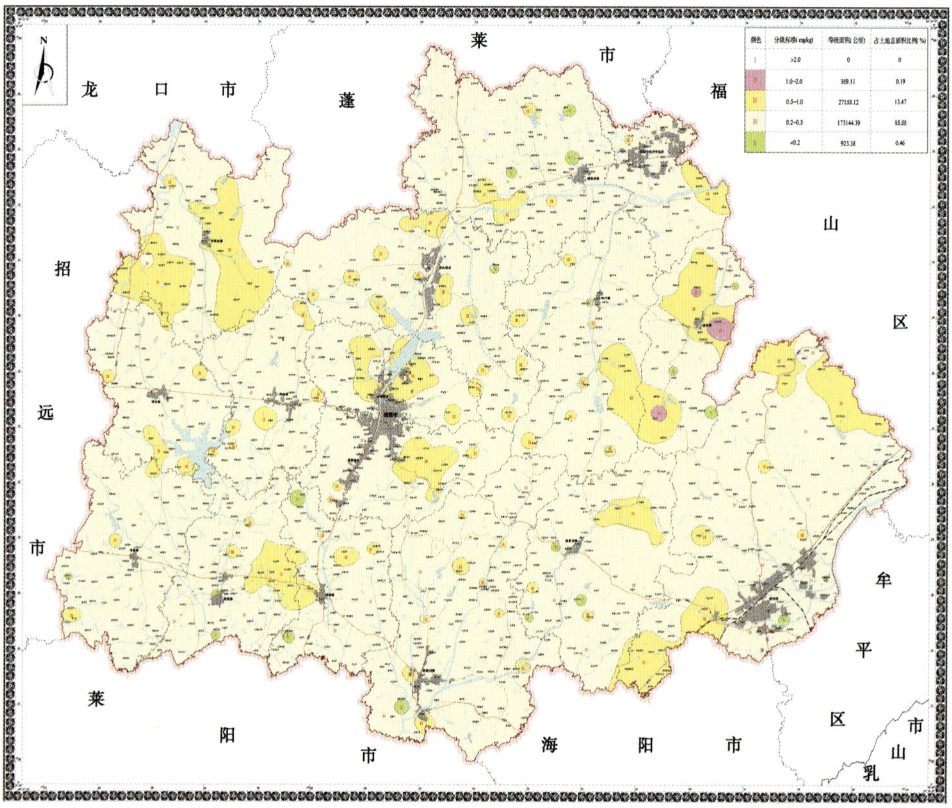

1954年北京坐标系 1956年黄海高程系　　比例尺：1：50000　　山东农业大学资源与环境学院 山东天地亚太国土遥感有限公司 二〇一一年十月

栖霞市土壤有效铁含量分布图

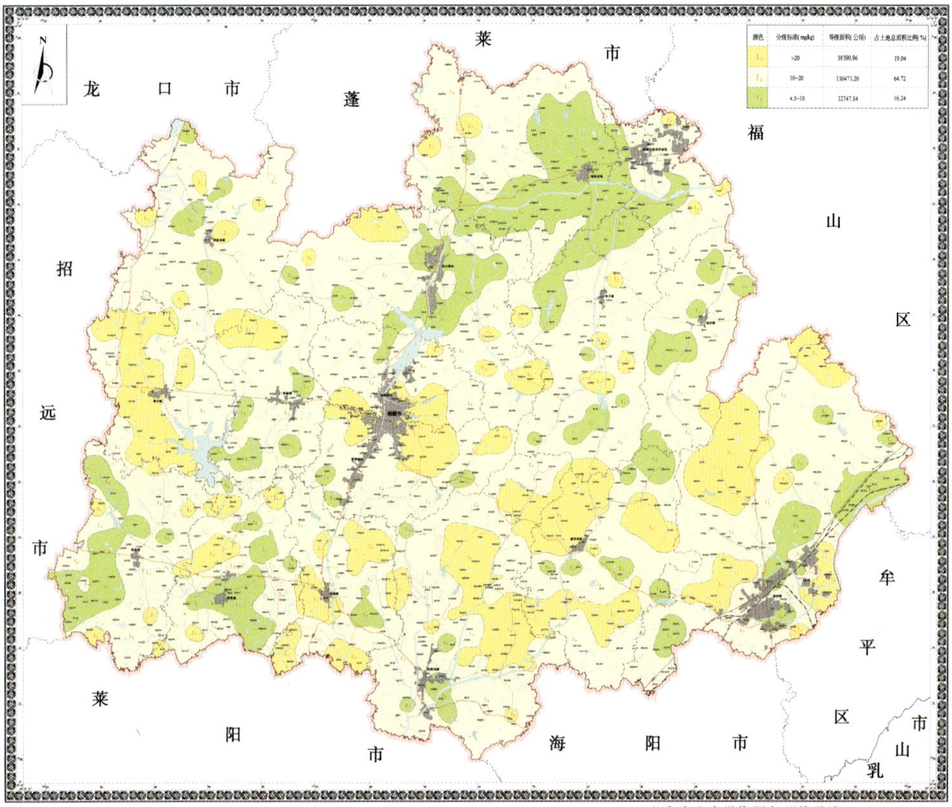

1954年北京坐标系 1956年黄海高程系

比例尺：1：50000

山东农业大学资源与环境学院
山东天地亚太国土遥感有限公司 二〇一一年十月

栖霞市土壤有效铜含量分布图

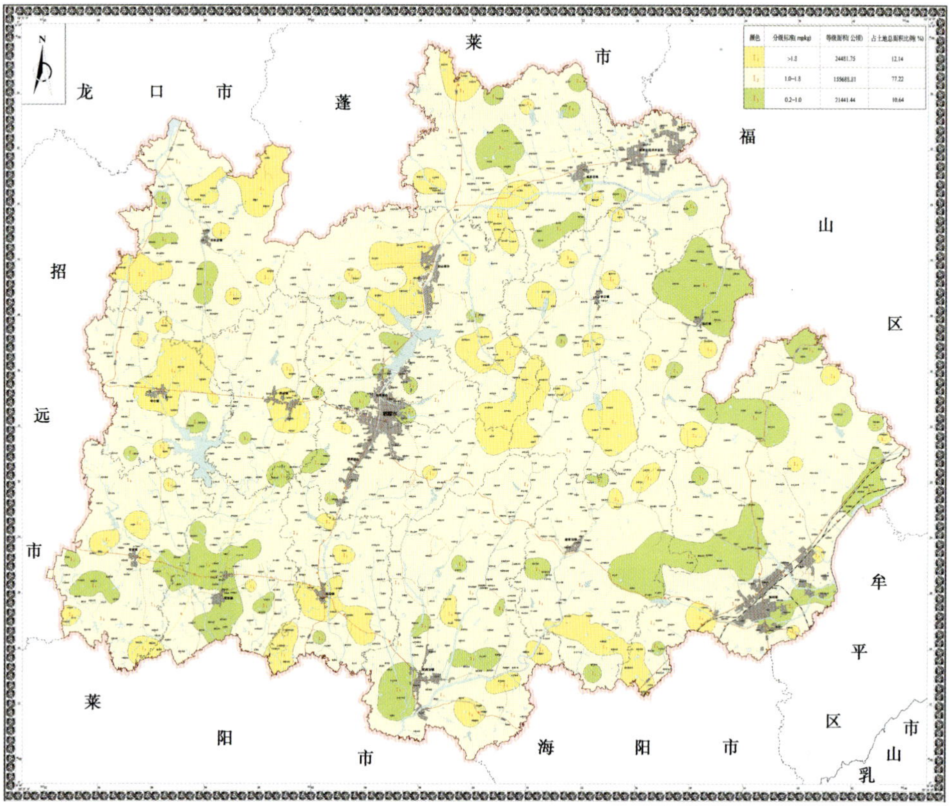

1954年北京坐标系 1956年黄海高程系　　比例尺：1∶50000　　山东农业大学资源与环境学院 山东天地亚太国土遥感有限公司 二〇一一年十月

栖霞市土壤有效锌含量分布图

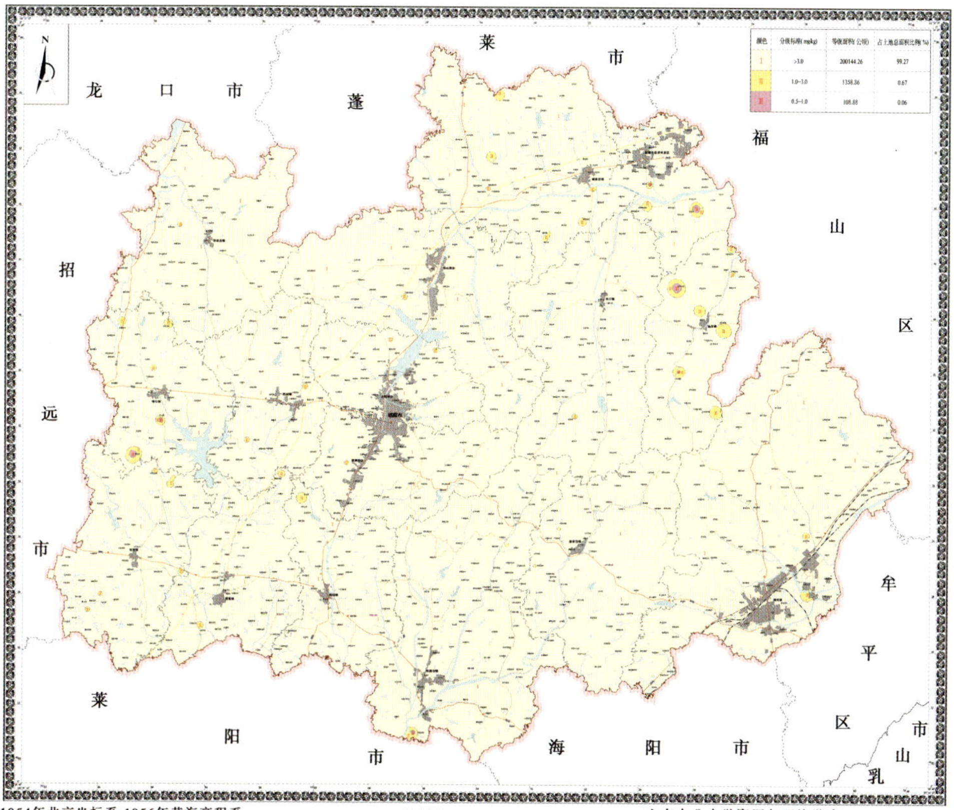

1954年北京坐标系 1956年黄海高程系　　比例尺：1：50000　　山东农业大学资源与环境学院 山东天地亚太国土遥感有限公司　二〇一一年十月

主要参考文献

[1]山东省土壤肥料工作站. 山东土壤. 北京:中国农业出版社,1994 年.

[2]山东省土壤肥料工作站,中国农科院南京土壤研究所. 山东省山地丘陵区土壤. 济南:山东科学技术出版社,1986 年.

[3]山东省土壤肥料工作站. 山东土种志. 北京:中国农业出版社,1993 年.

[4]烟台市土壤普查办公室. 烟台市土种志. 内部资料,1988 年.

[5]栖霞县土壤普查办公室. 栖霞县土壤志. 内部资料,1985 年.

[6]栖霞市统计局. 栖霞统计年鉴. 内部资料,1999～2009 年.